老科学家学术成长资料采集工程丛书

「凶」生无悔

翰章传

吴 桦

张宏辉

王允保◎著

年
北顺义

1949 年
毕业于华西协合大学并留校任职

1960 年
任华西口腔第五任院长

1986 年
被授予国际牙医师学院院士

1999 年
获卫生部"促进医药卫生
科技进步重大贡献奖"

2005 年
获中华口腔医学
会"华佗奖"

老科学家学术成长资料采集工程丛书

"齿"生无悔

王翰章传

吴桦　张宏辉　王允保◎著

中国科学技术出版社

上海交通大学出版社

图书在版编目（CIP）数据

"齿"生无悔：王翰章传／吴桦，张宏辉，王允保著．
—北京：中国科学技术出版社，2017.4
（老科学家学术成长资料采集工程丛书）
ISBN 978-7-5046-7439-5

Ⅰ. ①齿⋯ Ⅱ. ①吴⋯ ②张⋯ ③王⋯ Ⅲ. ①王翰章
－传记 Ⅳ. ① K826.2

中国版本图书馆 CIP 数据核字（2017）第 067739 号

责任编辑	韩　颖	
责任校对	杨京华	
责任印制	张建农	
版式设计	中文天地	

出　　版	中国科学技术出版社　上海交通大学出版社	
发　　行	中国科学技术出版社发行部	
地　　址	北京市海淀区中关村南大街 16 号	
邮　　编	100081	
发行电话	010-62173865	
传　　真	010-62173081	
网　　址	http://www.cspbooks.com.cn	

开　　本	787mm×1092mm　1/16	
字　　数	300 千字	
印　　张	20	
彩　　插	2	
版　　次	2017 年 5 月第 1 版	
印　　次	2017 年 5 月第 1 次印刷	
印　　刷	北京华联印刷有限公司	
书　　号	ISBN 978-7-5046-7439-5 / K·209	
定　　价	85.00 元	

老科学家学术成长资料采集工程简介

　　老科学家学术成长资料采集工程（以下简称"采集工程"）是根据国务院领导同志的指示精神，由国家科教领导小组于 2010 年正式启动，中国科协牵头，联合中组部、教育部、科技部、工信部、财政部、文化部、国资委、解放军总政治部、中国科学院、中国工程院、国家自然科学基金委员会等 11 部委共同实施的一项抢救性工程，旨在通过实物采集、口述访谈、录音录像等方法，把反映老科学家学术成长历程的关键事件、重要节点、师承关系等各方面的资料保存下来，为深入研究科技人才成长规律，宣传优秀科技人物提供第一手资料和原始素材。

　　采集工程是一项开创性工作。为确保采集工作规范科学，启动之初即成立了由中国科协主要领导任组长、12 个部委分管领导任成员的领导小组，负责采集工程的宏观指导和重要政策措施制定，同时成立领导小组专家委员会负责采集原则确定、采集名单审定和学术咨询，委托科学史学者承担学术指导与组织工作，建立专门的馆藏基地确保采集资料的永久性收藏和提供使用，并研究制定了《采集工作流程》《采集工作规范》等一系列基础文件，作为采集人员的工作指南。截至 2016 年 6 月，已启动 400 多位老科学家的学术成长资料采集工作，获得手稿、书信等实物原件资料 73968 件，数字化资料 178326 件，视频资料 4037 小时，音频资料 4963 小时，具有重要的史料价值。

采集工程的成果目前主要有三种体现形式，一是建设"中国科学家博物馆网络版"，提供学术研究和弘扬科学精神、宣传科学家之用；二是编辑制作科学家专题资料片系列，以视频形式播出；三是研究撰写客观反映老科学家学术成长经历的研究报告，以学术传记的形式，与中国科学院、中国工程院联合出版。随着采集工程的不断拓展和深入，将有更多形式的采集成果问世，为社会公众了解老科学家的感人事迹，探索科技人才成长规律，研究中国科技事业的发展历程提供客观翔实的史料支撑。

总序一

中国科学技术协会主席　韩启德

　　老科学家是共和国建设的重要参与者，也是新中国科技发展历史的亲历者和见证者，他们的学术成长历程生动反映了近现代中国科技事业与科技教育的进展，本身就是新中国科技发展历史的重要组成部分。针对近年来老科学家相继辞世、学术成长资料大量散失的突出问题，中国科协于2009年向国务院提出抢救老科学家学术成长资料的建议，受到国务院领导同志的高度重视和充分肯定，并明确责成中国科协牵头，联合相关部门共同组织实施。根据国务院批复的《老科学家学术成长资料采集工程实施方案》，中国科协联合中组部、教育部、科技部、工业和信息化部、财政部、文化部、国资委、解放军总政治部、中国科学院、中国工程院、国家自然科学基金委员会等11部委共同组成领导小组，从2010年开始组织实施老科学家学术成长资料采集工程。

　　老科学家学术成长资料采集是一项系统工程，通过文献与口述资料的搜集和整理、录音录像、实物采集等形式，把反映老科学家求学历程、师承关系、科研活动、学术成就等学术成长中关键节点和重要事件的口述资料、实物资料和音像资料完整系统地保存下来，对于充实新中国科技发展的历史文献，理清我国科技界学术传承脉络，探索我国科技发展规律和科技人才成长规律，弘扬我国科技工作者求真务实、无私奉献的精神，在全社会营造爱科学、学科学、用科学的良好氛围，是一件很有意义的事情。采集工程把重点放在年龄在 80 岁以上、学术成长经历丰富的两院院士，以及虽然不是两院院士、但在我国科技事业发展中作出突出贡献的老科技工作者，充分体现了党和国家对老科学家的关心和爱护。

自 2010 年启动实施以来，采集工程以对历史负责、对国家负责、对科技事业负责的精神，开展了一系列工作，获得大量反映老科学家学术成长历程的文字资料、实物资料和音视频资料，其中有一些资料具有很高的史料价值和学术价值，弥足珍贵。

以传记丛书的形式把采集工程的成果展现给社会公众，是采集工程的目标之一，也是社会各界的共同期待。在我看来，这些传记丛书大都是在充分挖掘档案和书信等各种文献资料、与口述访谈相互印证校核、严密考证的基础之上形成的，内中还有许多很有价值的照片、手稿影印件等珍贵图片，基本做到了图文并茂，语言生动，既体现了历史的鲜活，又立体化地刻画了人物，较好地实现了真实性、专业性、可读性的有机统一。通过这套传记丛书，学者能够获得更加丰富扎实的文献依据，公众能够更加系统深入地了解老一辈科学家的成就、贡献、经历和品格，青少年可以更真实地了解科学家、了解科技活动，进而充分激发对科学家职业的浓厚兴趣。

借此机会，向所有接受采集的老科学家及其亲属朋友，向参与采集工程的工作人员和单位，表示衷心感谢。真诚希望这套丛书能够得到学术界的认可和读者的喜爱，希望采集工程能够得到更广泛的关注和支持。我期待并相信，随着时间的流逝，采集工程的成果将以更加丰富多样的形式呈现给社会公众，采集工程的意义也将越来越彰显于天下。

是为序。

总序二

中国科学院院长　白春礼

　　由国家科教领导小组直接启动，中国科学技术协会和中国科学院等12个部门和单位共同组织实施的老科学家学术成长资料采集工程，是国务院交办的一项重要任务，也是中国科技界的一件大事。值此采集工程传记丛书出版之际，我向采集工程的顺利实施表示热烈祝贺，向参与采集工程的老科学家和工作人员表示衷心感谢！

　　按照国务院批准实施的《老科学家学术成长资料采集工程实施方案》，开展这一工作的主要目的就是要通过录音录像、实物采集等多种方式，把反映老科学家学术成长历史的重要资料保存下来，丰富新中国科技发展的历史资料，推动形成新中国的学术传统，激发科技工作者的创新热情和创造活力，在全社会营造爱科学、学科学、用科学的良好氛围。通过实施采集工程，系统搜集、整理反映这些老科学家学术成长历程的关键事件、重要节点、学术传承关系等的各类文献、实物和音视频资料，并结合不同时期的社会发展和国际相关学科领域的发展背景加以梳理和研究，不仅有利于深入了解新中国科学发展的进程特别是老科学家所在学科的发展脉络，而且有利于发现老科学家成长成才中的关键人物、关键事件、关键因素，探索和把握高层次人才培养规律和创新人才成长规律，更有利于理清我国科技界学术传承脉络，深入了解我国科学传统的形成过程，在全社会范围内宣传弘扬老科学家的科学思想、卓越贡献和高尚品质，推动社会主义科学文化和创新文化建设。从这个意义上说，采集工程不仅是一项文化工程，更是一项严肃认真的学术建设工作。

中国科学院是科技事业的国家队，也是凝聚和团结广大院士的大家庭。早在 1955 年，中国科学院选举产生了第一批学部委员，1993 年国务院决定中国科学院学部委员改称中国科学院院士。半个多世纪以来，从学部委员到院士，经历了一个艰难的制度化进程，在我国科学事业发展史上书写了浓墨重彩的一笔。在目前已接受采集的老科学家中，有很大一部分即是上个世纪 80、90 年代当选的中国科学院学部委员、院士，其中既有学科领域的奠基人和开拓者，也有作出过重大科学成就的著名科学家，更有毕生在专门学科领域默默耕耘的一流学者。作为声誉卓著的学术带头人，他们以发展科技、服务国家、造福人民为己任，求真务实、开拓创新，为我国经济建设、社会发展、科技进步和国家安全作出了重要贡献；作为杰出的科学教育家，他们着力培养、大力提携青年人才，在弘扬科学精神、倡树科学理念方面书写了可歌可泣的光辉篇章。他们的学术成就和成长经历既是新中国科技发展的一个缩影，也是国家和社会的宝贵财富。通过采集工程为老科学家树碑立传，不仅对老科学家们的成就和贡献是一份肯定和安慰，也使我们多年的夙愿得偿！

鲁迅说过，"跨过那站着的前人"。过去的辉煌历史是老一辈科学家铸就的，新的历史篇章需要我们来谱写。衷心希望广大科技工作者能够通过"采集工程"的这套老科学家传记丛书和院士丛书等类似著作，深入具体地了解和学习老一辈科学家学术成长历程中的感人事迹和优秀品质；继承和弘扬老一辈科学家求真务实、勇于创新的科学精神，不畏艰险、勇攀高峰的探索精神，团结协作、淡泊名利的团队精神，报效祖国、服务社会的奉献精神，在推动科技发展和创新型国家建设的广阔道路上取得更辉煌的成绩。

总序三

中国工程院院长　周　济

　　由中国科协联合相关部门共同组织实施的老科学家学术成长资料采集工程，是一项经国务院批准开展的弘扬老一辈科技专家崇高精神、加强科学道德建设的重要工作，也是我国科技界的共同责任。中国工程院作为采集工程领导小组的成员单位，能够直接参与此项工作，深感责任重大、意义非凡。

　　在新的历史时期，科学技术作为第一生产力，已经日益成为经济社会发展的主要驱动力。科技工作者作为先进生产力的开拓者和先进文化的传播者，在推动科学技术进步和科技事业发展方面发挥着关键的决定的作用。

　　新中国成立以来，特别是改革开放30多年来，我们国家的工程科技取得了伟大的历史性成就，为祖国的现代化事业作出了巨大的历史性贡献。两弹一星、三峡工程、高速铁路、载人航天、杂交水稻、载人深潜、超级计算机……一项项重大工程为社会主义事业的蓬勃发展和祖国富强书写了浓墨重彩的篇章。

　　这些伟大的重大工程成就，凝聚和倾注了以钱学森、朱光亚、周光召、侯祥麟、袁隆平等为代表的一代又一代科技专家们的心血和智慧。他们克服重重困难，攻克无数技术难关，潜心开展科技研究，致力推动创新发展，为实现我国工程科技水平大幅提升和国家综合实力显著增强作出了杰出贡献。他们热爱祖国，忠于人民，自觉把个人事业融入到国家建设大局之中，为实现国家富强而不断奋斗；他们求真务实，勇于创新，用科技为中华民族的伟大复兴铸就了辉煌；他们治学严谨，鞠躬尽瘁，具有崇高的科学精神和科学道德，是我们后代学习的楷模。科学家们的一生是一本珍贵的教科书，他们坚定的理想信念和淡泊名利的崇高品格是中华民族自强不息精神的宝贵财富，永远值得后人铭记和敬仰。

通过实施采集工程，把反映老科学家学术成长经历的重要文字资料、实物资料和音像资料保存下来，把他们卓越的技术成就和可贵的精神品质记录下来，并编辑出版他们的学术传记，对于进一步宣传他们为我国科技发展和民族进步作出的不朽功勋，引导青年科技工作者学习继承他们的可贵精神和优秀品质，不断攀登世界科技高峰，推动在全社会弘扬科学精神，营造爱科学、讲科学、学科学、用科学的良好氛围，无疑有着十分重要的意义。

中国工程院是我国工程科技界的最高荣誉性、咨询性学术机构，集中了一大批成就卓著、德高望重的老科技专家。以各种形式把他们的学术成长经历留存下来，为后人提供启迪，为社会提供借鉴，为共和国的科技发展留下一份珍贵资料。这是我们的愿望和责任，也是科技界和全社会的共同期待。

王翰章

王翰章与采集小组成员合影（左起：吴桦、王翰章、张宏辉）

采集小组成员吴桦就采集到的资料请教王翰章

采集小组成员张宏辉就采集工作与王翰章沟通

序

　　2009 年 4 月，我回到阔别已久的母校参加老师王翰章教授的 90 华诞庆典，回想 20 世纪 50 年代自己在四川医学院口腔医学系（今天的四川大学华西口腔医学院）学习受教的经历，感慨良多。转瞬间，5 年多时间过去了，欣闻年逾 95 岁的王翰章先生不仅身体健康如故，而且笔耕不辍，著述颇丰——在此期间，他先后于 2009 年和 2013 年两次获得全国健康老人的荣誉称号，并且陆续出版了学术专著《中华口腔科学》《口腔颌面外科学》（口腔医学精品课程丛书）《中华口腔医学词典》和长篇回忆录《翰墨荃馨———一个医生的历程》。他在如此高龄取得的这些成就，令我这个如今也已步入耄耋之年的学生后辈感佩不已。风风雨雨 95 年，王翰章先生可谓阅尽人间沧桑，他一生中积累的最大财富是他那严谨的治学风格，他那勤劳善良的朴素品格，他那宽厚待人的处世之道，他那严爱有加的朴实家风。这一切，伴随他经历了坎坷的岁月，更伴随他收获了晚年生活的幸福。

　　王翰章先生是中国著名的口腔颌面外科学专家、口腔医学教育家和口腔医学管理专家。我曾经撰文认为，中国口腔颌面外科的建立和发展可大致归纳为 3 个阶段，即萌芽期、成长期和成熟期。20 世纪 50 年代应被看作为我国口腔颌面外科的萌芽期，"牙医学"向"口腔医学"正式命名的转

序　　**1**

变为我国口腔颌面外科的形成奠定了坚实的基础。60年代至70年代应属我国口腔颌面外科的成长期，虽然在此期间经历了较多的困难和反复，但我国的口腔颌面外科医师在大量临床实践的基础上仍然获得了无数宝贵的经验并逐步形成了一支专业队伍。20世纪80年代以后，随着我国改革开放政策的实施，迎来了"走出去、请进来"的国际学术交往年代，我们不但向世界学习到不少先进的理念与技术，同时国外同行也开始了认识我们和了解我们的进程。至此，应当说我国口腔颌面外科已逐步进入成熟期。王翰章先生在这三个阶段都曾经做出过卓越的贡献。

就口腔颌面外科的学术水平而言，我国在世界上的发展还是不错的，而这一个发展能够在国际上取得一定的地位，是我们好几辈人努力的结果。作为中国口腔颌面外科学创建人之一，王翰章先生一直致力于我国口腔颌面外科的发展，对学科的命名和教学大纲的制订作了大量工作。自20世纪50年代初期，即致力于口腔颌面损伤与畸形整复的研究，并在1951年援朝救治伤员中荣立战功。半个多世纪以来，他在颌面损伤与畸形整复外科学、颌骨血供动力学、皮肤组织血供、人工骨生物学基础、口腔医学信息学的研究方面做了突出工作。

作为中国现代口腔医学发源地——华西口腔医学院的第五任院长，王翰章先生为传承发展华西口腔医学事业倾注了毕生心血。在他的领导下，华西口腔在20世纪60年代率先建立起全国首家口腔专科医院，同时他还以自己崇高的医德、师德、精湛的学术和技术培养了一批又一批的学生，传道、授业、解惑而不掇一日，为华西口腔乃至全国口腔界培养了大批高级口腔医学人才，正可谓桃李满天下、英杰腾四海。

王翰章先生还是一位非常全面的人物，不仅对口腔医学、历史、艺术、文学有非常深厚的造诣，他还是中国口腔医学界著名的画家。同时，王翰章先生还有一个令所有与他接触的人印象非常深刻的特点：为人特别好，能够使人亲近。这些都是值得我很好学习的地方。

韶光易逝，江山代有才人出；百岁平安，人共梅花老岁寒。我想，今天最让年近期颐的王翰章先生高兴的是，中国口腔颌面外科领域的医、教、研工作取得了令世人瞩目的成绩。而最让我深深敬佩的是，硕果累累、德高望重的王翰章先生始终没有忘记父母长辈养育之恩，没有忘记祖国的培养之情，没有忘记同学朋友相助之意，为祖国的口腔颌面外科建设贡献力量。可以说，他把孝心献给了祖国，把爱心献给了患者，把关心献给了学生，把诚心献给了友人。

"齿"生无悔，无悔此生。王翰章先生为中国口腔医学事业奉献了一生，真是不愧斯言。谨为序。

邱蔚六

目 录

图片目录

导　言

　　距今 107 年前一个寒冷潮湿的冬天，来自北美的加拿大人林则博士
（Ashley W. Lindsay，1884—1968）携新婚妻子来到中国西部的成都，在华
西坝开创了中国现代口腔医学，使华西口腔成为中国口腔医学的发源地和
摇篮，也使自己成为了中国口腔医学的创始人。43 年后，1950 年深秋的一
个早晨，年轻的王翰章和同事们送别为中国发展口腔医学服务 43 年的林
则回国。那时的王翰章不曾想到，自己将传承"中国现代牙医学之父"林
则的薪火，成为林则口腔医学思想的坚定奉行者、继承者，成为中国口腔
颌面外科学与整形外科学的开创者之一，成为中国口腔医学教育事业的创
建者之一，并作为华西口腔第五任院长（1960—1978），华西口腔医学的
重要领导者、开拓者，服务华西口腔长达 60 余年，直到今天，年逾 95 岁
高龄的他仍关注着华西口腔和中国口腔医学的发展。

　　王翰章毕生致力于中国现代医学及口腔医学科研、教育及医疗实践事
业，擅长口腔颌面损伤与畸形整复的诊断与治疗，是中国口腔颌面外科学
和整形外科学从萌芽到创建、从成长到成熟的主要开拓者和见证人，为中
国口腔颌面外科学和整形外科学的建立与发展做出了卓越贡献。他自幼便
立志当一名医生，把治病救人、救死扶伤、助人为乐作为人生追求，个人
的志趣志向、百姓苍生的现实需求、新中国口腔医学创建与发展的时代召

唤，给了王翰章献身祖国医学及口腔医学科学、教育及医疗实践事业的无尽动力。他参与创建了我国口腔颌面外科学的工作，在该学科的命名及全国教学大纲的编制、统编教材的撰写等方面做了大量工作，并从 20 世纪 50 年代初期开始致力于口腔颌面损伤与畸形整复的科学研究与临床实践，开展了口腔颌面部恶性肿瘤及颈淋巴联合清扫手术、牙颌畸形矫正手术、下颌骨切除立即植骨手术，在颌面损伤与畸形整复外科学、颌骨血供动力学、皮肤组织血供、人工骨生物学基础、口腔医学信息学等方面做出了突出贡献。同时，他还参与创建了新中国口腔医学教育体系，自 1956 年起参加了历次我国口腔医学教育的方案修订、课程设置、学制等具体内容的制订工作，尤其是我国医学教育三年、五年、七年学制的规划工作，并提出了在教学中"强素质、宽基础，重实践，求创新"的办学理念，是口腔颌面外科学教学实行"医学基础与口外专业并重，理论教学与实验教学并重"原则的积极倡导者和实践者，对推动我国高等医学教育改革与发展作出了巨大贡献。可以说，王翰章的奋斗历程就是新中国口腔医学和口腔颌面外科学及整形外科学发展的历史缩影。

2013 年 6 月，王翰章被列为"老科学家学术成长资料采集工程"的采集对象，我们受命负责承担王翰章学术成长资料采集工作。通过赴京参加采集工作专项学习培训会，我们意识到此项工作的重要性、系统性和艰巨性。返蓉回校后，我们立即与王翰章本人、王翰章所在的四川大学华西口腔医学院以及学校相关单位取得联系，抓紧组建采集小组。采集小组成员涵盖了文学、新闻传播学、口腔医学、档案学、历史学、医学管理、党政管理等领域，大家围绕采集工作赶紧查找资料、热烈讨论、认真思考，经多次修改后最终确定了采集工作任务书，随后我们便根据采集工作任务书。

为了保证采集工作的学术针对性和科学专业性，我们特意聘请了王翰章的弟子、四川大学华西口腔医学院郑谦教授为学术顾问，从各类资料搜集到年表和资料长编编写、再到研究报告撰写，都得到他的指点和帮助。在一年多的时间里，我们通过口述访谈、实地走访、实物搜集、信函征集、档案查阅、馆藏文献查阅、单位捐赠、网上资源下载等多种形式搜集资料，力求全面反映王翰章的学术成长历程。

2013 年秋冬，我们的采集工作主要围绕各类馆藏资源、网上资源等外围渠道进行，重点是全面检索、查找、搜集并研阅王翰章有关传记回忆性资料和其各类著作及学术论文，完善案头分析工作。在此基础上，采集工作主力成员抓紧时间研究王翰章一生的成长特点和规律，潜心拟定和细化对王翰章的访谈计划和访谈提纲，并拟定其他相关走访对象和走访范围。2014 年 1 月，采集小组初访王翰章，就采集工作任务、采集线索等方面专门咨询和征求其意见；2 月，采集小组将 1 万多字的访谈提纲交给王翰章过目，请他提出意见并做好接受访谈的准备；3—4 月，采集小组先后 8 次到王翰章家进行访谈，通过整理获得了关于其学术成长历程的直接口述文字资料 12 万余字。此后，我们还多次到其家中就资料的采集、年表和资料长编编写、研究报告的撰写等事项与他沟通交流。与此同时，小组成员还多次到四川大学档案馆、四川大学图书馆、四川大学校史馆、四川大学华西医学展览馆、中国口腔医学博物馆以及四川省图书馆等处认真查阅王翰章的人事和技术档案、著述成果、手稿图纸、照片影像、科研报告、项目资料等，并全力搜集关于他的各类报道、书刊和其他有关资料。在一年时间里，采集小组立足成都，同时奔赴北京、上海、杭州、广州、深圳等地采访有关专家学者共 17 人，整理获得间接口述文字资料 13 万余字。此外，采集小组还赴其出生地北京顺义、其少时母校北京通州潞河中学、原私立北京育英中学旧址等处专门搜集有关王翰章家庭背景、求学经历等方面的宝贵资料。一年多来，采集小组主要成员分工协作，定期或不定期交流工作进度，不断争取各方的支持和帮助，经过坚持不懈的努力，共采集到与王翰章学术成长有关的各类音频资料 1200 多分钟、各类视频资料 1800 多分钟以及传记类、手稿类、信件类、档案类、照片类、著作类、专利类、学术评价类、报道类、图纸类、证书类等各类实物资料 480 余件，其中 350 余件为原件，另外还数字化资料 700 多件，应该说这些资料比较全面、完整地反映了王翰章一生的学术成长历程。在此基础上，我们编写了王翰章年表 1.7 万余字、王翰章学术成长资料长编近 16 万字。

采集工作的一个重要目标和任务就是有关王翰章学术成长传记的撰写，也就是这里所呈现的《"齿"生无悔：王翰章传》的撰写。关于王翰章学术成长传记的撰写，从思路的拟定、纲目的编排到资料及参考文献的搜集分析、再到落笔成稿，其实贯穿了我们整个采集工作始终，前后历时一年多，自 2013 年秋冬开始至 2014 年 11 月方才完稿，并交予王翰章本人及有关专家审阅、提出意见。为避免资料采集和传记撰写"两张皮"的现象，确保能通过传记完整理解、深入把握并向世人交代清楚王翰章一生成长的内在脉络，特别是他一生的不同阶段、不同关键点之间的内在关系，采集小组特意将传记的主撰人员同时作为对王翰章各个成长时期各类资料进行采集的主力成员，与大家一起全程参与和推动整个采集工作，边采集边整理，确保传记主撰人员能在第一时间对采集到的各类资料进行认真有效的分析、研究和消化，努力发掘对王翰章学术成长起到推动和促进作用的关键因素。在对资料及文献的消化、分析和梳理中，我们尤其重视与王翰章有关的已有各类传记性回忆资料。王翰章在 2013 年便出版了其回忆录——《翰墨荃馨——一个医生的历程》，该书比较系统、完整地回忆了他一生的成长经历和重要事件，是他历时 8 年（2005—2013）精心撰写的"自传"。在该书的自序中，王翰章写道："……没想到写回忆录是如此艰辛，和写一本业务专著大不一样，要挖空心思地去想、去追忆、去查找、去提炼、去评价、去核实"，因此，该书虽然仅是个人回忆，但其中所涉及的方方面面的故事、史实可以认为是真实严谨的，也是采集小组所借重的基础资料和采集线索。另外，王翰章本人撰写的文章《走进华西坝》（载于《华西琐谈》）、《我与中国口腔颌面外科学》《我所知道的林则博士》，侯仁选的《口腔颌面外科专家王翰章教授》、杨璐的《战火岁月中的华西协合大学——访退休干部王翰章》、舒瑶和黄雪莲的《我的大学——华西口腔医学院老院长王翰章华西求学记》、朱振国的《林则：开中国现代口腔医学教育先河》、王翰章与黄雪莲合著的《揭开历史的秘密》和《风雨门诊楼》、雷文景的《穿过华西坝的大街小巷》以及《九十载人生精彩　六十年德艺辉煌——庆祝王翰章教授九十寿辰暨从医执教六十周年》（刊于《时尚牙医》）、《王翰章：博学多艺，精彩人生》（载于《2011 牙科博览》），还有网络和报刊关于华西抗美援朝手术队的博文、《最后的志愿军精神患者》《朝鲜战争患者》《华西坝的老建筑物》等文章，都是历史回忆性文本，具有不同程度的参考价值。其中，《我与中国口腔颌面外科学》一文系王翰章应中国口腔颌面外科网的邀请对自己从事口腔颌面外科工作60多年历程的回顾，对把握王翰章学术成长脉络很有价值。同时，王翰章主编的《华西口腔百年史话1907—2007》和四川大学有关单位各类校史书籍也具有重要的传记性参考价值。

传记以王翰章个人回忆录为原始参照系，但进一步突出对其学术成长脉络及成就的把握，从而把王翰章的学术成长置于中国口腔医学特别是口腔颌面外科学创建与发展的大背景下进行考察分析，按照其人生重要时间节点纵向结构研究传记，同时按照中国口腔医学特别是口腔颌面外科学的发展历程横向结构研究传记，在重点记述和诠释王翰章求学历程、师承关系、学术工作环境、学术成果等的同时，注意突出当期有关重要人物、事件，并注意探讨他少时家庭和包括绘画在内的传统人文艺术爱好对他成长、成功的影响，从而多侧面、多角度、完整而点线面结合地呈现王翰章的学术人生。按照这样的思路，传记较为翔实地介绍了影响王翰章学术成长的关键人物，深入挖掘了王翰章学术成长的五个重要主题或五个关键点：第一是从中学到大学的求学与立志；第二是参与创建新中国口腔颌面外科；第三是推动华西口腔的建设与发展；第四是精心培养口腔医学的后辈人才；第五是退休后主持编撰大批重要的学术专著。

传记取名为《"齿"生无悔：王翰章传》，合计20余万字，正文共分九章。

第一章"北望燕山"，主要记述王翰章故乡——北京顺义基本情况、王翰章的家世、王翰章的幼年启蒙教育、王翰章的兄弟姐妹。

第二章"运河哺育"，主要记述王翰章在潞河小学、中学的学习生活以及他从司徒雷登的演讲中第一次了解华西协合大学牙学院的情景。

第三章"北平成长"，主要记述王翰章在30年代后在北京5年间的成长经历，包括在北京私立育英中学校念高中的情况、在北京生活的业余爱好、立志从医的来源以及就读齐鲁大学医学预科和借读辅仁大学生物系的经历。

第四章"求学华西"，主要记述王翰章到成都及华西协合大学牙学院的学习生活。

第五章"宏愿初成"，主要记述王翰章在华西学校毕业留校初期的情况，包括他与盛尔荃的婚姻家庭生活以及参加华西抗美援朝手术队的经历。

第六章"寄情口腔"，主要记述 20 世纪 50 年代华西协合大学调整后，王翰章作为学术带头人和行政领导在 50、60 年代华西口腔医学建设特别是口腔颌面外科学创建等方面的努力与成绩。

第七章"道阻且长"，主要记述王翰章在"文革大革命"期间不畏艰难开展医疗、教学及学术研究工作的情况。

第八章"重任再肩"，主要记述改革开放初期至 1989 年正式退休前，王翰章在科研、教学、临床和研究生培养以及分管四川医学院外事工作的情况。

第九章"老骥伏枥"，主要记述王翰章退休后 20 多年如一日，继续情系口腔医学，辛勤耕耘而著作等身的情况，还有他目前的生活、工作情况。

"做医生是我幼年时期的梦想，我一直觉得医生是个高尚的职业。从 1949 年我成为一名医生，到 80 岁时我都一直站在手术台上。几十年来，我不仅把医生当成一种职业，更多的是把它当成一种信念，为患者解除病痛是一件让我由衷感到快乐和充实的事情。"这是王翰章在回顾自己过去几十年的从医、从教生涯时的肺腑之言。王翰章作为一名口腔医学和口腔颌面外科学家，他的学术成长、科研历程是与他的救死扶伤的医疗服务实践事业、与他从事的医学教育和医学管理事业密不可分的，如果说医疗卫生实践事业是推动他学术成长的重要动力的话，那么医学教育及管理事业则是拉动他学术成长的重要引擎。20 世纪初，"中国现代口腔医学之父"林则在牙医学的办学指导思想上，明确提出中国牙医学"培养出来的学生首先是医学家，然后才是专科医生，而不是匠人。"作为林则口腔医学思想的坚定奉行者、传承者，为培养造就新中国新一代"医学家"，王翰章始终以潜心学术、努力成长为医学科学家而不是简单的专科医生、医疗匠人为标准来要求自己，因为他知道只有这样才能做好一名医生，才能做成一名优秀的医生。正是"做好一名医生"这样一个朴素的信念，正是培养新一代"医学家"这样的自律和自觉追求,正是深深扎根于他所处的那个时代和祖国口腔医学事业的急切召唤,造就了王翰章这位新中国第一代口腔颌面外科与整形外科学家、口腔医学教育家及管理家。

我们希望通过本传记,以翔实准确的史料为依据,力求客观真实地诠释王翰章作为新中国第一代口腔颌面外科与整形外科学家、口腔医学教育家及管理家的学术成长历程,反映中国口腔医学特别是口腔颌面外科学及整形外科学的创建发展历史。希望王翰章先生的人生经历和精神面貌能够为世人特别是广大青年提供有益的人生感悟、借鉴和启迪。

第一章
北望燕山

　　2001 年 10 月，82 岁的王翰章与夫人盛尔荃从美国探亲归来，途径北京，在二舅王炳章家中小住。其间，在侄女的陪同下回到阔别 70 多年的老家——燕山脚下的北京顺义胡各庄。踏上魂牵梦萦、思念经年的故土，他感到只有乡音如旧，其他都是陌生的。幼年时就离开了那里，归来时已是白发苍苍的耄耋老人，王翰章的心情真可以用古人贺知章的诗句来表达：少小离乡老大回，乡音未改鬓毛衰，儿童相见不相识，笑问客从何处来。昔日祖父倾毕生积蓄建造的那座大宅院仅余残迹，高大的围墙只剩下残缺的基石，宽敞的庭院被分隔得乱七八糟，一派断壁残垣的景象。看着眼前的荒凉，眺望燕山的轮廓，他久久地站在那里，沉思着，追忆着，他回想起母亲和祖母的音容，弟弟、妹妹的嬉戏，左邻右舍的姓氏，祖辈父辈的辛劳，还有精美的砖雕、鎏金的楹联……一幕幕浮现在脑海中，又慢慢地、渐渐地消逝了。

　　午饭时分，王翰章一行在同样难觅旧日痕迹的顺义城里找了一家小饭馆，吃了一顿还算道地的家乡水饺，几十年的相思算是作了一个了断。

"窦燕山故里"

王翰章在其回忆录《翰墨荃馨——一个医生的历程》中写道:"故乡,我们住家的村庄位于北京城以东、潮白河以西、燕山以南的一片平原沃土上。"[①] 这里就是今天的北京顺义区,1998 年以前叫顺义县。

顺义区地处燕山南麓、华北平原北端,属潮白河冲积扇下段,位于北京市东北部,城区距市中心 30 千米。东邻平谷,北连怀柔区、密云区,西接昌平区、朝阳区,南接通州区、河北三河市。这里地势平坦,河渠纵横,水量充沛,平原面积占 95.7%,因此,历史上顺义素有"京郊粮仓"的美誉,其商品粮供应规模一度占据首都市场需求量的 1/4 以上。时光流转,沧海桑田。1942 年,当王翰章从北京前门火车站开始他流亡入川的求学之路时,不可能想象到若干年后新中国最大的机场——首都国际机场将会建在他的家乡,还有他儿时最爱偷偷跟着一群大孩子去游泳嬉戏的潮白河河畔也建起了规模宏大、美轮美奂的国家奥林匹克水上公园。

1919 年 5 月 22 日(农历乙未年四月二十三日),王翰章就出生在河北省顺义县(今北京市顺义区)胡各庄村一户普通人家。因为他的到来,全家欢乐不已,因为他是家里的第一个男孩——王家的第一个孩子是女儿,此时已 8 岁。可以说,在那个重男轻女的时代,特别是北方农村,祖父辈盼望他的到来已经很久了。

这是华北农村一个非常普通的庄户人家,唯一显眼的标志是一棵古槐,古槐的年岁已不可考,粗大的树干差不多两人合抱,古槐下的柴门小院就是王家。王翰章虽然出生在春暖花开的时节,不过那时的王家还只是一个土墙灰瓦的小四合院,附近村落的人们都习惯地称其为"槐树底下的",至于后来在家乡闻名一方的宏大华美的"槐荫堂"新宅院还是若干年后兴建的。

历史上,顺义是个典型的农业县,地处燕山南麓,商贸物流皆不发

---

① 王翰章:《翰墨荃馨——一个医生的历程》。北京:人民卫生出版社,2013 年,第 5 页。

达，更谈不上什么书香文风，与相邻的通州有天壤之别，后者古时素来就有"一京（北京）、二卫（天津）、三通州"的说法。因为缺乏区位优势和教育传统，顺义几乎没出过什么名人，当地有头脑、有关系的人往往选择到通州或者京城去发展，或读书，或学徒，或跑单帮。事实上，王翰章的祖父辈及其本人走的也是这样一条路径。

王翰章的老家胡各庄村距顺义县城仅有 4 千米，虽然路不远，可在童年、少年时，他很少有机会去县城玩耍。有一年，祖父带着王翰章去县城会朋友。会完朋友，或许是想让他这个乡下孩子长长见识，祖父专门领着他逛县城。在城北一个较为荒凉的地方竖着一座两米多高的石碑，上面刻有"窦燕山故里"五个大字，题款者名叫唐玉书[①]。祖父让王翰章念碑上的字，"窦燕山"三个字王翰章倒是认识，因为从六岁起祖父就教他背诵《三字经》，那里就有"窦燕山，有义方，教五子，名俱扬"这几句话。可是碑上的其他文字，王翰章就不怎么认识和知道其意思了。于是，祖父指着那石碑告诉他那是当时顺义县的县长唐玉书题的字，表示顺义这个地方是先贤窦燕山的老家。又对他说，家乡最有名的人就是窦燕山，因为自从有了《三字经》这本书，窦燕山的名字就被全天下的人传颂。从此，那块刻有"窦燕山故里"的石碑给王翰章留下了关于故乡县城的深刻印象。

其实严格地讲，顺义并非窦燕山故里。近年来，根据对窦氏家族族谱、窦燕山墓地、故居等多种要素的考定，最终蓟县西龙虎峪镇龙前村被窦燕山文化研究会确认为窦燕山的故乡，也就是说蓟县才是真正的窦燕山故里。那么，民国初年，长于小学考据的顺义县父母官唐玉书为何会在县城树碑并亲笔题写"窦燕山故里"？据《顺义县志》记载：顺义县于咸丰二年和民国初年、六年，曾先后三次立有窦（燕山）、邵（雍）[②]两先贤故里碑。可见，在历史上，顺义官方的确认为该县系窦燕山故里。

---

① 唐玉书（1865-1956），字宝森，四川三台人。清末优贡，一等钦用知县。历任河北三河、宛平、昌平、顺义、延庆等县县长，北平宪兵司令部秘书，北京师范大学文学系讲师，1952年被聘为北京市文史研究馆馆员。著有《说文部首讲义》《说文字义补疏》。

② 邵雍（1011-1077），字尧夫，范阳（今河北涿县）人。北宋哲学家、易学家。创"先天学"，以为万物皆由"太极"演化而成。著有《观物篇》《先天图》《伊川击壤集》《皇极经世》《梅花诗》等。

总之，唐玉书和顺义官方因何为窦燕山树碑以及顺义是否确系窦燕山故里皆已不重要。重要的是，在童年的王翰章心里，自己的家乡是窦燕山故乡这个概念从此深深铭记。而王翰章祖父对"窦燕山故里"的看重，也未始不与其诗书传家的愿望有着某种潜在的意识关联。

天禄斋、槐荫堂

天禄斋是王翰章祖父在北京通州创立的糕点铺字号，槐荫堂是王翰章在河北顺义老家新筑大宅的名称。对王家来说，天禄斋、槐荫堂都是标志性称谓，象征着王家历史上最辉煌的一刻。

创业兴家——祖父、父亲和叔叔

据说王氏一族是移民到河北顺义的，从地理位置上看，顺义地近京畿，明末清初之际迭遭战火屠戮，人口的急剧消减导致外来人口迁移至此，与湖广填四川是类似的情形。只是王翰章的祖上既无闻人显宦，也没有传续不替的族谱，因此王氏一族的移民之说也就难以详加考证。

王翰章的祖辈和父辈几乎没有出过一个读书人，他的祖父、父亲和叔叔也都没有什么文化，但他们却都有经营事业的高超才能，甚至可以说是某种天赋，从当学徒到自己开店当掌柜，算得上是胡各庄村的名人。更重要的是，王翰章和他的四个弟弟妹妹能够获得从小学到大学的受教育机会，与祖父辈的创业有成密不可分。

王翰章的祖父名万通，字子明（1864—1930），生于河北省顺义县胡各庄一贫穷农家。年轻时念过三年私塾，后经邻居介绍到北京正明斋糕点铺当学徒。因为聪明勤谨，满师后不久，就与师兄蒋聘卿合资自立门面，在通州鼓楼南大街开办了一家名为天禄斋的糕点铺，取"受天百禄"之意，并自任掌柜，负责主要的经营管理。王万通具有天生的商人头脑，经营务实而灵活，一方面秉持诚信为本、高质量、小利润的理念，一方面采纳股份制形式——职员可以人力入股，以提高生产效率，因此业务发展很快，到20世纪初已占据了北京东部郊县的大部分糕点市场。透过王翰章在回忆录中对鼎盛时期规模宏大的天禄斋的细致描绘，不难看出王万通创业的成功。

> 沿着（通州）南大街走了不远，见到路西边一座金碧辉煌的商店，在那雕梁画栋中的贴金匾额上写着"天禄斋"三个大字，这个店是爷爷一生的心血，当时是父亲工作的地方，也是我这趟行程的终点。
>
> ……
>
> 我好不容易挤进售货大厅，大厅内人山人海，左三层右三层的顾客站在那十五米多长的售货台前购买月饼。我往里走，去找父亲。这个店前面是售货大厅，售货大厅后面是会计、经理室，穿过一个走廊是制作各类糕点的作坊和各种库房，占用了五个相互通连的四合院，共约八十余间房屋，后院可通南、北两条马路[①]。

王万通在通州京郊树起了天禄斋的字号，可是并没有在城里购置宅院居所，而是在顺义农村老家除旧布新，建造了一所新的深宅大院——槐荫堂。这是一座四重院落的"豪宅"，占地5000多平方米，有大小房屋40余间。新的宅院不仅规模宏大，建筑也相当精美，随处可见的砖雕、木雕、石雕衬托出主人的富有和品位。大门阔可进车，右侧有一五级石梯平台，台阶之上才是这座宅院的正门，两侧悬挂着当时通州著名书法家王泽臣撰写的一副鎏金对联：

槐里文章滕阁序

兰亭书法辋川诗

意指三氏先贤当中，"初唐四杰"王勃撰写了千古传颂的文章佳作《滕王

---

① 王翰章：《翰墨荃馨——一个医生的历程》。北京：人民卫生出版社，2013年，第26—27页。

阁序》，东晋书圣王羲之写下了流芳百世的天下第一行书《兰亭集序》，还有唐代大诗人王维的诗篇也是脍炙人口。至于"槐里"二字，则是指门前有古槐荫庇的王家。王万通特意为这座耗尽其一生积蓄的宅院题名"槐荫堂"。虽然这幅对联恭维主人的意思很明显，不过气魄宏大，对仗工整，着实给王家新宅平添了几分儒雅的文化气息。无疑，只念过几年私塾的王万通希望自己的后人能诗书传家，这个希望自然首先落在作为长子长孙的王翰章身上———一个农村孩子取名翰章是很少见的，这个名字本身就表露了祖父辈的期许之意。

王万通的文化不多，但是很懂得教育之道，虽家道中兴，却从不溺爱。辛苦打拼几十年后，王万通把天禄斋的生意交给长子打理，自己回到老家含饴弄孙，大兴土木建造槐荫堂。这在王万通的思想里，既有光宗耀祖的因素，也有安享晚景的愿望。王翰章年甫六龄，王万通就开始教他念《三字经》《百家姓》《千字文》之类的蒙学读本。同时，王万通还很喜欢带着孙子四处走动，增长见识。王翰章十来岁时，王万通曾几次带他去北京游故宫、逛琉璃厂、听京戏，这些经历让王翰章自幼就对中国传统文化产生了强烈的好感。不仅如此，王万通还经常因时因地启发教诲王翰章。譬如去看京剧演出时，王万通总是带着孙子先到后院的演练场看学员们练功，让他懂得什么是"台上一分钟，台下十年功"，让他知道练功和念书是一样的，并经常对王翰章说："受尽苦中苦，方为人上人。将来要想实现大的志向，首先就要用功刻苦读书"。

兴建槐荫堂几乎耗尽了王万通一生的积蓄，但是这所华美的新宅落成之后，他却未能在那里享受过一天安稳的日子。由于战乱，王家新宅成了过往大兵们的临时驻所。1929 年冬，病重的祖父从通州回到老家，住进这所新落成的宅院。可是没过几天，就来了一群大兵，占了所有的房间，使病榻之上的老人不得片刻安宁。熬过残岁，1930 年元月王万通在槐荫堂阖然而逝。

中国的家庭教育文化素有"君子抱孙不抱子"之传统，王翰章虽然不是世家子弟，但是他的祖父、父亲显然也深受这一传统影响。在王翰章的记忆中，父亲几乎是抽象的，除了严肃就是刻板。同时，与祖父、祖母相比，他与父亲在一起生活的时间也要少很多。

印象一点都不亲切，就知道父亲在那儿，有时候回来看一看。可是爷爷很亲切，爷爷要来、要多回来，而且爷爷要带我出去，我第一次去通州是爷爷带我去的，而且带我去北京也是爷爷。[1]

　　实际上，父亲对长子的爱一点也不亚于祖父、祖母，只不过这种爱更深沉，更多地寄托在对王翰章成长、成才的支持帮助和教诲上。

　　王翰章的父亲名寿彭，字友椿（1884—1954），受家庭条件所限，仅念过几年私塾，早年在北京菜市口桂兴斋糕点铺学徒，后至通州天禄斋协助其父王万通工作，1930年王万通去世后接任天禄斋掌柜。由于长年在外经商，王寿彭在家里的时间很少。王寿彭一方面接替了父亲创立的天禄斋，一方面忠实地实践着王万通诗书传家的理想愿望。或许因为长期在通州、北京做生意的缘故，王翰章的祖辈和父辈都很开明，虽然王家的字号叫响了，天禄斋也办得很兴旺，可是他们却并不希望自己的子孙承袭那份事业。他们认为自己一辈子艰辛创业为的就是儿孙一定要念书、要有知识文化[2]。因此，不论是对王翰章还是他的两个弟弟，甚至对两个女儿，王寿彭都一视同仁地送他们去念书，这在20世纪二三十年代的中国农村是很开放、很先进的观念和做法。王翰章和他的四个弟弟妹妹因此很幸运地走上了读书求学的道路。王寿彭膝下有三子三女共六个孩子，其中五个孩子都接受了中等或高等教育，从这个意义上讲，也算得上是"教五子，名俱扬"了。

图1-1　父亲王寿彭

　　王寿彭为人朴实淳厚，对子女的教诲讲求慎言慎行，因此往往话不多而具深意。1931年夏秋，王翰章从胡各庄转到通州上小学，他本想考五年级，但担心考不上，于是报考了四年级并考取第一名，又有些后悔当初没报考五年级。王寿彭知道儿子的想法后对他说："一个人要去做一件事情，事先要仔细地思考，再努力

_____

①　王翰章访谈，2014年3月13日，成都。资料存于采集工程数据库。
②　同①。

去完成它，事后不要后悔，后悔是没有用的。"父亲短短的几句话被王翰章牢牢地记在心里，80多年过去了也没有忘记，可谓受用终身。

王翰章有一位叔父对他的学习成长给予了很多的关心和支持，此人就是王寿彭的弟弟王寿龄。王寿龄，从事金融行业，曾与友人合股在北平前门大街开设振大银号、裕大银号、豫发银号、义发银号4家银号并任总经理多年，在当时也算是一位银行家了。因为王寿龄住在北平，王翰章平时与这个叔叔见面的时候并不多，但是王寿龄非常关心侄儿的成长。1934年，王翰章从潞河小学升入潞河中学，王寿龄特意从北平到通州看他，还给他带去一辆崭新的英国造自行车和一个足球，这在当时可都是些时髦且价格不菲的洋玩意儿。第二天，王寿龄又专门陪他去潞河中学报到。潞河中学和潞河小学都是具有美国教会背景的私立学校，名气颇大，费用也高，一学期的学费和伙食费需40银元。缴费报名后，王寿龄对他说："上学是要用不少钱，不过你用不着担心，我和你父亲商量好了，会一直供你到大学毕业。"办完了一切手续，叔侄俩一起兴致盎然地参观美丽而宽阔的校园，王寿龄边走边嘱咐王翰章："这样美丽的校园，这样好的学习环境，你一定要努力学习，不要太贪玩，一定要记着'少小不努力，老大徒伤悲'的古训。"还叮嘱侄儿每个月要给叔叔写一封信，有什么需要的都要告诉叔叔。王寿龄知道侄儿酷爱书画，在王翰章上高中时，曾特意托人在荣宝斋为他购买了一部《三希堂》法帖的影印本（全套共34册），装在一个精美的楠木箱里，非常漂亮，王翰章一直将之视为珍宝。

三位母亲·五子名俱扬

王翰章的父亲王寿彭曾三次娶妻。元配姚氏，即王翰章的生母，育有两男两女——长女金荣、长男翰章、次女金贵、次子炳章。

大姐金荣长王翰章八岁，因出生较早、又是女儿，故未曾读书上学，出嫁后作家庭妇女，2001年去世。大妹金贵比王翰章小两岁，1947年毕业于国立西北农学院，后赴台湾长期从事教育工作。

二弟炳章比王翰章小四岁，1949年毕业于北京农业大学，后任中央农业部植保司高级工程师，1987年因病去世。

对于亲生母亲姚氏，王翰章记得的事情不多，因为母亲去世那年（1927年），他才刚满八岁，还是个懵懂孩童。他只知道勤劳慈爱的母亲是在一个寒冷的冬天离开自己的——冬天里，每当他放学回家，妈妈总是拉着他冻僵的小手放在怀里，让它慢慢暖和过来。妈妈还告诫他，手冻僵了不可以放在火上烤，也不可以放在热水里泡，要想办法让它慢慢地暖过来……母亲离开后，有很长一段时间，童年的王翰章变得沉默寡言。虽然年幼的他还不能理解什么是生离死别，可是他知道最疼爱自己的妈妈再也不会陪伴在身边了。次年清明，因为祖父和父亲都在通州，王翰章独自跟着同宗的男性去祭祖上坟，他跪在母亲的坟前泪流满面，不停地哭喊着妈妈，久久不愿离去。在家等着孙儿的祖母知道这情形后，对他说："你是一个重感情的孩子，但是凡事要慢慢学会控制自己的感情，要往远处想，好好念书，将来长大有本事了，妈妈会高兴的[①]。"

王翰章的第一位继母王氏育有二女一子，在生育第二个女儿时因病先后母女双亡。小妹金秀是王氏所生长女，生于1932年，毕业于山东青岛医学院，曾任加木斯医学院眼科教授、附属医院眼科主任。小弟秀章也是王氏所生，作为兄弟姐妹中最小的一个，比王翰章小了足足14岁，1949年考入大连舰艇学院，毕业后留校任教，曾被授予大校军衔，1999年病逝。

王翰章的第二位继母名叫赵淑元，祖籍绍兴，生于北京，出于名门世家，知书识礼，为人和善。1931年王家迁居北平后，王寿彭因为要打理通州天禄斋的生意，一度不得不将六个孩子托给一位堂姐照看，后经王翰章的堂叔王仁山介绍，与寓居京城的浙江退隐官宦之女赵淑元结婚。赵淑元与王翰章父亲结婚时年已45岁，一生未生育。赵淑元视王翰章兄弟姐妹如己出，在孩子们身上倾注了全部的爱。无论什么事情，她总是和颜悦色地和儿女们一起讨论，即使阻止他们不要做什么事情，也绝不会有武断生硬的言辞态度，因此，几个孩子也都像对待亲生母亲一样敬爱这位继母，一直以"妈妈"相称。王翰章兄弟姐妹长大成家后，年事已高的她仍在为

---

① 王翰章:《翰墨荃馨——一个医生的历程》。北京：人民卫生出版社，2013年，第16页。

孙辈操劳。在王翰章的三位母亲当中，赵淑元是与他们生活时间最长、对他们影响最大的妈妈。

祖母的教诲

王翰章是家里的第一个男孩，按照旧时的说法即长子长孙，母亲去世又早，或许因为这两个缘故，在孙儿孙女六个孩子当中，他是祖母最疼爱的一个，他也最爱自己的祖母。

王翰章的祖母是一位性格开朗、精明能干的老人，她慈祥、和蔼、乐于助人并善于言谈，常被邻里请去排解家庭中的矛盾和邻里之间的纠纷，她常以言传身教的方式教育王翰章如何做人。在王翰章看来，祖母是对他一生影响最为深刻的亲人，甚至他立志从医也与祖母的教诲和影响有密切的关系。失去母亲后，童年王翰章曾经有一段时间沉默寡言，是祖母的爱使他从思念母亲的痛苦中逐渐解脱出来。"那时候祖母是我最知心的朋友，是我生活的支柱""祖母对我的爱是无以报答的"[1]。王翰章在回忆录中写道。

祖母最爱帮助他人。当时，在老家胡各庄村有一位70多岁的石姓孤苦老人，她独自住在一间低矮的小土屋里，四壁空空，家贫如洗。祖母常常叫王翰章给那位老人送去衣服、食物，回来后还向他询问老人的生活情况。祖母对他说，"石奶奶是外来户，无儿无女，老伴死后，独自一人，无以为生，很是可怜。将来你长大了，要尽量去帮助那些最需要你帮助的人。"

那时的北方因为第一次世界大战和日俄战争，来了不少背井离乡逃难的俄国人和犹太人，他们身无分文、到处乞讨，王翰章家也不时被那些人光顾。年幼的王翰章看着这些长相不同、语言不通的"洋乞丐"很害怕，跑去告诉祖母。祖母说："别怕，他们和我们一样都是人，他们远离家乡、无依无靠、到处流浪，靠乞讨生活，很可怜。去看看锅里还有些什么吃

---

① 王翰章:《翰墨荃馨——一个医生的历程》。北京：人民卫生出版社，2013年，第8-11页。

的，都拿给他们吧。"

祖母有一个小木箱，里面装满了父亲带回来的中成药。她虽然不识字，可是却能识别各种药的名字。村里常常有人到王家来讨药，祖母每次不仅满足乡亲的要求，还会详细地讲解药的作用和用法。春天时，父亲带回牛痘疫苗，祖母又主动劝说村中的孩子"该种痘的都要来种痘"，因此胡各庄村很多年少有流行天花。

祖母还是小王翰章最知心的朋友。仲夏夜晚，祖母常常和孙儿一起坐在场院的石凳上，教他认星座。王翰章问祖母："同学说人走到哪里，月亮就会跟到哪里，是吗？"祖母笑了，"那你试试看"。王翰章果真仰起头、望着月亮，围着场院跑起来。

祖母很重视对王翰章各方面的教育，除了学习读书，她还要求王翰章从小养成劳动的习惯。按照北方农村的惯例，只有男人才下田劳作，妇女留在家里做家务。当时，王翰章的祖父、父亲和叔叔都在通州或京城做事，每到收割时节都要雇人来收割庄稼。祖母对他说："你是家里的男人，要跟着他们去收麦子。"王翰章年纪太小，大人在前面收割捆扎，他就跟在后面捡拾掉在田里的麦穗。秋收时也是这样，祖母必定会要求他去剥玉米。白天干农活，到了晚上，祖母还要守着他在煤油灯下读书写字。村里小学的假期是随着农活安排的，农忙时节放假，农忙过后就要开学了。在开学前几天，祖母就会做王翰章的收心工作，不再让他出去玩耍，同时还要根据作业完成的情况，要他一遍一遍地背诵《三字经》《百家姓》。祖母虽然不识字，可是能背《三字经》《百家姓》，还能背一些戏词。

祖母非常和善，即使王翰章犯了错，也从不疾言厉色地教训责打，而是循循善诱地跟小孙子讲道理。胡各庄村离潮白河不远，夏天村里的大人爱去河边游泳，有些胆大的孩子也会躲着家长跑到河边戏水。雨季的潮白河宽阔汹涌，曾淹死过不少人，祖母最怕王翰章跟着那些孩子去游泳，屡屡告诫他不得下河游泳。可是，在酷热的夏天，河水实在太诱惑人了。一天，王翰章还是偷偷地跟着一群大孩子去了潮白河河边。其实，第一次来到潮白河的王翰章并没敢真正下到河里游泳，看着那波涛翻滚的大河，他害怕得两腿发软，最后只是鼓起勇气下到岸边一个小水荡里，而且没待几分钟就赶紧上了岸。回家后，姐姐金荣发现了这个秘密，把他叫到祖母跟前。祖母很生气，一方面，老人气他不诚实，擅自偷偷下河游泳；另一方面，老人更为生气和后怕的是王翰章的行为将王家的希望轻率地置于危险境地。不过，她还是耐着性子对小孙子说：

> 你明明知道不该去，还偷偷地去，知道不该做的还要去做，你连自己都管不住自己，将来会变成一个什么样的人？"……你明明知道自己不会游水，还敢去潮白河，它会吃掉你的，你不要命了？人的生命只有一次，如果就这样白白丢了，值得吗？如果你做事这样糊涂，将来还能成什么大事？！

王翰章不仅诚恳地给祖母跪下认错，而且将祖母的话铭刻在心。长大后，他始终坚持着做人要自律、做事要三思而后行的信念。又过了许多年，王翰章才真正明白祖母朴素的话语的真谛：世间最难事，莫过管自己①。

其实王翰章天性好动，除了下河戏水，童年时的他还喜欢上房、爬树。有一次，他偷偷爬上溪边的一棵大柳树，拉着树枝荡秋千，正玩得开心，树枝突然断了，他重重地跌到地上。忍痛爬起来后，他发现右手不能动了，肩膀也很疼。回到家，祖母见他可怜的样子，没有责备他，只是说："小孩子做事勇敢是好的，但是不可鲁莽，事先要多想想会有什么后果。"然后祖母吃力地背着他去请同宗的一位老奶奶治伤。这位老人比祖母还高一辈，王翰章叫她太奶奶，擅长治疗跌打损伤。回家的路上，祖母对他说："不求太奶奶行吗？那样你会残废，所以说人要相互帮助。"祖母就是这样，总是在日常生活琐事中、在不经意间，教给王翰章许多做人、做事的朴素道理。

1931年，祖父王万通去世后，因为无法忍受各路大兵无休止的骚扰劫掠，父亲王寿彭忍痛抛下家乡的槐荫堂新宅，把家迁居到北京城内。进京不久，祖母就患了重病，正在通州上小学的王翰章异常着急，他天天为祖母默默祈祷，希望祖母快快好起来。可是老人的病情最终没能缓和，没过多久，

① 王翰章：《翰墨荃馨——一个医生的历程》。北京：人民卫生出版社，2013年，第8页。

最疼爱他这个长孙、对他的人生影响最深远的慈祥的祖母走了。王翰章放声大哭，拼命呼喊祖母，希望能唤醒祖母，希望她能最后再对自己说些什么。因为，在王翰章心里，祖母是他最知心的朋友、是他生活的精神支柱。

祖母走了，王翰章的童年也随之结束了。

1949 年 6 月，王翰章终于领取到华西协合大学大学毕业证书和美国纽约州立大学牙医学博士学位文凭。在那一刻，他想起了祖母的叮嘱，20 余年的寒窗苦读，自己没有辜负祖母的期望。他相信，如果祖母能看到自己的这一天，一定会非常高兴。

荣宝斋和堂叔王寿贤

2009 年 4 月，中国第一家口腔专业博物馆——华西口腔医学博物馆隆重开馆。在教学厅，一幅精细的钢笔手绘三叉神经解剖图常常令来此参观的专家教授和华西口腔学生们佩服得五体投地，许多口外知名口腔专家，包括我国口腔界唯一的中国工程院院士邱蔚六[①]先生都特意在这幅手绘解剖图旁照相留念。这幅教学用图就出自王翰章之手。邱蔚六院士曾对学生说：

医学文化当中有一个就是医学艺术，华西在这方面是有传统的，

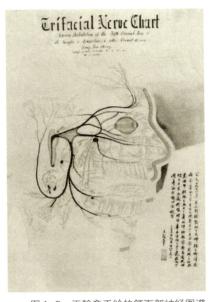

图 1-2　王翰章手绘的颌面部神经图谱

---

① 邱蔚六，1932 年 10 月生于四川省成都市，1955 年毕业于原四川医学院。现任上海第二医科大学口腔医学院名誉院长，口腔颌面外科终身教授、主任医师、博士生导师。2001 年 12 月当选为中国工程院院士，是迄今中国口腔医学界唯一一位院士。

一个王翰章老师，还有一个姚恒瑞教授，是其中杰出的代表。如果今天我们的医生都能达到他们那个水准，那肯定是个好医生，特别是做外科的。为什么这么讲？首先，外科本身是个艺术，艺术就离不开绘画；第二，外科医生要懂解剖，没有绘画的基本知识，就很难表达出他的成就[1]。

王翰章从小就喜爱绘画艺术，这个爱好不仅伴随他一生，而且对他后来从事口腔颌面外科学有着直接的重要帮助。之所以有此爱好，与曾经担任荣宝斋经理的堂叔王寿贤有着密不可分的关系。

王寿贤，字仁山，号千里，其父王芝万是王翰章祖父的堂弟。王芝万是当地小有名气的农民画师，早年有机会将儿子送到北京老字号书画店荣宝斋学徒。王寿贤勤勉好学、幽默诙谐、善与人交，很快就得到东家和荣宝斋首任经理庄虎成的赏识。1926年，年仅33岁的王寿贤出任荣宝斋经理，是那时胡各庄王氏一族中独一无二的名人，"村子里的人只要提到王仁山的名字，都感到骄傲并引以为自豪"[2]。

作为荣宝斋的第二任经理，王寿贤一上任就显示出卓越的经营才能，为荣宝斋的发展开拓了新的商机。1927年，国民政府定都南京，南京、上海成为政治新贵、商贾名流云集的中心。王寿贤敏锐地观察到了这个变化，亲自南下南京进行市场调查和试销，并于1929年在南京正式开设分店。荣宝斋南京分店很快受到各界人士的青睐，顾客盈门，铺面由两间扩大到五间，仅1930—1931年两年的销售额就高达17.8万银元，为北平总店同期的两倍多。王寿贤趁热打铁，先后又在上海、洛阳、汉口、天津开设了分店，业务逐渐遍布大江南北，中国有更多的人知道北京有个荣宝斋。这是新中国成立前荣宝斋最辉煌的一页。到1950年荣宝斋实现公私合营，王寿贤在荣宝斋当了24年大掌柜。

王翰章与这位远房堂叔很有缘分。在王翰章上小学的时候，王寿贤知道他喜欢画画，特地托人送去一个铜制的小墨盒和一部芥子园画谱。王翰

---

① 邱蔚六访谈，2014年5月14日，上海。资料存于采集工程数据库。

② 王翰章：《翰墨荃馨——一个医生的历程》。北京：人民卫生出版社，2013年。

章很喜欢跟这位堂叔接触。1931年，王寿彭把家迁到了北京城内，此后，王翰章更是有机会经常去荣宝斋拜望堂叔、欣赏名画。每次王翰章去荣宝斋看画，王寿贤都非常高兴，常常亲自给他讲解各个画家的画风、笔墨特点。王翰章至今还记得，那时在荣宝斋翠竹丛丛的幽静院子深处有一所四合院的北房，专门轮流陈列名家巨制，诸如齐白石、张大千、陈半丁、李五湖……每次他来到这里都会待上很长时间，细细品味大师的匠心杰构，如同身入宝山。有时，王翰章也会将自己临摹的作品拿给堂叔指点，王寿贤都会详尽地指出其不足之处。哪怕画得很幼稚，王寿贤也不会随意褒贬，使他这个堂侄难堪，而是言语间幽默风趣、循循善诱，促使和鞭策王翰章不断学习提高。

王翰章的资质和机缘都使他有可能成为一名画家，但是他从未有过做职业画家的想法。借读辅仁大学时，王翰章一度对学校的课程很不感兴趣，经常逃课跑去荣宝斋看画，听知识渊博的堂叔王寿贤讲历代画派的风格。其实，王寿彭早就对儿子说过，将来不要以画画谋生，王翰章同意父亲的意见，从未考虑过把画画当作职业。同时他也答应过祖母要做有爱心的人、助人为乐的人，所以一直把对未来的追求放在学医上。

启 蒙 教 育

胡各庄是地处顺义县城东南的一个贫穷小村庄，总共只有70多户人家，虽然条件非常简陋，王翰章还是在七八岁时开始在村子里只有初小四年的学校旦接受启蒙教育。当然，更早的、具有中国传统色彩的家庭教育始于他六岁时，那时祖父王万通就开始教他这个长孙背诵俗称"三百千"的《三字经》《百家姓》和《千字文》。

胡各庄的东西两头各有一座庙，村东头是一座小到只有一间房的小庙，村西头则是一座大庙，正殿三间。大殿东侧有四间房，中间没有隔墙，连成一间大屋子，这就是胡各庄村小——王翰章的启蒙母校。这间借庙舍为校舍的村小只有一位从县城请来的男老师，负责教授孩子们小学一至四年级的功课，内容主要是语文、算数、常识和体育。虽然学校的条件很差，这位老师却勤勤恳恳、认真负责，深受学生们的尊敬。当时的课本变得很简单通俗，比如语文，第一册开始就是：人、手、足、刀、尺、碗、桶、盆之类的，还附有插图；算数，一二年级学加减法，三四年级学乘除法，还有珠算等的应用题。村小只收男孩子，所以直到后来全家移居京城，王翰章的两个妹妹金贵、金秀才有机会上学读书。

20世纪二三十年代的中国一直处在军阀割据与混战之中，特别是在以北京为中心的中国北方，军阀派系之间争斗频繁，给老百姓带来了无尽的灾难。顺义紧邻潮白河边上、又是北京东北边的门户，更是一天到晚打仗。因此，王翰章就在这样的状况下生活、上学，村小也念得断断续续、磕磕绊绊，从启蒙到正式上小学前后差不多有四年时间。与其说是上学读书，不如说是打发时间。

这样的战乱年月在幼小的王翰章心里留下了深刻难忘的记忆：

　　今天这拨兵来了，明天又换一拨人，一会儿是张作霖的兵，一会儿是吴佩孚的兵，乱七八糟的，老百姓也搞不清楚。只知道这些兵来了就抢，人就得赶紧跑，跑到别的村子去躲，跑出去躲几天又回来，不断地来回折腾……后来，祖母就说"这样不成，这样把你荒废了"，所以那时我就到通县去了①。

1930年，11岁的王翰章离开顺义老家胡各庄去了通州，正式踏上了他漫长的求学之路。

---

① 王翰章访谈，2014年3月13日，成都。资料存于采集工程数据库。

第二章
运河哺育

我漫步在大运河岸边，思绪绵绵。

运河啊！我的祖辈就生存在你哺育的这块土地上。

我告别了童年，也来到你的身边，

在这里成长，走进了我的少年。

——引自王翰章《翰墨荟馨——一个医生的历程》

祖父王万通去世后，父亲王寿彭接管了天禄斋的生意，久住在通州，平时难得回家，王翰章和弟弟妹妹跟着祖母在顺义老家生活。村小的简陋和战乱的干扰令祖母感到不能让孙儿继续待在老家，该让他出去见见世面了。一天，祖母把王翰章叫到身边对他说："你一天比一天大了，只在村子里读书不成，你爸爸要你到通州去上学，你愿不愿意？"王翰章回答道："我听奶奶的，我愿意。"祖母疼爱地抚摸着他的头说："好孩子，将来你要做个大男人，就应该有大的理想，首先不能太恋家。你的父亲、叔叔都是十几岁就离家去学徒，托了人，写了生死文书，三年不许回家。你去那里，有爸爸照顾，寒暑假都可以回来，怕什么？记着，要好好念书，自己管好自己，不可太叫大人操心。"[1]

---

[1] 王翰章：《翰墨荟馨——一个医生的历程》。北京：人民卫生出版社，2013年，第25页。

两天后，1930 年初秋的一个清晨，王翰章骑着家里那头驯顺的小毛驴踏上通往运河岸通州城的乡间小路。

潞 河 小 学

"通州乃九重肘腋之上流，六国咽喉之雄镇"。通州自建城之后，即为京城仓储重地、大运河终点码头和水陆枢纽。

与顺义老家的胡各庄相比，通州城实在是一个五光十色、完全不同的大世界，初到这里的少年王翰章对一切都感觉很新奇：排满运货船的繁忙的运河码头，精美的燃灯寺佛宝塔和鼓楼，高鼻子外国人居住的"南地"，跟北京天桥一样的万寿宫，满是卖牛羊肉店铺的牛市岗街，特别是爷爷一生的心血、王家的生意字号——天禄斋规模宏大、生意兴隆，令他这个"少东家"倍感自豪。儿子的到来也令王寿彭高兴，毕竟这么多年自己一直在外忙于生意，很少有时间住在顺义老家，父子之间总是聚少离多，这次王翰章到通州上学，父子两人总算能够在一起朝夕相处了。从此，王翰章就住在天禄斋，上小学，读初中，在通州生活了 7 年。

私塾学馆和英文学馆

祖母安排王翰章到通州是来念书的，可没曾想时间不对，这里的学校都是暑假期间招生，王翰章到来时已是中秋前夕，学校都已经开学行课了，再等父亲忙完一年中最重要的生意节令——中秋节前几天天禄斋的营销额占全年的一半以上，时间已经太晚了。中秋节后的一天，父亲专门跟他商量上学的事。王寿彭是个很开明的人，从不勉强儿子做什么、不做什么，他对王翰章讲明情况后说："今年看来是上不成正规小学了，只能等明年。这一年是不是你就在这里住着，先到私塾馆去念些经书，再找个地方学学英语？"王翰章没有意见。于是，在乡下老家躲躲藏藏地念了几年村小后，王翰章又进了通州的私塾。

王寿彭专门为儿子找了一间当地比较有名气的学馆，并按私塾的规矩准备好包括书桌和板凳在内的上学用品。

这间私塾的先生姓范名让泉，国学和书法都不错，还懂些数学。学馆就在先生的住处，院子内三间北房作教室，约有十几名学生。先生终日坐在黑板前的书桌旁督促着这些"童生"。上午八点上学，中午有两小时的午饭时间，下午六点放学，中间没有课间休息，去上厕所都要到先生那里领"出恭牌"。学生也不分班，只按各人所读的书安排进度。通常每天上午由先生指定应读的新内容，然后学生朗读背诵，下午则是写字、做数学题和回书。

图 2-1　13 岁时的王翰章

回书是重点。所谓回书，其实就是背诵，学生背向先生而立，背诵指定的新课或旧课。背诵旧课时，先生提一句，学生立刻接着往下背，几本书很快就会背完，若背不出来或背错，先生便会用藤条抽打学生的肩背。每抽一鞭，就会留下一条血印，非常疼痛。虽然以体罚迫使学生用心读书是私塾的传统，并非范让泉先生所独擅，但王翰章对此还是深感恐惧，因此对于所指定的功课，必反复背诵，不敢有丝毫怠惰。在学馆不到一年的时间里，王翰章就学会背诵《大学》《中庸》《论语》和部分《孟子》。除了读经书以外，这位范让泉先生还教书法和简单的数学。

有意思的是，在正统的私塾修读传统国学期间，每个星期天王翰章还要到一间私人英文学馆学习英语，内容包括学习发音、背单词和读一些短浅的课文。王寿彭觉得，这样能为儿子上新式小学打一点基础。

潞河小学

1931 年初夏，王翰章准备报考通州最有名的潞河小学，于是到两个学馆退了学，持续了半年多的国学与英文兼修的学习生活方告结束。实际上，按照王翰章的年纪，即使考五年级都大了些。但鉴于潞河小学是名校又是美国教会办的私立学校，他担心考不上，于是就报考了四年级，结果考了第一名。

潞河小学在通州南门外，离天禄斋很远，步行得一个多小时，为此，王寿彭专门给儿子买了一辆二手的小自行车，王翰章用一个月时间学会了骑自行车。关于骑车上学，还有一个令王翰章终身难忘的小故事。

那是开学后他第二次骑车上学，在一个下坡路不慎撞倒了一位老大妈，王翰章吓坏了，以为闯了大祸，赶紧把倒在地上的老大妈扶起来，不停地道歉。老大妈说："你这孩子，骑车一定要小心，不然会出大事，伤到没有？赶快去上学吧！"老人不但没有责备他、为难他，反而像妈妈那样安慰他，这令少年王翰章大为感动。老人对出错的人用爱心教育的方式影响了王翰章一生，后来每当他遇到类似的事情时，那位老大妈的形象总会出现在他的面前。

1931 年 9 月，王翰章正式进入潞河小学四年级学习。在当时，这所教会学校的设施和师资比一般小学优越很多。除了有教室、实验室，还有足球场、篮球场、乒乓球室和学生游艺室，开设的课程也很多，有语文、数学、体育、历史、地理、自然、音乐、美术、英语。另外，星期六上午是各班的文艺表演，有专门老师指导，学生自编自演，因为这是男生学校，所以表演时常要由男生扮演女角，不时闹出许多笑话。星期天上午是"主日学"，实际上就是基督教做礼拜，学生可以自由参加。念过多年村小和私塾的王翰章很喜欢这所正规小学，除了上好课，他总是尽量参加班级和学校的各种课外活动。

在小学阶段，王翰章的爱好更倾向于文科，他最喜欢的课程是语文、自然、美术和历史，最不喜欢的是数学中的四则运算题。因为喜欢画画，他深得图画课老师的喜爱，这位老师姓朱，出身于京畿道一所美术专科学校，是王翰章画画正式的启蒙老师[1]。由此，他的书画水平有所提高，曾数

---

[1] 王翰章访谈，2014 年 3 月 13 日，成都。资料存于采集工程数据库。

次参加全校的书画展览而获得表扬。语文老师姓傅，态度认真负责，讲课深入浅出，深受学生爱戴。傅老师同时负责年级的课外辅导，常利用课余时间带领学生到校外参观郊游。一年清明傅老师领着班上的小学生到通州北关外为明朝大学者李贽①扫墓，这令王翰章记忆非常深刻。李贽何许人也？别说是小学生，即便是大学生恐怕知之者也甚少。

> 我们出了北门，走上一片杂草丛生的高坡上，在荒野乱草中找到了他的墓碑和已经倒塌了的他朋友所撰写的纪念碑文。万幸的是碑上的字尚清晰可见。傅老师说李卓吾名李贽，是明朝思想家、文学家，著有《焚书》《藏书》等书，并曾批点过《西游记》，因反对封建礼教和假道学触犯了朝廷，被以"敢倡乱道，惑世诬民"之罪下狱致死。友人马经纶将他收葬在通州北门外马氏庄迎福寺侧。
> ……
> 傅老师最后说：你们要记着中国有这样一位伟大思想家以及他那坚持己见、坚贞不屈的精神和一生坎坷的遭遇②。

还有一次，傅老师带领全班同学到运河岸边的通州发电厂参观。在20世纪30年代初的中国，发电厂可是非常罕见的高科技现代化工厂，通州发电厂和石景山发电厂就是那时北京最早的电力供应基地。高大的厂房、直入云霄的烟囱、巨大的锅炉、震耳欲聋的发电机响声，无不令王翰章感到震撼，他第一次对西方科学技术有了直观、感性的认识。

在潞河小学，王翰章还认识了一位生物学家——美国基督教会的传教士万牧师。此人除传教外，主要从事禽鸟研究、调查通州地区所有鸟类的种群及其习性。王翰章听过他关于鸟类习性的生动演讲，还首次见识了各种鸟类标本，学习到不少这方面的知识。

1934年6月，王翰章从潞河小学毕业，并以优秀成绩升入潞河中学。

---

① 李贽（1527–1602），字宏甫，号卓吾，明代杰出进步思想家、文学家、史学家。
② 王翰章：《翰墨荃馨——一个医生的历程》。北京：人民卫生出版社，2013年，第32–33页。

村小、私塾加上正规小学，王翰章的小学包括三种不同性质的学校、持续了 8 年之久，因此小学毕业时，他已年满 15 岁。

潞河中学

1934 年 9 月，15 岁的王翰章走进景色如画的潞河中学校园，成了一名中学生。

潞河中学历史悠久，其前身可追溯至 1867 年由美国基督教公理会创建的潞河男塾，后发展为包括小学、中学、大学和一所神学院在内的教育机构，名为潞河书院。1901 年更名为协和书院，设有大学和中斋（即中学）二部。1912 年更名为华北协和大学。1917 年，大学部迁到北京城内与汇文大学合并组成燕京大学，中斋部仍留在通州原址，即为私立潞河中学（今北京市通州区潞河中学）。

潞河中学占地之广阔、校园之精美，在全国的中学里都是少有的。在纵横 23 万平方米的潞园内，20 世纪初古朴独特的建筑群与此后新建的教学楼、实验楼相映生辉。古槐翠柏参天，奇花绿草覆地，碑、亭、湖、山通衢曲径散落其间。厚重的历史文化底蕴与浓郁的现代学府氛围使潞河中学成为闻名遐迩的花园式学校。再加上师资优良、设备齐全、教学质量出众，当时几乎全国各省市都有学生来这里求学。当然，潞河中学的费用也是不菲的，一年的学费和伙食费、住宿费需银元 40 块。

师资精良　课程完备

潞河中学的确是一所好学校，在开学典礼上，陈昌佑校长一口流利的英语更是让王翰章和同学们敬佩不已。潞河中学是美国公理会办的教会学校，1926 年中华民国教育部规定，外国人在华捐资设立的学校必须办理立案手续，校长必须由中国人担任。从那时起直至 1951 年，该校校长一直由陈昌祐担任长达二十余载。陈昌祐对潞河中学的贡献是巨大的。出任校长后，陈昌祐对学校进行了整顿，学制方面由过去的四年制中学改为三三制的初高两级的完全中学；课程方面取消了长期以来以培养传教士为目的的宗教课。在其主持下，潞河中学师资优良、设备齐全、环境优美，教学质量很快达到国内一流水平，成为华北著名的教会学校。陈昌祐主张英语和汉语并重，提倡实用的科学知识和体育训练课程。王翰章眼中的陈昌祐校长气度豪迈、口才出众、讲话主题明确、论断和逻辑思维清晰、内容丰富有趣，很能抓住听众的心理，所以学生都非常喜欢听他演讲。

潞河中学教授英文课文和会话的老师是一位美国人，这位美国老师用英文分析和解释课文，要听明白其所讲的内容，刚开始对王翰章来说真有些困难，但是经过一段时间的努力学习和强化训练，王翰章的听力水平有了显著提高，逐渐听懂并能准确理解老师讲授的内容，并由此激发他对英语的兴趣。三年下来，王翰章的听说能力和美式发音的准确性大大提高，为今后的英语学习打下了重要基础。

国文课老师是王翰章小学同班同学王泽元的父亲，名叫王蔼堂，是一位思想进步的老师，讲课时也总爱启发学生对真理的探求，同时很重视培养学生的基础知识，每上一节新课，都要先讲作者简介和有关的轶闻趣事及背景资料。这样的讲授方式对爱好人文历史的王翰章产生了积极影响，他对许多文人作家和历代名人事迹的了解多是在那个时候打下的基础。

进入初中的王翰章开始喜欢上数学，因为成绩不错，他常常被数学老师叫到讲台上演算代数或几何题。题目都是临时出的，而且不乏选自清华、燕京等高校的入学试题，如果做对了，风趣的数学老师就跟大家开玩笑说"是不是就把王翰章同学送到清华大学去深造？"往往引得全班哄堂大笑。

生物课也是令王翰章感到兴趣和印象深刻的课程，部分原因是因为任课老师的年轻帅气，这位燕京大学生物系毕业的老师上课时总是西装革履，外罩白色工作服，显得风度翩翩。在当时，生物课不是所有初中都有条件开设的，这对王翰章来说也是一门新课程。比如讲到动物内脏时，为了使学生详细了解其中的详细结构，要解剖兔子作示范，这是王翰章首次看到内脏的实体情况。年轻帅气的生物老师在讲课时喜欢说英语，特别是讲到某些名词术语时，这让王翰章在初中就记住了一些人体器官的英语名词。

与一般的中学不同，潞河中学的教室不是按照班级固定的，而是像大学那样，根据课程的内容轮换使用，所以每当课间换教室时，校园内学生们来来往往很是热闹。潞河中学的另一个特点是大部分老师和学生在校住宿。为了辅导学生课外生活和自习，学校把教职员住房有计划地分别安置在学生宿舍之内，使学生和老师在课余时间有随时接触的机会，既增进了师生感情，也便于课后指导、促进学生自习。这项类似导师制的措施，对学生的道德品质和学业进步起了很大作用。

此外，为了增进学生的社会知识、丰富业余生活，学校还会分期分批地安排各类社会实践活动，如组织学生到医院、监狱和天津塘沽碱厂、盐场参观学习，到泰山、曲阜孔庙等地旅行游览，等等，使学生在学习课堂知识之外，有更多了解社会的机会。王翰章至今仍对当年参观陶瓷厂、发电厂等往事记忆犹新。这些课外活动不仅增长了他的知识阅历，也让他对动手实践能力的重要性有了直观感性的认识。

文体活动与春雷艺社

校长陈昌佑是体育健将，他亲自负责学校体育代表队的教练工作，积极推动全校体育运动的发展，因此，潞河中学的学生特别重视体育锻炼，热衷于参加各种运动项目。喜欢画画的王翰章同时也酷爱运动，可谓允文允武。除了每周两节的体育课，他还参加了"黑猫足球队"和"醒狮排球队"，这都是当时潞河中学初中部水平最高的球队。同时，他还是本班篮球队队员——因为时间和体能实在安排不过来，他才没有参加班级以外的篮球队。三大球以外，王翰章还学会了垒球并且经常参加比赛。当时，作为一所中学就有条件开展垒球项目，这恐怕跟潞河的美国教会学校背景不无关系。

王翰章不仅喜爱球类运动，还很爱好田径运动。有一年，为了提高中长跑成绩，他每天晚自习后都要绑着沙袋在操场上跑两千米。练了一年，由于没有取得预期的效果，他又改练跳高，为此他把学校图书馆能找到的所有关于跳高的书都看了个遍。一次，王翰章在训练时遇到当时全国有名的十项全能和标枪名将周长星[1]，已是高中三年级学生的周长星专门给王翰章做了示范。经过指点，王翰章的跳高成绩迅速提高，在当年学校的田径运动会上获得了初中组冠军。后来，还代表潞河中学参加了1936年在保定召开的河北省运动会。

王翰章从小喜欢画画，这个爱好乃至专长伴随了他一生。在潞河中学，他生平第一次加入了一个书画艺术团体，那就是学校的学生社团——春雩艺社。其间，几位高年级的画友对王翰章的书画技巧帮助很大。一位是赵绘澄，国画和水彩画都非常好，当时已在社会上有点小名气。另一位孙桂恩，书法和国画都非常出色，后来到四川成都上大学，成为王翰章很要好的朋友。还有一位王达夫，擅长漫画，常在深色纸上用彩色粉笔作画，格外生动别致。三人中，王达夫水平最高，当时已是著名漫画家，常在报刊上发表作品，针砭时弊，极有讽刺性和艺术性。

王翰章常常看他们作画，向他们学习请教各种绘画技法。那时，他特别欣赏王达夫的粉笔画。因为画粉笔画的纸笔都是法国进口的专用产品，为此，王翰章专门跑到北京崇文门大街一家叫"元昌"的店铺去买画具——当时全北京就这一家商店有售。除了学画粉笔画，他还学习油画和水彩画的基本技法，掌握了素描的基础知识，对其后来的专业工作和业余生活都产生了深远影响。

第一次接触西医医院

在潞河中学的三年学习生活中，有一段看似不起眼的经历，却是与王翰章的人生选择直接相关。经过那次事件和深入思考，他在初中阶段就在心里悄然埋藏下了学医的念头。

---

[1] 周长星曾在1936年以53.85米的成绩打破标枪全国纪录，这项纪录一直保持到1954年，周长星也因此赢得了"标枪王"的美誉。他还凭借出色的表现，与刘长春等人一起取得了代表中国参加1936年第11届柏林奥运会的资格。

那是 1935 年春，因为感冒引发扁桃体发炎和高烧，王翰章生平第一次住进了西医医院——通州潞河医院。这家医院是教会医院，也是当时通州唯一的一所医院，还负责潞河中学学生每年的体检，最特别的是潞河师生到这里看病一般无需交费。

潞河医院坐落在潞河中学东北侧的高坡上。这是一座三层楼的西式建筑，一楼是门诊部，二、三楼是病房和手术室。医生护士多毕业于协合医学院，院长是个美国人，中文名字叫瑞春生。每间病室里有三张床，甚为整洁清净，医护人员也和蔼可亲，每天数次问寒问暖。见过世面的父亲王寿彭也认为，这里的条件设施不亚于北京同仁医院。院长每天上下午会到病房看王翰章，这个黄头发、蓝眼睛的美国人中国话讲得不错，尤其是和蔼的态度和认真负责的精神让王翰章感到很亲切、很愉快。当时，一般中国人到这儿来看病的不多，绝大多数人还是习惯看中医，到西医医院的多是外科、产科和急诊患者。那时的王翰章虽还不懂得思考这其中的原因，不过他却对西医的技术和服务有了最初的感性认识，至少消除了当时中国老百姓对西医普遍抱有的偏见和神秘感。

感冒发烧不是什么大病，没几天，王翰章就痊愈出院了，可是这次经历却深深地印在他脑海里。也就是从这次住院开始，他下定了长大当一名医生的决心。

父亲走后，我深思着，我住在医院里感到有一种无名的安全感。我思索着，医生的工作是那样的伟大和神圣，随时在帮助人，把人从痛苦中解救出来，并能挽回人的生命。就像太奶奶那样，她医好我的创伤，使我免遭残疾，她不要回报，她求的是我能快乐、健康地生活下去，成为一个好孩子。这都是伟大和神圣的，这是不是奶奶所说的大男人的形象，助人、爱人的榜样，是不是我要向他们学习，争取做这样的人，去帮助受苦的人？将来去做医生，我想一定会符合奶奶的心愿，我默默地记在心中。[1]

---

[1]　王翰章:《翰墨荃馨——一个医生的历程》。北京：人民卫生出版社，2013 年，第 39-40 页。

此时的王翰章年仅 16 岁，还只是一名初中学生，但是他的这种想法却并非偶然的、幼稚的。从童年开始，他就深受祖母的影响，祖母和善好施、乐于助人的品格始终给他以无声的教诲和指引。因此，对王翰章来说，生病住院是偶然的，而立志从医却是必然的。

司徒雷登的演讲

王翰章在潞河中学学习的三年，正是日本加紧全面侵略中国特别是入侵华北的时期。1937 年夏，通州的气氛格外紧张，学校师生的抗日情绪也日益高涨，就在这段特殊的日子里，6 月底的一天上午，潞河中学每年一度的毕业典礼如期举行。身着浅蓝色长衫的王翰章就坐在主席台下第一排右侧的第一个位子，此时他已是一名 18 岁的英俊青年。虽然兴奋中带有几分焦灼，但是他和与会的所有人一样，怎么也想不到仅仅几天之后，震惊中外的卢沟桥事变就在北京的西南一隅爆发了。

潞河口学的毕业典礼有个惯例，校长致辞并宣布毕业生名单后，都要请一位名人发表演讲。王翰章这一届学生的毕业典礼所请的演讲人是时任燕京大学校长的司徒雷登，演讲的主题是"中国的小西天——天府之国四川"。当时司徒雷登刚从四川考察归来，演讲的内容是其赴四川沿途的所见所闻，事例丰富，语言生动，非常吸引学生，王翰章至今仍记得其演讲的主要内容。

他描述乘船过三峡，逆水而上，漂流在波涛滚滚峡谷中的惊险历程。纤夫的辛苦、两岸的美景、滑竿的奇特、土地的富饶、物产的丰富和一些异样的风土人情，给他留下深刻的印象。他说进入四川的路途真是蜀道难、难如上青天。他讲在那高山峻岭围绕的盆地中，有一所学术水平很高的华西协合大学，是一所专业齐全的高等学府，他特别提到其中的牙学院，他惊讶它的设备先进、师资力量、学术水平、人才培养的成果，他说华西的牙学院可以称亚洲此类专业学校之首①。

这是王翰章第一次听到关于遥远的中国西南省份四川以及华西协合大学与牙学院的情况介绍，特别是司徒雷登盛赞华西的牙学院堪称亚洲之首，令他印象非常深刻。立志从医的他当时不曾想到，数年后自己真的会历尽艰辛到几千里之外的四川成都华西坝求学。或许，这次印象深刻的演讲对他后来的最终选择——转学华西牙学院有着潜意识层面的暗示与鼓励。

---

① 王翰章：《翰墨荃馨———一个医生的历程》。北京：人民卫生出版社，2013年，第51页。

第三章
北平成长

故 都 沦 陷

初中毕业的王翰章本来可以在潞河中学继续高中学业，但是，严峻的时局让他的这种想法变得很不现实。通州即将被日军占领，不仅是他的学业，天禄斋的生意今后该怎么办，父亲王寿彭也在发愁。他建议王翰章先回北平看看，乱世之时，大城市总要好些。

在王翰章成长的日子里，父亲似乎总是严肃甚至略感生疏的，此时他却感到父亲的关爱是那样深沉、那样厚重。母亲10年前就离他而去了，陪伴自己长大的祖父、祖母也相继离去了，在通州的7年时光，是父亲与他相依相伴，像母亲那样呵护着他、支持着他，并对他寄托着无限的希望。

1937年7月初，在隆隆的炮声中，在对父亲的不舍中，王翰章离开通州回到北平家中。

穆彰阿府邸——王翰章北平的家

图 3-1　分司厅胡同 5 号的夜景

王翰章北京的家租住在安定门分司厅胡同 5 号，这里曾是清末勋贵大臣穆彰阿①的府邸，后来的房东是一位李姓富商。在王翰章看来，这座中堂大人的故宅竟然"尚不如老家新宅那样宽敞"，只是"它的规格和精美程度胜似皇家园林"。

可是"中堂府"外的北平却没有丝毫平静。天上，日军的飞机在不停地转悠；街上，一群群游行的民众举着旗子在高呼抗议。王翰章回到家中没过两天，卢沟桥事变爆发了 7 月 29 日，北平沦陷。一夜之间，物事全非。

> 炮声、飞机声都已渐停，街上的行人异常稀少。
>
> 我走出家门到大街上看看，想找同学了解些情况，可是又不敢走远。商店有的半开着门，有的没有开门，我走到交道口的基督教堂前，向前后、左右的大街看了看，静悄悄的，使人恐惧②。

因为天禄斋的生意还得维持，父亲王寿彭留在了通州，北平的家里只有继母赵淑元带着大小 6 个孩子，她生怕王翰章出去乱闯，不断地劝诫这个家里的长子："万一你出了什么事，我怎么向你父亲交代？"看着继母着

---

① 郭佳·穆彰阿（1782-1856），满洲镶蓝旗人，清朝大臣。曾任军机大臣、翰林院掌院学士、文华殿大学士等职。鸦片战争期间，穆彰阿主张议和，诬陷林则徐等主战派，并主持一系列不平等条约的签订。咸丰皇帝继位后，重新起用林则徐等人，将穆彰阿革职，永不叙用。

② 王翰章:《翰墨荃馨———一个医生的历程》。北京：人民卫生出版社，2013 年。

急的样子，热血沸腾的王翰章只好无奈地呆在家里，虽然他很想上街去游行、去抗争。当时，王翰章的大妹金贵在贝满女中，二弟炳章小学毕业待考初中，两个小的弟弟妹妹秀章和金秀在念胡同里的小学，赵淑元煞费苦心地把几个孩子圈在院子里，劝他们安心读书准备升学考试。王翰章是家里的老大，自然得为弟弟妹妹做个榜样。在继母的劝说下，他在家中闷坐了十几天。可是北平的沦陷让他既躁动又茫然，今后该怎么办？看着血气方刚的王翰章在家中坐立不安的样子，继母赵淑元也愁容满面。不过，她是个有思想、有主见的人，她把孩子们叫到一起，语重心长地对他们说："日本人占了北平，我们将成亡国奴，他们是我们的敌人，你们还小，这个仇恨只能记在心中，待你们长大了，形势如何，你们自然会知道应该怎么做。现在你们只有好好念书，有了知识，学了本领，救国才更有办法。"[1] 又再三叮嘱他们千万不要在外面惹事，特别是王翰章。

　　房东的长子李运波与王翰章同岁，也面临上高中的问题。王翰章渐渐冷静下来，去找李运波商量，最后二人决定一同报考私立育英中学高中部。理由是育英中学是北京的名校，又是美国基督教会办的学校，当时日美关系尚妥，在那样的特殊年月，学校不至于受到太多的影响。父亲王寿彭和继母赵淑元都同意王翰章的想法，于是王翰章和二弟炳章分别考取了育英中学高、初中部，而妹妹金贵则继续在与育英中学一墙之隔的贝满女中上学。几个孩子上学放学一起同行，相互有个照应，这也让王翰章父母聊以安心。

育 英 高 中

　　1937年9月，王翰章进入北京私立育英中学（今北京市第二十五中学）高中部学习。

---

　　① 　王翰章:《翰墨荃馨———一个医生的历程》。北京：人民卫生出版社，2013年，第58页。

　　鉴于时间和出于对他人身安全的考虑，从高中二年级起，王翰章住进了学校宿舍。

严嵩府邸作校舍的育英高中

图 3-2　高中时代的王翰章

　　育英中学的全称是私立育英中学校，分初中部和高中部，与潞河小学、潞河中学一样，也是由美国基督教公理会创建的教会学校。20 世纪 30 年代，育英中学在图书、教学仪器设备和管理方面已跨入全国先进行列。

　　育英中学取朱子文化之"致知力行"为校训，强调学生要用心求知、勤奋探究、努力实践、学会做人。学校位于灯市口大街，其高中部的校舍颇有来历，曾是明朝宰相严嵩的府邸。高中部共有学生 600 余人，所有教室、实验室、图书馆、学生宿舍甚至篮球场、排球场皆在这座府邸之中。王翰章住校时的宿舍就在严嵩府大花园古色古香的绣楼下面。

　　那时的育英高中不仅历史悠久、校舍典雅，师资力量更是雄厚异常。卢沟桥事变后，清华、北大等高校紧急迁往内地，有些未能随校内迁的教师只得到中学兼课，王翰章班上就有几位这样的大学老师。由于不少大学教授的介入，王翰章在育英高中受到的教育颇有些高等教育的韵味。一是教学内容的深度，二是课程设置的细化。比如最平常的语文课，一位老师专门讲授中国文学史，教材是钱穆的《现代中国文学史》，另一位老师则专门讲授包括诗词歌赋在内的历代名著，这已经完全是大学中文系的基本课程设置与教学方式。好在两位老师授课时引经据典，讲得格外生动，王翰章不仅不觉其难，反而很有兴趣。只是讲授名著的那位老夫子习惯于训练学生的背功，要求学生大量背诵且常常在课堂上抽查，背不出者罚站至下课，往往颇为尴尬。王翰章是班上的记忆力"超人"且勤学好读，自然是不会作此态的。

英语课也是这样，两位老师分任文法与口语课程。教文法的年姓老师虽不是来自大学，不过专任中学高级英语教学多年，不仅经验丰富，水平较之英语系教授也毫不逊色，如大段大段的莎翁作品就是其课文的典型内容。好在三翰章从小学就置身教会学校，英语基础比较扎实。教口语的是一位美国老太太，美式英语的发音固然纯正，但美式教育的民主也极彻底。"她一个人站在黑板前不停地说，也不向学生提问，一无课本、二无讲义，考试也马马虎虎，大家都及格，我觉得她纯是误人子弟。"王翰章回忆道。

其实，作为具有教会学校历史背景的私立学校，英语往往不仅仅是一门课程，它甚至被作为部分老师授课的语言，这一方面固然存在文化侵略的嫌疑，另一方面却强化了学生的英语学习。对王翰章而言，良好的英语能力对其后来从事医学工作无疑是深有助益的。王翰章对数学的喜好始于初中，进入高中后，虽然学习的内容更加艰深，他仍然喜欢上数学课。所不同者，在育英高中老师是用英语讲数学课。能够对这样的"高等数学"感到意味无穷，可见王翰章是下了很深功夫的。

图 3-3　育英中学 1940 级获拔河比赛冠军

在育英高中的三年，有一堂课是王翰章终身难忘的。那是教史地的周额青老师所上的一堂无关历史地理的爱国课。周额青来自北京大学，本人是学地理的，但却兼通历史。他讲课语言幽默，极具讽刺寓意，经常深入浅出讲些历史事件和社会变迁，启发学生的爱国思想。那是高二学期末的一天，在给王翰章他们班讲授一学年的历史地理课后，周额青就要结束自己的课程了。

他意味深长地说："这是我们的最后一课了，就用法国作家都德《最后一课》的故事来做结束语吧。"尚未开言，老师已经双眼含满泪水，他用生动的语言表达了行将国破家亡的《最后一课》。说着说着，他再也忍不住泪水，声音变得嘶哑，他哭了，大家都哭了，课堂上是一片哭泣，泣声不断，下课铃响了……

他结束了讲话，默默地走出教室，他的背影消失在我们满含泪水模糊的视线中。以后我们再也没有见到他的身影。这是我一生中上的最为动情的课程。周老师是在北平已经沦亡、随时有被日本特务抓走的情况下，冒着被抓的危险，讲这段将要亡国的情节，激起同学们的爱国激情[①]。

教会学校与王翰章的成长

除了在老家顺义东躲西藏地念过几年简陋的村小外，从小学到大学，王翰章念过的 6 所学校都是教会学校。继潞河小学、潞河中学之后，私立育英中学是第三所。大学时代，他先后就读的齐鲁大学、辅仁大学和华西协合大学也都是教会学校。由此可见，教会学校对王翰章的学习成长起到了决定性的作用。

无庸讳言，教会中学或者说广义上的教会学校曾与西方殖民主义及欧

---

①　王翰章：《翰墨荟馨——一个医生的历程》。北京：人民卫生出版社，2013年，第66页。

美宗教界的海外传教热存在不同程度的联系，而且从民族感情的立场上看，外国传教士在中国开办学校侵犯了中国的教育主权。但是，若从现代文明发展史上看，教会学校在一定程度上传播了西方科学文化知识，对中国人起到了启蒙作用，并且培养了不少有用人材。尤其是 20 世纪 20 年代以后，教会学校的教育功能日益突出、宗教功能日益减弱的情况下，这种现象更为明显。这不是传教士办学的初衷，却是产生的客观社会效应[①]。

北京地区是教会学校麇集之所在，尤以美英两国教会所创办的学校居多。其中有八所中学是由美国教会创办的，即汇文中学、慕贞女中、潞河中学、富育女中、育英中学、贝满女中、崇实中学、崇慈女中，它们分别由美国美以美会、公理会、长老会在 19 世纪 60、70 年代创建。这八所美国教会中学经过 20 世纪 20 年代的调整，在 20 世纪 30、40 年代进入了发展期，办学规模、教学质量都上升到最高水平，在当时北平的国立、市立、私立中学之中均属上乘。例如，在 1934 年河北省（包括天津市）举行的中学生会考中，潞河中学名列榜首；同年北平全市会考，育英中学获高中团体冠军和初高中个人冠军。这也是包括王翰章兄妹在内众多学生就读教会学校的重要原因之一。因此，当时不少家长不惜支付昂贵的学费也要送子弟入学，教会学校的学生来源也从早期的贫寒人家子弟转变为自商人、政客、军官、医生等社会中上层家庭的富裕子弟。当然，国家不幸，迭遭战乱，而教会学校在当时享有某些便利特权，相对安稳，这也是他们的选择要素之一。

尽管在教会中学的历史上，这是很短暂的，但却是一个重要时期。在这一时期，教会学校对中国社会、中国历史产生了深远影响，无论中学或大学。因为，最能体现学校作用的莫过于学校培养的学生。这一时期，上述八所教会中学所培养的学生，一是毕业生人数大大增加，二是毕业生继续深造的比例大大增加，三是其中涌现出大批新中国成立后各条战线上的栋梁之才。王翰章 1934 年入潞河中学，1937 年入育英中学，1949 年大学毕业参加工作并成为中国著名口腔颌面外科专家、口腔医学教育家，正是

---

① 姬虹：北京地区美国基督教教会中学研究（1920—1941 年）.《美国研究》，1991 年第 4 期，第 116-134 页。

上述表述的典型例证。

此外，对王翰章的成长而言，教会学校有两个特点是深具影响的。其一是广泛开展体育活动，强健身体以服务社会的理念。在中国学校中，首先开设体育课的当推教会学校。育英中学、潞河中学、汇文中学等校均有良好的体育设施，每逢比赛，校长（如育英校长陈昌佑）甚至亲自挂帅出征。其二是广泛开展课外活动，锻炼学生自治能力和社交能力。学校由学生自发组织了大量文体、学术社团，校方认为这是锻炼学生的好机会，故采取支持态度，并成立专门机构指导学生的课外活动。从王翰章学生时代的经历中也可以清楚详细地看到，他的确是这两大活动的爱好者和受益者。

协合医院住院——"将来也要当医生"

在 20 世纪三四十年代，像育英中学那样具有教会背景的私立学校，其办学条件是相对先进的，学校会定期对学生进行体检，而且是由协合医院和北平市卫生第一事务所共同负责。高中二年级，因为经常感冒、发烧，体检时，协合医院的大夫建议王翰章趁寒假时做扁桃体摘除手术并直接给他开了入院证。

1939 年年初，学校刚放寒假，王翰章就由叔叔王寿龄带去协合医院，叔叔还为他支付了住院期间的一切费用。那是他第一次走进协合医院，在爱好美术与建筑艺术的王翰章看来，"整个医院简直是一座巍峨的宫殿"。事实上，协合医院的原址的确曾是一座辉煌的王宫——清豫王府，只不过洛克菲勒基金会花费 12.5 万美元买下王府后，为了兴建协合医学院及附属医院，拆除了豫王府的所有建筑，仅保留了门前的一对石狮，至今仍证明着此地曾经显赫的身份。幸亏当年负责设计协合建筑的查尔斯·柯立芝（Charles Coolidge）[1] 第一眼看到豫王府，便为中国建筑的壮丽所倾倒，不忍心舍弃原址豫王府的中国建筑风格，于是精心设计建成了这个中西合

---

① 查尔斯·柯立芝（Charles Coolidge），美国著名建筑师，曾参与波士顿哈佛医学院和纽约洛克菲勒学院的设计工作。

璧、中体西用的百年建筑经典①。借鉴王府建筑形式修建的绿色琉璃瓦的歇山顶式大楼内，已经完全是现代化的西式设备和先进的西医技术。

协合医院经典的建筑确实给王翰章留下了美好的印象，然而更令他印象深刻并且影响他人生选择的却是医院技术的科学先进和医护人员的职业风范，是医者助人为乐、为患者解除病痛的价值理念。对这次历时 9 天的手术住院经历，王翰章在回忆录中有极为生动、详细的描写：

> 我们到左侧入院处。大厅内正面是一个雕花的五折屏风，它面前是一个宽大的办公桌，侧方坐着一位接待员，他面带微笑和气地问我们。叔叔说明来意并将大夫开的证明交给他，他请叔叔填了一个表格并在上面签了字。交给他看了看，他很客气地对叔叔说："请放心吧，把孩子交给我们不用担心。手术完了，到时候会通知家里来人接。在此期间，若无特殊问题，用不着来看。"他说完话后，按了一下桌上的按铃，从屏风后面走出一位身穿蓝色制服、推着轮椅的人，让我坐上去，叔叔看着他推着我走向地下室的出入院处，才离开。
>
> 出入院处的接待员先安排我去洗澡，换上患者穿的睡衣，外面又罩一件深紫色长绒衫，把我的衣物锁在那里的衣柜里。又坐着轮椅，把我送到二楼一个大病室里。
>
> 病室是一长条形的大屋子，左右两侧都是玻璃窗，一进门左右各有一单间，是医护人员的办公室。往里走就是病床，病床沿两侧的玻璃窗安放，左右各五张，共十张病床。我被安排在左侧最里边的那张床位。
>
> 病室住得满满的，非常安静，听不到任何嘈杂声音。病室内除医护人员外无闲杂人等，每日下午 4 至 6 时，才许患者家属探视。
>
> 一位男性护士来看我，问了些我住进来的感受，开了几句玩笑话。随后走来一位青年大夫，他很英俊，说着南方口音的北京话，问了我许多问题，包括我的父母和我出生以后的种种，主要是关于疾病

---

① 刘选国：老协和："中体西用"的建筑经典。《新华每日电讯》，2014 年 5 月 9 日。

和生活习惯方面的问题。他用英文做了详细记录，然后又给我做体检并取了血。

第二天上午，一位老大夫带着几位年轻男女大夫来看我。前一天给我检查的那位大夫用英语做了详细的报告，还回答了许多提问。然后那位老大夫又简单地检查了我的口腔和面颌部，最后他幽默地对我说："小伙子真棒！"他们之间用英语交谈，对我说的是北京话，有的说得很地道，有的是南腔北调的。

没有几分钟走来一位中年护士，问我住在那里有没有什么问题，做手术怕不怕。我说没有什么问题，就是怕疼。她说："不会感到疼，因为上麻药你什么都不知道。"我们在家将"麻醉"称为"上蒙汗药"。我问："吃了蒙汗药会不会醒不过来？"她微笑着说："不会的，那是有人瞎说。"她指一下床头的按钮说："有事按它一下，我就会过来看你。"下午那位大夫和护士又来看我并说："明天给你做手术，还要做些准备工作，你一定要合作。"

麻醉医生来看我，他很诙谐，又给我检查了一次身体，主要是听了肺部，走时说："好好睡一觉，明早我来接你。"

第二天早晨不许我吃东西、喝水，七点半他就推着推床来接我，把我送入了麻醉间。这屋子不大，陈设简单，除去那个推床外就是一个放药品和器皿（的）架子，还有一扇宽大的门通向手术室。手术室是什么样，我不知道。

我进去没多久，医生和护士都来上班了，男女都穿一样的衣服，上衣短袖，下为长裤，帽子、口罩，捂得严严的。

开始时，那位麻醉大夫先拿一块纱布盖着我的双眼，然后拿一个小罩盖着我的鼻子和嘴，他说当他滴药时，如果觉得不好闻，要用力把它吹出来。那药确实难闻，我用力地往外吹，不久听他们讲话的声音越来越远，逐渐什么都听不到了，觉得眼前非常明亮，好像眼对着早晨初升的太阳，一团明亮的红火球不停地旋转、旋转，直到失去了知觉……

后来我听到远远的有人喊我的名字，又听到说："他醒了！"我慢慢地睁开眼睛，看见那位护士姐姐坐在我的床旁椅子上，她亲切地对我说："你醒啦！"她不停地用湿纱布擦我口角的血迹。

我问她我在哪儿，因为我的床已被一个白色屏风与邻床隔开，好像一人单独的小房间。她说："你的手术做完了，很好！不要多说话，不要动压在你脖上的冰袋。"她一说，我感觉嗓子和鼻腔非常疼，她问我有什么不舒服的，我低声地说："疼，嗓子疼，鼻子疼。"她说："你是勇敢的男子汉，要忍耐这段时间，很快就会好。"

口午了，她说她去吃饭，很快就会回来，有急事按一下床头桌上的按钮，就会有人来，最好睡一下，睡着了就不疼啦。我昏昏沉沉的，真的睡着了。

我朦朦胧胧地见她推着一个高架托盘在我的床前。对我说："醒醒，吃点东西。"

我摇摇头说："嗓子疼，咽不下去。"

她说："吃点，吃点，冰淇淋。"我一听冰淇淋，食欲就来了。

在潞河校园内有一个小摊儿，摊主叫老余，夏季他专卖冰淇淋，两角钱一杯。我吃过一次，真好吃，只吃过那一次，因为我要学着克制自己，不要乱花钱，钱是父亲给的，他挣点钱太辛苦了。所以一听有冰淇淋，我点了点头。

她从托盘上取下一个精美的盒子，把盒子打开，内放两杯冰淇淋，一杯是褐色，一杯是蛋黄色。她说："香草的、可可的，要哪个？"我不知道可可是什么，也不知道香草是什么，只吃过那种浅黄色的，所以指了指那杯蛋黄色的，她说："你喜欢香草的，好，我来喂你。"她先在我颔下铺了一块餐巾，然后一羹匙、一羹匙地喂我，我忍着候咙的疼痛往下咽，冰淇淋到嘴里就成了流体很好咽，可是喉咙还是很疼。吃完一杯，她很高兴，说慢慢吃，它会帮助凝血。又问我吃不吃那一杯，我轻轻地说吃吧。她又喂我吃可可的。

我吃完，她推走了托盘，并对我说该睡午觉了，要好好睡，睡好了，好再吃晚饭。

刚才这两杯冰淇淋是术后的第一次午餐。午睡醒来已是下午五点多钟，我睁开眼睛，那位护士姐姐已坐在我的床旁，她说该吃晚饭了，她去取。

她推来的托盘是可以升降的。把我的床摇起来，使我成半坐状。托盘恰放在我的面前。上面放六个小馒头，很小，可以说一口一个。一小碟"六必居"的十香菜丝，一小碟肉松，一小碗白米粥。我看了看什么都不想吃，因为喉咙咽唾沫都疼。她劝我说："小伙子勇敢点，吃了伤口好得快。"我勉强吃了两个小馒头和一小碗粥，还有一点十香菜丝。

三天都是忍着疼痛，到第四天才渐好些，把我的屏风撤走了，又和病友们举目相视，可以点头示意了。

这个病室一直是静静的，只有护士和大夫们走路的声音，再有就是大夫们定时来看患者时谈话的声音。我看他们忙忙碌碌的样子，真是分秒必争。他们一丝不苟的工作态度、认真负责的品德、对待患者和蔼可亲，我真羡慕他们助人为乐和处处为解除患者疾苦的理念，我要向他们学习，坚定了我将来也要当医生的决心[①]。

手术后的第七天，怀着对大夫和护士们的感激之情，王翰章出院了。

至此已经可以清楚地看到，王翰章选择学医有几个主要因素。首先是他深受祖母的影响，长大要做一个可以帮助他人的人，但是祖母并没有明确地希望他当医生。此后的成长过程中，王翰章时常都会思考这个问题：做一个怎样的人才最符合祖母的教诲和心愿。这问题的答案在他两次生病住院之后逐渐清晰、明确了。第一次是在潞河中学上初中时，他因感冒发烧住院，第一次接触到西医，开始萌生从医的念头；第二次就是高中时的这次住院，他决心成为一名医生，而且是西医医生。至于最终从事口腔医学，则是王翰章到了四川成都继续大学学业时的专业选择。

文化古都对王翰章气质的熏陶

在育英高中，王翰章在班上是有名的"三剑客"之一。其实三人中，

---

① 王翰章：《翰墨荃馨——一个医生的历程》。北京：人民卫生出版社，2013年，第69-73页。

只有同学娄亮周勉强名副其实，此人爱好健美，肌肉发达，略有几分"剑客"的底子。另一位李梦鱼有一副好嗓子，擅长唱歌，而王翰章则是以善画为特长，皆与"剑客"沾不上边。不过因为各有所长且关系友好，故而博此雅号。高中毕业后，倒是李梦鱼在无意中对王翰章产生了极大影响，彼此间有一段同生共死的深厚友情：正是在李梦鱼邀约鼓动下，王翰章与其一同踏上了流亡入川继续求学之路，进而影响了王翰章的人生选择。

北平既是千年帝都，又是文化古城，历来就是卧虎藏龙之地，历代的、现代的名人之后在王翰章班上就有好几位，如李鸿章之后、严复之后、俞平伯之子等。有一位魏姓同学，不知是哪位戏剧名家之后，京戏唱得极好。

王翰章就很喜欢京剧。十来岁的时候，爷爷王万通几次带他上北平，住在前门大街叔叔王寿龄的商铺楼上，每天上午都能看到"富连成社"[①]的学员们身着蓝色长衫从楼下经过，去肉市胡同"广和楼"[②]上班。王翰章就在"广和楼"看过他们不少的演出，如李盛藻、毛世来、袁世海、裘盛戎等出演的《穆柯寨》、李盛藻演的《四进士》、杨盛春演的《长坂坡》等，从中受到一些中国传统文化的熏陶。不过，那时候因为年纪还小，王翰章对京剧及其蕴含的中国传统文化的理解还很肤浅。读高中时，一次难得的精彩演出令他对京剧真正产生了浓厚的兴趣。那次演出的演员阵容之强悍、演出剧目之经典，在王翰章看来都是可遇不可求的，以致今日每每思之仍记忆犹新。

那是 1937 年深秋的一天晚上，演出地点是在北平南城的第一大舞台，那天是"义务戏"，也就是为募捐而进行的演出，通常都会有不少著名演员义务出演。听说当晚有"活赵云"杨小楼的《长坂坡》，家住北城的王翰章不顾路远，提前吃罢晚饭，骑着自行车直奔骡马市大街。紧赶慢赶到了第一大舞台，戏已经开演，只有从第二出戏看起。第二出是《牧羊圈》，

---

① 富连成社：即富连成，1904 年创办于北京，前期称"喜连成"。富连成是京剧教育史上公认的办学时间最长、造就人才最多、影响最为深远的一所科班，为京剧事业的发展做出了不可磨灭的贡献。

② 广和楼：即广和剧场，在北京前门外，始建于明末，曾为京城最早最出名的戏楼，与华乐楼、广德楼、第一舞台并称为京城四大戏园。

由李多奎、程砚秋、谭富英、李盛藻演出。总算没错过，第三出就是《长坂坡》，由杨小楼、尚小云、郝寿臣、贯大元等演出。当时杨小楼已年近六旬，加之身体欠安，已经很少演出。此次携众多名家联袂登台献艺，令观者大呼过瘾。王翰章回忆道："太精彩了，可以说至今是我所看的京剧最高水平演员的集体演出了，他们表演的情景至今我还记忆犹新，他们的高超水平，后人很难超越。"他甚至一直珍藏着那次演出的节目单，直到"文化大革命"才毁失。

喜爱京剧使王翰章对中国历史产生了极大兴趣，因为他也"和其他青年人一样，总要将小说、戏曲和历史的真实故事挂钩，翻来覆去地找依据和史书的出处"①。这虽然占用了他不少时间，但却增长了许多历史知识与艺术修养。

育英中学地处北平闹市，距王府井东安市场步行只需几分钟，住校学习的王翰章很少出去，常常把自己关在寝室里看书，只是偶尔去东安市场逛逛旧书摊，或者去学校附近的打字学校学习英文打字，只有在节假日才回到家里或者与同学去观览北京的名胜古迹。

雅好丹青的王翰章最喜欢去故宫，他在回忆录中说自己"从小算起大概去过 30 多次"。他曾多次去故宫珍宝馆的绘画馆，一边欣赏珍品名作，一边看青年画家临摹古画，借此也得以提高自己绘画的技巧和悟性。

在故宫，另一件令王翰章感兴趣的事，是听老太监讲述清宫轶闻。那时清朝消亡不久，故宫博物院还留有一些充当导游的太监，游客可以随意雇佣那些身着长衫、紫色坎肩的末代太监来做导游、讲解员。那时王翰章经常跟随游人听太监讲清宫轶闻。听那些活文物一般的清宫故人讲述故宫各处发生的宫廷故事，实在是一件让今天的人们感到难以想象的事情。

故宫固然是藏宝之所，北平的旧书摊也是无奇不有。老北京摆旧书摊的一般是穷读书人经营的行当，他们走街串巷，约斤论两买来旧书，经过分拣，挑出有价值的善本书，稍加修补，整旧如新，在琉璃厂一带摆摊出售，后来又发展到京城各处，东安市场、隆福寺、西单等即是其中规模尤

---

① 王翰章：《翰墨荃馨——一个医生的历程》。北京：人民卫生出版社，2013年，第62页。

甚者。这里是文人学者、教师学生出入之地，像王国维、鲁迅、朱光潜等名家就很爱逛旧书摊，鲁迅更是琉璃厂旧书店的常客，据说在那里搜集了大量古旧书籍。课余，王翰章也爱逛旧书摊。

按照惯例，每逢周六，育英中学会邀请各界名人到校为学生做演讲。一次，一位演讲者说到原子能的话题，声称一杯水的原子就可以毁灭世界。王翰章对此很感兴趣，又不知其是否信口开河，于是到处找书来看。学校图书馆没有这方面的书，他就想到了旧书摊，跑了好几处，没找着关于原子的书，却淘到一套金北楼①主编的《湖社》月刊。《湖社》为湖社自办的刊物，系影印本，载有中国历代名画和有关论述，是一部很有价值的期刊。王翰章找到的这套《湖社》，包括了该刊自创刊至停刊的全部40册，这让他惊喜不已。此后，他经常翻阅这套期刊，临摹书中的名家画作，从中学到不少绘画艺术的知识技巧。至今，他还非常珍爱这套收藏了70多年的老画刊。

另一桩趣事是，王翰章曾在旧书摊上买过一本《钢铁是怎样炼成的》，但是买它的原因却是他以为这是一本研究钢铁的书。带回家后，继母赵淑元顺手翻了翻，吓了一跳，说："这哪儿是炼钢铁呀！这是写革命党的书，赶紧藏起来，日本人知道了会惹祸的。"后来，王翰章还是悄悄读完了这本十几年后风靡全中国的小说。虽然当时的他还不理解书中内容的深邃含义，只是认为作者写得很好，但是小说主人公的那段名言还是深深地印在了他的脑海里并影响着他的一生行为。

> 人的一生应该是这样过的，当你回顾往事的时候，不因虚度年华而悔恨，也不因碌碌无为而羞愧……

从王翰章的课余生活不难看出，他是一个热爱中国传统文化的人，虽然学生时代一直是在具有西方教会背景的学校中度过，但他却并未成为一

---

① 金北楼（1878-1926），名绍城，号北楼，浙江吴兴人。博学多才，书画、篆刻、金石、六艺无所不精，为清末民初画坛巨擘。1910年创立中国画学研究会，担任会长。1920年发起成立湖社画会。

个思想西化甚至崇拜西方的学者，就此而言，中国传统文化对其的影响是一个重要因素。

齐鲁大学与辅仁大学

　　君燕人也，性温柔直爽，且甚笃实，待人以礼，和善可亲，故人皆乐与之交。君癖好绘事，尤善田径，课余以足球为趣。发奋攻读，久而不怠，此即成功之先兆也。

　　这是王翰章的高中同学刘德芳写给他的毕业评语，时间是 1940 年 6 月。

　　王翰章的这位同窗确实颇有识人之智、先见之明。事实上，王翰章生性乐与人交、善与人交，无论是在学生时代还是参加工作以后，他都结交了很多朋友，这对他的事业发展影响深远，甚至成为他后来担任各种业务领导、行政领导以及担纲诸多学术巨著主编的潜在要素。

　　冬去春来，时光荏苒，转眼间，三年高中生活结束了。没有毕业典礼，没有欢呼雀跃，在国难当头的年月，在日寇占领的故都，高中毕业的王翰章没有感到兴奋，相反，他甚至觉得前途渺茫。1940 年，抗日战争正处于残酷激烈的相持阶段，北平的名校大都早已迁往内地，王翰章上大学的选择余地很小。在这件事情上，继母赵淑元倒是没什么意见，父亲王寿彭觉得学建筑工程、学医、学农都可以，就是不赞成王翰章学艺术，虽然王翰章一直都很喜爱绘画。王寿彭的想法很现实，他认为工、农、医都是很务实的学问，毕业后好歹能自食其力，不像搞艺术的那样充满太多不确定性。

　　王翰章虽然心里早已有学医的念头，但是对选择哪一所大学还心里没底。他到学校去看招生广告，校园里静悄悄的，招生广告上的大学也寥寥无几，觉得"只有辅仁大学、齐鲁大学医学预科和燕京大学还可以考虑"。

回家再次和父母商量后，决定报考齐鲁大学医学预科。三周后，王翰章收到了齐鲁大学医学预科的录取通知书。

在济南齐鲁大学

王翰章先后就读的三所大学都是教会大学。齐鲁大学是第一所。

齐鲁大学的正式中文名称为基督教齐鲁大学，而英文名称为山东基督教共合大学（Shantung Christian University），是由来自美国、英国以及加拿大的 14 个基督教教会组织联合开办的一所教会大学，创办于 1904 年。在当时，齐鲁大学颇具盛名，与北平的燕京大学并称"南齐北燕"。齐鲁大学的医学院于 1911 年 4 月正式建院，时称山东基督教共合大学医科，其前身是由几所教会医校合并而成的济南共合医道学堂。1925 年，齐鲁大学向北京政府申请立案，并将医科改名为齐鲁大学医学院。

图 3-4　王翰章育英中学高中毕业照

1937 年 9 月，卢沟桥事变后不久，齐鲁大学即宣布停课，除部分员工留守外，大部分师生及主要教育教学设备迁往四川成都。在抗日战争的前几年，留驻济南的师生尚能凭借西方教会背景暂得苟安。王翰章就是在这样的情况下来到了济南。

齐鲁大学位于千佛山与济南城墙之间的一片绿树葱茏中，远远地就能看到千佛山下茂密的丛林中有一座白色花岗石砌成的大教堂——康穆堂，那是齐鲁大学的标志性建筑。校园内园林郁郁葱葱，歇山式的教学楼、石墙红瓦的各色别墅式住宅掩映其中。因为大量师生内迁，住宿条件非常不错：东村的男生宿舍，一人一室，设备齐全。王翰章长达 9 年的大学生活就从这里开始了。

王翰章虽然念过几所教会中小学，可还没遇到过这样的情况——除中文外，其他所有课程全部由外籍教师授课。教学质量是很高，不过听课难度也不小，所幸王翰章的英语底子不薄，倒还不至于上课时面对洋教授不知其所云。

齐鲁大学是美丽的，学习条件也是优良的，可是在日本人统治下的济南，王翰章更多感受到的是一种凄凉无望。即以齐鲁而论，偌大的校园只有区区两三百名学生，空空荡荡，没有人气，没有活力。

济南号称泉城，又是辛弃疾、李清照的故乡，刘鹗在《老残游记》中描写的"半城山色半城湖"的景色令王翰章非常向往。当时虽近在咫尺，却没能去参观游赏。因为当时齐鲁校园周围有日军的炮楼，出入通过豁口①都得向日本兵行礼，稍不如意，非打即骂，甚至当众罚跪，如此凌辱，令人实难忍受，因此王翰章他们这些学生都很少走出校门。

1941年春季学期开学时的一次经历，让王翰章切身感受到了极大的屈辱和惊恐。那天，王翰章应朋友之邀去城里吃晚饭。因为天色黑得早，他心里一直嘀咕着，回校的路上是否安全。关于这次惊险的经历，王翰章在其回忆中也有细致入微地描写。

　　我忐忑不安地吃完了那顿饭，可是时已九点过了。我辞别了他们，匆忙地往学校走，走到交叉路口，我犹豫着，是进城呢？还是沿城墙边走？进城吧，夜太晚，日本巡逻队盘查得厉害；走城墙边要近很多，也许会清静点。所以最终我决定沿着城墙边走。我沿着城墙边的路往前走，走了不远，觉得眼前黑压压一片，沉静得一点声音都没有，荒郊野外，一切静悄悄，我心中渐渐紧张起来，正在我嘀嘀咕咕往前走时，突然听到一个日本兵用生硬的中国话不停地高声喊叫着：

　　"什么人，什么人……什么人的干活？！……"

----

　　①　齐鲁大学位于济南城南，城墙将校园一分为二，城里部分是教学医院和一些外籍教师的住宅，城外部分是校园主区，中有豁口相通。

城墙上不停地传来子弹上膛的声音，估计上面有数个日本士兵，只见他们正准备向我开枪。我一惊，急中生智，就用生硬的日本语大声呼喊："我是齐鲁大学学生，回学校去。"一个日本哨兵端着枪向我走了过来，搜查了我的全身，然后摆摆手，放我过去。以后，我采取主动，一路上大声喊："我是学生，回学校去"，就这样又连过了两个岗哨。到了第四个岗哨，日本兵把我喊到岗楼前，用枪对着我，另一个日本兵走过来又把我全身搜查了一遍，并用非常生硬的中国话严厉地说：

"你的走的不许！路边的干活！"我明白过来，他不许我走，叫我在路边站着，也不知道他要做什么。

寒风刺骨，冻得我全身发抖，从晚九点多一直到第二天早晨六点钟，在凛冽严寒中整整站了九个小时，他们换班时才放我走。

我匆忙回到学校，心想平时不想学日语，今天用这点日语还救了自己。然后，吃了点东西，就蒙头大睡。我怕会病倒，一直睡到下午三点多钟才醒。总算万幸，我并没有生病。

此后的大半年时间，王翰章虽然继续在济南上大学，可是却时有前途渺茫之感。齐鲁大学医学院的本科早已迁往四川成都，这里只有预科，两年预科结束后又该怎么办呢？

借读辅仁大学

正当王翰章对未来冥思苦想、忧虑不安的时候，1941年12月8日，日军偷袭珍珠港，太平洋战争爆发了。当天晚上，日军进入齐鲁大学，封锁了整个校园。随后，外籍教工被押往潍县集中营关押，其他人则被遣散，校园被强占为日军军医院，教学设施遭到严重破坏，王翰章不得不离开齐鲁大学。

1942年春，为了不中断学业，回到北平家中的王翰章选择暂时借读辅仁大学。王翰章借读辅仁大学只有短短一学期，读的是生物系，其实从所

图 3-5　借读辅仁大学时的王翰章
（1942 年春）

修的课程来看，不用说医学，即使与生物学也没有什么关系——他选读的四门课程是物理、化学、中国文学和必选的日语。学校的课程没有一样令王翰章感兴趣，这还算不上严重的打击，毕竟在辅仁大学只是借读。可是在日语课上与日本教师发生争吵却没那么简单了，为此，他被带到伪警察局去问话，还被关了一整夜。这次不大不小的祸事不仅使全家人为他担足了心，也让王翰章的心情更加沉重。

1942 年秋季学期开学没几天，王翰章在育英高中的同学李梦鱼的一次来访，打破了他在辅仁大学借读的沉闷生活，彻底改变了他此后的人生道路。

第四章
求学华西

　　成都华西坝，华西协合大学所在地，是抗日战争时期保存、延续中国高等教育命脉的圣地之一，当时有 5 所大学内迁于此联合办学。华西坝的称谓其实是因校得名，此前，这片成都城南的田畴本是籍籍无名的。

　　5 年前，第一次从司徒雷登的演讲中听说中国西部的四川成都时，王翰章绝没有想到将来自己会冒着烽火狼烟千里迢迢入川求学，更不会想到那里将是他人生与事业发展的归宿。

流 亡 入 川

　　高中毕业后，李梦鱼考入了燕京大学经济系。美日宣战后，与齐鲁大学一样，燕京大学也被日军查封解散，后迁办内地[①]。李梦鱼闲在家里，无所事事，打算去四川成都继续学业，特来约王翰章同行。

　　这在当时是一件很有风险的事情，一旦被日本特务知道，是会被逮捕入

---

　　① 1942 年 2 月，时任燕京校董事会主席的孔祥熙在重庆召集校董事会，正式决定燕京在后方复学。经多方权衡，最终选择成都华西坝。同年 10 月，燕京大学在成都正式开学。

狱的。王翰章很清楚这一点，可是北平的沦陷生活与辅仁大学的无聊借读令他不想继续待在家里，更重要的是他渴望到齐鲁大学继续学业，以完成自己的从医理想。王翰章是个心思缜密的人，他提出了许多非常具体的问题细节与李梦鱼进行商量，如以什么名义应付日寇的盘查、走哪条路线去四川、怎样通过日军的封锁线，甚至被日本人抓住怎么办，等等。其中最重要的是入川线路和过日军封锁线的问题。好在李梦鱼的父亲在中国旅行社工作，了解当时从北平到成都可行的路线。两人像地下工作者一样，将所有想到的问题一一拟出应对解决的办法并列出详细的行动计划，这才告知父母。

王翰章的父母闻知这个大胆的计划后，眉头紧缩，良久无语，没有表态。次日，继母赵淑元向他转达了父亲的意见。王寿彭原则上同意儿子的想法，毕竟做父亲的也不愿意看着长子一事无成地在北平消磨时间，不过很担心他们路上的安全，再加上成都远在几千里之外，在那里举目无亲、生活无着，王寿彭实在舍不得儿子在这种情况下远离，何况又是重聚无期。赵淑元倒是很理解和支持王翰章的想法，让他先去准备，并且叮嘱他别再跟人提起这件事。

王寿彭是个慎言慎行的人，而且从不勉强王翰章做什么或不做什么。担心归担心，其实表面上沉默的父亲背地里也在为儿子的远行做着最重要的安排——从亲戚那里借了 3000 元伪币，设法兑到成都，以备王翰章急需。

经过精心细致的准备，王翰章和李梦鱼购买了由北平经徐州到河南商丘的火车票，西行计划就要付诸实施了，走的那一天终于来到。

> 清晨，我起得很早，母亲准备了一桌平时我喜欢吃的饭菜，我几乎一口也咽不下去，只吃了一碗粥和半个馒头。母亲低声对我说："父亲一夜没睡，现在刚刚入睡，不要惊动他，快吃吧！"母亲含着眼泪送我走出家门，我没敢回头看她，她一定是泪流满面。①

1942 年 9 月 29 日一早，按照与李梦鱼商量好的计划，王翰章踏上了一

---

① 王翰章：《翰墨荟馨———一个医生的历程》。北京：人民卫生出版社，2013 年，第 91 页。

生最难忘、最重要、也最为艰险的旅程。

从北平经济南到徐州，再在徐州换乘陇海线的车往西到商丘，这段旅途是入川路上最便捷顺利的，王翰章甚至还享受了40年代中国火车的硬卧。但是此后的行程就变得完全如同惊险剧，仿佛钱钟书小说《围城》中方鸿渐一行三闾大学之旅的真实版。

商丘站是火车票的终点站，一个很小的车站，只有一个简陋的站台，但是气氛却很紧张，周围站了许多日本兵，反复搜检旅客的行李。通过检查后，王翰章和李梦鱼来到站北一家小旅店，这是他们在北

图 4-1　离家前在分司厅胡同 5 号院石榴树前留影（1942 年秋）

平时经人指点的"接头地点"——必须住的地方和必须找的人。

旅店的老板姓张，壮实憨厚，说话干脆，但不与人道其名字。张老板显然经常接待他们这样的学生"客人"，安排他俩住下后，问也不问，即雇了一辆排子车（人力板车），告诉他们第二天就可以去亳州，而且拉车人会把他们送过日军的前沿封锁线。

从商丘至亳州、至界首、至洛阳，再至宝鸡，最后经剑门，越蜀道，抵成都，历时一个多月，王、李二人屡次遇险，备尝艰辛。在王翰章回忆录中，有关于这段流亡路的细腻描述，真实感人，文采粲然，读之恍若再阅《围城》，故节录于此，不只为奇文共赏，更欲令今人、后人知其求学之不易①。

亳州封锁线

第二天绝早，车夫老王拉着我们的行李边走边说："我们直走乡间小路，不能走汽车公路，上午有日本兵查路的车，不允许非机（动）

---

① 王翰章：《翰墨荟馨——一个医生的历程》。北京：人民卫生出版社，2013 年，第 92-104 页。

车在公路上走。"我们绕过一个小村庄，远看一群日本骑兵在演练，骑着高头大马，手举马刀，嘶声叫喊着往前奔跑。老王说："不要看他，赶快从小路绕过去。"我们东绕西绕地走，已是下午两点。老王说："我们上公路吧，这个时候不会有日本军车了。"我们踏上公路，当然行程就快多了。

大约走了五六里路，突然从后面开过来一辆大卡车，上面挤满了中国百姓，到我们面前就停了下来。从驾驶台下来两个身穿蓝色中国长袍的日本特务，声嘶力竭地喊着让人听不懂的中国话并带着些日语。他喊叫了半天，我什么也听不明白，只能辨别出两个字——"八嘎"，是句骂人的话，由此明白了我们处境的严峻性。

只见他手里挥舞着皮带不停地抽打着车夫老王，直到把老王打倒在地，满脸是血，不能站立，又把我们的行李甩在地上，推翻了架子车，叫我们上卡车并厉声说："到亳州的不走！"我反应过来后，才明白他叫我们到亳州后留下。我想这算完了，尽量控制住忐忑不安的心情。我不停地思索着如何闯过这一关。当时不知道自己怎么有那么大的力气，一手提一个行李甩上卡车，上了车就和沙丁鱼罐头似的。我不停地说"对不起"，挤出了一个站脚处。全车的人就像从泥土中爬出来一样，全身都是泥土。卡车不停地颠簸前行，掀起黄土飞扬，我勉强镇静，其实心中无比紧张。梦鱼挤在我身旁，我低声地说："不要慌，下车后设法逃走。"

卡车扬起的黄土也把我们变成了泥人儿。挤在我旁边的是一位高瘦身材的中年人，问我："你们俩到什么地方去？"我说："到亳州中学去上班，我们是新聘来的教师。"这是我和梦鱼早已编造好的身份。因为潞河中学被查封后，靳铁山教务长和化学教师管老师都转到亳州中学工作。那位中年人低声说："不要怕，我工作的地方就在亳州中学旁，可以带你们去。"又叫我们下车后赶快跟着他走，告诉我，他姓王。我正在恐慌中，忽然遇到好心人，不知是祸还是福，紧张的心情又平静下来一点儿。

没有多久，卡车来到涡河边，过了大桥再上一高坡就是亳州城的南大门，大桥两边都有日军重兵把守。卡车穿过了窄窄的城门洞后，开进了左侧一个土墙围成的大院子内，大家下车后，提着行李排队接受检查，然后从出口处离开。我们挤在人群中接受完检查，在出口处还要接种霍乱疫苗注射。我死死盯着老王的背影，好不容易挤了出来，老王回头向我们指了一下对门的旅馆。我们摆脱日本人的视线，快步溜进了旅馆。

老王对旅馆老板说："把行李藏好，我们过几天来取。"

随后跟着老王从旅馆后门疾步出了城门洞，过了那座日本重兵把手的大桥，先向左侧走进一条小路，又走过一个高坡。老王说："不要怕，现在你们算是安全的"，他指着远远的城墙说："多么美丽的亳州城呀！"我抬头远看长长的城墙上空映着橙色的晚霞，真是很美，我已很疲惫，无心欣赏这美丽的景色。老王又说："这是曹操的故里。"我听到这是曹操的出生地，忽然又有了精神。历史、小说、戏曲那么多曹操的故事，给我的印象太深了。我对老王说："这里有哪些关于曹操的古迹，我们可以去看看吗？"他说："到处都是日本兵，躲还躲不开呢，你们还要往上碰，也许现在他们正在城内找你们呢，你们最好还是在这边安静地住几天再说。"经过崎岖的小路，我们来到一个停放着两辆马车的大院子，是个运输站。那时天已渐渐地黑了，他说这是他工作的地方，前方就是亳州中学。进了屋子，屋内沿墙是一个大木炕。他告诉我们，他就住在这里，让我们两人同他都睡在这个木炕上。他又叫人给我们提来一桶温热的洗脸水，随后端来一大盘馒头和两大碗豆腐白菜，他陪着我们吃晚饭。那一天，我们只是早晨吃了点东西，这是唯一的一顿饱饭。我忐忑不安的心情逐渐平静下来，可是老王到底是做什么工作的？他为什么这样无私无畏、冒着危险帮助我们？时至今日我也没弄清楚。

饭后我们聊天，他爱好书法，墙上挂有其友人为他书写的字画，上款题有"青萍"二字，他指着说，那是他的名字。我躺在木炕上久久不能入眠，回忆着离开家时和路途上发生的一切，我们是幸运者，前面还有许多艰难险阻在等着我们，都会这样幸运吗？第二天上午，老王带我们去亳州中学，靳老师已离开那里，可能去了西安，潞河中学准备在那里复校。管老师接待了我们，他说已有不少同学路过这里，问我们有什么困难没有。我说没有什么，只是过日本兵的封锁线有些难。管老师笑了笑说："涡河大桥就是日军的前沿封锁线，过了桥，亳州城内都是张岚峰的兵，伪军，中国人，一般不会为难你们，可是日本特务不少，要躲避他们。目前没有战事，一切都算平静。"

他又嘱咐些注意安全的话，我们辞别那里，又到老王的住处。老王说："这几天你们俩就闷在这里，为了安全哪儿都不要去。你们什么时候走，听我的。"他又带着我们再次往返于亳州大桥，目的是让日军岗哨认为我们就是本地普通百姓，并教我们二人走过他们面前要自然、沉着。我们在那里住到第四天，晚上老王回来说："明天早晨我送你们走，路线是——过大桥，记住向日军岗哨行鞠躬礼，进城取行李，雇推车出西门，出西门时先暗暗给伪军岗哨五元伪币，出城沿大路西行约五里，路旁有一小饭铺，我们在那里休息吃饭。"到时，他再告诉我们下一步的行程路线。

我们提前入睡，第二天很早起来，没有吃早饭，只喝了几口水就出发了。按计划顺利地到了亳州城西门外的小饭铺，我们在那里吃了早饭。老王说："每人再拿两个馒头，前面是无人烟地带，无法找到吃的东西，还要喝足水。"

然后为我们雇了一辆排子车，车夫老张可以把我们送到安徽界首。

老王说："到了界首，你们要设法直奔洛阳。"一切准备妥当，就和老王告别。这也是永别。老王到底是谁？他不让我们和他联络，从此音信断绝，"王青萍"三个字我终生难忘。

步行洛阳

皖北的秋天已有些凉意，我们跟着车夫老张沿着马车路前行，走了没有多远，就过了伪军的哨卡。再往前行，就是渺无人烟的三不管地带。据说有二十多里路，没有人管，只有土匪三五成群地出没，抢劫行人。我们边走边嘀咕，忐忑不安地往前行。大约中午时分来到中国军队的前哨，当时是顾祝同的兵，我们心情开朗起来，就像见到老熟人一样，和哨兵打招呼。

出乎预料的是，和哨兵打了招呼后，他们一拥而上，打开我们的行李，见什么拿什么，拿走了我的喝水杯子、牙膏、衣、裤、肥皂、毛巾等，最后见到几包治疟疾的奎宁粉，说是毒粉全部没收，还骂骂咧咧地说："老子在前方抗战，你们到后方去享福！"

图 4-2　流亡路上身着长衫、似教书先生又似商人的王翰章（1942 年深秋）

我才意识到这些兵真是如传说中的一样，见到日本人就跑，见到中国人就抢。冒着生命危险来到这里，第一感觉实在令人失望和寒心。经过这一次检查，我们的行李轻了许多。

近黄昏的时候，我们到了安徽省的界首。那里本是位于河南和安徽之间的一个小乡镇，但当时成了一个商品集散的大市场，夜间灯火辉煌。我们找到一个小旅馆住下，住在一间有二十多个木板床的大屋子内。

第二天早晨，我们送走了拉排子车的老张。

我和梦鱼在界首街上转了转，当时有人称这里是"小上海"，这还真有点沾边。内地的土特产和沿海的工业产品在这里应有尽有，还有大宗货物运输公司，有邮局、电报局，人来人往，好不热闹。我们需要了解去洛阳的办法，街上也有像我们这类青年人，互相询问一下各自的打算，最后我们决定跟着商人走。

那时交通工具只有排子车、马车和小木船，人多为步行，商人来来往往，路上行人络绎不绝。我们计划的路线是经过项城、周口、漯河、郾城、郏县、临汝等地，最终到洛阳。因为黄河在花园口被决开，沿途悲惨情况，目不忍睹。

我们走走停停，有时借搭商人雇用的小木船在被淹没的村庄中穿行于残垣断壁之间。到处是水，到处是没有屋顶的山墙，到处是乞讨的人，连被人吃过的柿子柄都被小孩子捡起吃掉。我含着泪水看这一幕一幕的惨状，不停地问自己，我们的同胞受这样的罪，这样的悲惨，国家啊！百姓啊！苦难啊！什么时候是尽头呢？我们将怎么办呢？

1942年深秋的一个下午，我们来到九朝古都洛阳，先找到一个小旅馆住下。到此我们身上已分文皆无。找到流亡学生救济处，该处的人说我们应该去找河北省办事处询问。第二天上午步行十余里，在洛阳城南乡间一个地方找到了挂着"河北省办事处"牌子的一个小院。

我们走进院子，推门进入一间大屋子，里面坐了四五个人都在看报。一位中年男子接待我们，我们向他说明来意，主要是请求给予帮助。他表示无能为力，并建议我们卖些衣物，暂时维持一下生活，尽快乘火车西行至宝鸡进川。火车是免费的，只要挤上去就行。我们二人失望地走出那个院子。

我不知所措地说："还到什么地方去呢？"梦鱼说："回去吧。"我又说："还早，是不是去龙门石窟看看？离这里不远了。"梦鱼说："是不是鲤鱼跳龙门那个地方？"我说："我也说不准。"

我们又走了七八里路到了伊河边，湍急的河水将龙门山分成两半。伊河水从中流过，甚似流出了大门，我想此地就是久仰的龙门了。我们看了古阳洞，窟内三列佛龛，佛像生动逼真，雕刻品琳琅满目。我们又看了"龙门二十品"中的十九品，其书法实为我国的珍宝。对面的山上据说有唐朝诗人白居易墓，我读过他不少诗篇，很想去瞻仰他的墓地。梦鱼说山太陡，他饿了，没有力气上去。只好作罢。

我们都饿了，要设法解决饥饿问题。幸好找到一位老者的烧饼摊，我装模作样地摸了摸衣服口袋，对老者说："我们是北平来的学生，身上没有带钱，能不能给两个烧饼吃？"

我话还没落音，那位老者就笑了笑，说："拿两个吃去吧，钱不要了。"然后拿出两个土陶瓷碗，给我们倒了两碗开水，又说："干吃不好，喝口水吧。"

我想起童年时，奶奶让我给乞讨的犹太人送饭的情景，人的善心、爱心太可贵了。我尝到了乞讨的滋味，怎么回报这位慈祥的老者呢？说声谢谢就完了吗？要努力去学好医术，帮助苦难之人。此情此景深深地印在我的脑海里。

我们回到洛阳市内已近傍晚，决定第二天早晨去挤火车。我想两人身无分文怎么成呢，真的去卖衣物吗？还有什么可卖的呢？忽然想起，我离开北平前一天，到姐姐家去辞行，姐姐一听我要远离家乡，边哭边从手上取下一枚金戒指拿给我说："收藏好，以备急用。"我赶紧摸了摸内衣口袋，按着那枚戒指，对梦鱼说："明天晚上咱们去挤火车，上午去卖东西。"他说："不要卖衣服，卖了穿什么，冬天快到了，而且一件棉衣也卖不了多少钱。"我接着说："不卖衣服，明天到市内去你就知道了。"

第二天上午我和梦鱼来到市区正街，见十字路旁有一对铁铸的人像跪在地上，旁边立有石柱上刻"卖国贼汪精卫、陈璧君"。过路的人不时地向它吐口水，他们的脸面已被吐得污秽不堪。又走过一条小街，找到一个买卖首饰的金店，拉着梦鱼进去，走到柜台前，从内衣口袋中掏出了那枚金戒指，拿给收货人看。我问："可以卖多少钱？"那人仔细地看了内侧刻有足赤的小字并在一个小石条上划了一下，然后用小戥子（很小的杆秤）戥了一下，又刨了几下算盘珠，最后给了我120元法币。我接过钱，心中感谢姐姐的先见之明和她对我的爱。

我拿了20元给梦鱼，我说找个地方吃顿饱饭去。我俩走进一个卖羊肉泡馍的小馆子，坐在桌旁，小伙计拿来两个大碗，各放一个很硬的饼子放在我们面前。我俩坐着等了好久，也没有人来理会我们。我着急地问小伙计："怎么还不拿来？"他反问我："先生要什么？"我说："要羊肉泡馍啊。他笑着说："馍已经放在碗里了，请把它掰碎，再去泡羊肉汤。"梦鱼笑着对我说："我俩今天算是现眼了。"我们自从王青萍那里出来、二十几天了，第一次吃了一顿饱饭。

列车惨剧

漆黑的夜里，我们在洛阳火车站的临时站台上等了两个小时才开来一列车厢，用尽了全身的力气才挤上车。其实车内并不挤，我们挤上去后到处都是松松的，很容易就找到了两个相邻的座位。以后每停一站就挤上来一些人。逐渐车厢内挤满了人，就连车顶上都爬满了人，还放了很多行李和农具，这是他们逃难的全部家产。没有想到的是车顶堆高了，过山洞时连人带物都可能被刮下去。

列车摇摇晃晃地前行，我慢慢地进入了梦乡，进入了沿途我所见所闻的惨景和离京前姐姐边流泪边嘱咐我的话。我离家前去姐姐家辞行，姐姐一听我将远离家乡，归日无期，她泪流满面，从手上脱下一枚金戒指，交给我说："收起来以备急需你勤奋，有出息，可是一定要活着回来。我含着泪走出她的家门，此情此景一幕幕展现在面前。我感到非常内疚，她那珍贵的爱，怎么没过几天就通过我的手将它卖了，那是不是姐姐的结婚纪念物呢？我惭愧……渐渐地，泪流湿了我的双频。

突然急刹车把我从梦中惊醒。传来了哭喊声、呻吟声，我从车窗探身往外看个究竟。火车停在山洞里，景象太惨了，铁路旁挤满了从车顶上被刮掉下来的人，有的在喊叫，有的在痛苦中呻吟，有的躺着一动不动……

为处理突发事故，火车停了一个小时又开始缓慢地前进。车行到文地镇停了下来。因为在黄河北岸风陵渡的日本兵不时地向南岸打炮，这边火车已不能再往前行。

宝鸡旅途

我们下车改乘卡车，到了华阴又挤上火车，我趁火车尚有半小时才开动的时间下了车，站在车门附近远望华山，因为西岳华山太出名了，中学地理书中描写它是那样的雄伟，我一定要看一下它的雄伟面貌。

站台铃响了，我急忙登车，到原位坐下。梦鱼问我跑哪儿去了，他一动都没敢动，怕行李丢了。我告诉他我去看看华山。他说："你在宝塔的底座是看不到宝塔全貌的。"我说："你说得对，我连华山的一半也没看到，更别说全貌了。"

列车是直达宝鸡的，很快就到了西安，只停十分钟，我又想下车去溜达，梦鱼把我拦住说："算了，只有十分钟，误了车怎么办？"我只有隔着车窗看了看西安车站的概貌，当时只有一座两层楼的歇山顶式屋顶的房子。不过沿途的车站引起我很大兴趣，如过咸阳我想起了秦朝和阿房宫赋，过马嵬坡想起杨贵妃的惨死，过眉乌想起三国故事中的凤仪亭和戏曲法门寺，到了宝鸡想起暗度陈仓的故事。

列车的终点是宝鸡，我们下了车，找了一个小旅馆住下，再想办法如何去成都。这时我们已经成了名副其实的流亡学生。在那小小的城市有不少流亡学生在街上游荡，同命相连，很容易就熟悉起来，交流求生存的经验和各自前程的设想和去向。只有我们二人去成都，其他人去兰州和汉中，因为那些地方也有内迁的学校。

我们三五成群往郊区闲游。走进几家窑洞，使我惊奇的是窑洞只是在山坡掏一个洞，有的是几个洞相连，甚至是个四合院。我们走进一个有两个院子的四合院，都是由窑洞构成，非常精美，洞内住着一位五十余岁的道士，他体格健壮、思维敏捷、谈话有趣。他热情地接待了我们，还请我们吃了一顿玉米饼子、咸菜、小米粥。他讲诉云游五岳和各大山川、庙宇的故事，尤以他独自游长白山天池的故事非常生动。听了他一天的谈话，他那些对人生和事物的认识和一些哲理给我留下深刻的印象。

蜀道黄鱼

经过一番了解，这里没有专供旅客去成都的交通车，要去就得搭黄鱼。

搭黄鱼，就是在货车装满货物后再额外搭的旅客，是司机的额外收入。西安大华纱厂不定期地往成都运棉纱，其货车要从宝鸡经过，可以搭他们的车去成都。我和梦鱼四处打听大华纱厂运纱车的消息和落脚处，最后在一个比较高水平的旅馆找到了运纱车的司机，一个身材高高的三十来岁的很帅气的小伙子，他身穿一身美国兵的黄卡几布便装。我们和他说明来意，最后以每人两个银元谈定。然后我们找了个小摊，用法币换了四块银元，付过车钱后约定第二天早晨七点半在该旅馆门前上车。

第二天早晨我们提前来到汽车旁，汽车已装满棉纱，我们的行李被塞在纱包空隙间。陆续又来了十余名旅客，我们上车坐在棉纱包上，为了人身安全又用绳子把自己捆在绑纱包的粗绳子上，以免在途中从车上摔下。

开车后不久就进入秦岭的大山里。我很新奇，深秋北方已是一片土黄色，而进了秦岭是山清水秀、郁郁葱葱，是我从未见过的和北方完全不同的景色。弯曲的公路盘旋而上，又回旋而下，处处是险境，时时可能滚入深渊。我们高高地坐在摇摆的棉纱包上，心中时时都捏了一把汗。我钦佩驾驶员的高超技术和敏捷的反应，他掌握着全车人的生命。他聚精会神驾驶着车，盘旋于深山翠谷中。过了秦岭之巅后，到了双石铺，即停车休息和用午饭。车驶至庙台子才下午四时，即宿于此。

庙台子坐落在秦岭的深山之中，因有汉朝张良庙而得名。

汉刘邦称帝后，吕后杀了韩信，张良惧遭"狡兔死走狗烹，飞鸟尽良弓藏"的厄运，逃走后隐居于此。后人为其建庙以兹纪念。该庙很宽敞，有几个院落，建筑雄伟，旅客就宿于庙中。其中一个庭院有一亭，记述黄石公与张良的故事，亭中壁上挂一幅巨画，描述张良为黄石公穿鞋图。许多过客把自己的印章盖在上面，就是到此一游之意。当时我见已有近千人的图章盖在上面。

历来对这座深山老林中的寺庙和它宏伟的建筑群都有着许多神秘的传说和离奇的故事。那时虽然较"蜀道难，难于上青天"的时代大不一样，可是当时的川陕公路的路况仍是十分令人担心的。

路程虽然惊险，沿途的历史古迹非常有趣。我不停地饱览沿途的名胜风光并做了笔记。

第二天我们宿于褒城，是古人褒姒的家乡。第三天经勉县、定军山、阳平关、诸葛亮墓，宿于宁强。该处产石刻的艺术品和树根制成的手杖，有的雕刻得非常精美。第四天即进入四川，宿于广元。川陕公路沿着嘉陵江的悬崖峭壁，有朝天驿和惊险的清风峡、明月峡和千佛崖。千佛崖是一组宏伟的石窟群，绵亘长达半里以上，凿于峭壁之中，造像规模宏大，气势雄伟。广元是女皇武则天的出生地，纪念武则天的皇泽寺与千佛崖隔江相望。

第五天过剑门关，有姜维墓。经剑阁张飞柏树林，那些古老的柏树真是雄伟，构成"翠云廊"千百年来的美景。夜宿于梓潼。

我出生于中国北方，从未到过南方，所以对一切景色都非常新奇，如茂密的竹林、高高的棕榈、宽叶的芭蕉、湍急的河流、潺潺的小溪、灰瓦竹木结构的农舍、弯曲的小径、我听不懂的方言和当时那里的农民赤足穿的草鞋、头上缠的白布巾，我饱览了这些民俗与河山。

第六天已是 1942 年 11 月 5 日，经绵阳，晚 8 时抵成都，车停春熙路，找了一个旅店住下，结束了近一个半月的行程。来到一个陌生地方，虽然历尽艰辛，来到目的地，心情并未轻松，因国家正值山河破碎，人处水深火热中，心绪实如陈寅恪所写：残剩山河行旅倦，乱离骨肉病愁多……

华 西 坝 上

成都的冬天，特别阴冷潮湿，虽然如此，作为抗战时期大后方的天府之国首邑，这座城市带给来自全国各地的流亡师生的感觉却是温暖而美好的。1942 年 11 月 5 日，历尽千辛万苦，经过 40 多天的长途跋涉，王翰章终于到达向往已久的目

图 4-3　华西坝标志性建筑——钟楼

的地，继续他的从医追求，开始了他在华西坝长达 7 年的大学生活。

续读齐鲁与打工求学

与患难相共的李梦鱼分别后，王翰章找到位于成都南门外小天竺街 76 号华西协合大学广益学舍内的齐鲁大学，准备插班续读。

适逢秋季学期快要结束之际，王翰章在教务处见到齐鲁大学教务长傅为芳，跟他提出插班的要求。看过王翰章在齐鲁大学医学预科的成绩单，傅为芳和蔼地对他说："这个学期就快结束了，三年级有些课你没读过，恐怕不行，再念二年级呢，你有些吃亏，不过只能如此，多读些课程对你也有好处。"王翰章觉得只要能继续学医就行，爽快地答应了。傅为芳又递给他一张纸条说："拿着它，明天去教育厅流亡学生救济委员会领点补助。"[①] 令王翰章惊喜的是，当他来到宿舍，发现房间里的室友竟然都是来自潞河中学、育英中学的老同学。其中有潞河中学黑猫足球队的队友张学义（后来成为山东医科大学骨科教授），育英中学的校友吴德诚（后来成为我国著名的泌尿外科专家、北京协和医科大学教授），还有当时已是齐鲁大学医学院六年级学生的育英中学校友沈元津（后来成为山东医科大学细胞免疫学教授），他也是王翰章一生最要好的朋友。刚刚来到一个举目无亲的陌生地方，没想到竟有这么多熟识的面孔，这令背井离家、千里跋涉的王翰章心里舒畅多了。

第二天，王翰章进城找到四川省教育厅流亡学生委员会，在那里领取了每月补助两斗米的证明，回校交给食堂——这就是他每个月的口粮。

办完一切入学手续，安顿下来后，王翰章开始了在华西坝继续齐鲁大学医学预科二年级的学习。因为好些课程都已经学过，所以这段时期他感觉很轻松。

华西校园虽然美丽，求学生涯却充满艰辛。刚上了两周课，王翰章就遇到了囊中羞涩的大难题。变卖姐姐金戒指的钱很快用完了，又无法让北

---

① 王翰章:《翰墨荃馨——一个医生的历程》。北京：人民卫生出版社，2013 年，第 109 页。

图 4-4 位于小天竺街的华西大学正校门

平的家里寄钱到大后方的成都，王翰章的生活费断了来源。对于像他这样的流亡学生来说，这是一个非常严重的问题，若不想办法尽快解决，他将陷入经济无源、生活无着、无钱读书、无钱吃饭的"四无状态"。王翰章思来想去，最后决定边打工边求学。他先向"流亡学生救济会"申请一份到"学生公社"①守办公室的工作，这样可以解决吃饭问题。

在"学生公社"工作使王翰章逐渐认识了不少五大学的同学，路子多了，打工的面就更宽了。他不停地寻找打工的机会，先后做过"华语学校"的普通话教师，做过英语补习班的教学工作，还同时做过两份家教。因为除去吃住以外，他还得购买必需的学习、生活用品，添补些简单的衣物和生活零用。自 1945 年，王翰章得到了一份比较稳定的工作——为华西协合大学毕业生填写英文证书。原来，当时美国纽约州立大学每年要给华西毕业生颁发该校的学位文凭，文凭是由纽约州立大学印好的，但上面的学生姓名、学位、日期是空白的，需要届时用与其相同的字体——英文黑体字——一种英文正式文件常用的古体字逐一填写。王翰章的书画功底

---

① 学生公社，即当时的华西坝五大学学生俱乐部。

颇深，写这样的字体算不上难事。华西协合大学教务处负责人看了他写的样稿后，随即同意由他承担这项工作。王翰章由此得到很大的好处——免交学费和住宿费，并补助部分伙食费。但是他付出的代价也很大，每逢毕业季，那么多学生的英文文凭需要在短时间内完成填写，还要保证书写质量，王翰章不得不熬更守夜地连续工作。这不仅是对他体力上的消耗和精神上的煎熬，更占去了他学年末大考复习功课的宝贵时间，严重地影响了他的健康和学习。但是为了生存求学，他不得不坚持下去。

就这样，王翰章在华西坝边打工边求学，坚持了整整7年，直到1949年毕业留校工作。

华西坝——五大学办学的文化圣地

王翰章本来读的是齐鲁大学医学预科，能够转到华西协合大学改学牙医学，这里面的机缘巧合不能不提到抗日战争时期的华西坝"五大学联合办学"。所谓"五大学联合办学"，是指抗日战争期间，华西协合大学与内迁华西坝的中央大学医学院、金陵大学、金陵女子文理学院、燕京大学、齐鲁大学联合办学、联合办医。当时的华西坝名师名医云集，群英荟萃，人们习惯地称这一时期为五大学联合办学时期。华西坝也因此成为抗日战争时期的全国三大高教阵地之一，更是保存、延续中国高等教育命脉的圣地之一。

图4-5　课间校园路上来往的华西坝学子

这三大高教阵地即是当时所谓的"三坝"——重庆的沙坪坝、成都的华西坝、汉中的鼓楼坝。不过，这"三坝"的情形优劣却大有不同。成都是天府之国的首邑，环境优裕，因此华西坝一时被誉为"天堂"；"陪都"

重庆的沙坪坝被戏称为"人间"；而陕西汉中因生活条件较差，被贬称为"地狱"[1]。这是当年的一段趣话。历史学家顾颉刚初到华西就感慨："在前方枪炮的声音惊天动地，到了重庆是上天下地，来到华西坝使人欢天喜地。"陈寅恪[2]先生更是对风景优美的理想治学之地华西坝推崇备至，并写诗咏赞：

> 浅草方场广陌通，
> 小渠高柳思无穷。
> 雷奔乍过浮香雾，
> 电笑微闻送远风。

长期生长在北方的王翰章对成都、对华西坝有一种特别亲切的感觉。

首先让他感到惊讶和赞叹的是华西坝秀美的风光和校园内的精美建筑。从小学开始就一直就读于教会学校的王翰章对中西合璧式的校园并不陌生，但是掩映于田园风光中的华西协合大学的建筑群还是令他刮目相看。

华西协合大学是由英、美、加拿大三国基督教会于1910年联合创办的，故有"协合"之称，又被当时的成都市民称为"五洋学堂"。筹建之初，其选址、建设均极为精心。校址所选之地为成都南门外锦江之滨的蜀汉"中园"遗址，相传此处为三国时刘备游幸之地，又为五代时蜀王孟旭的后花园，颇为清幽。华西坝的称谓其实是因校得名，以前是没有的。后经陆续购地，校园不断扩大，至20世纪40年代华西坝知名度鼎盛时，已逾千亩之广。校园的规划设计是以招投标的方式决定的，这在100多年前的中国也是罕有的新鲜事，最后的中标者是英国著名建筑工程师佛列特·荣杜易。此人事前从未到过中国，中标后专程来到中国，遍游大江南

---

[1] 《四川大学史稿》编审委员会：《四川大学史稿》（第四卷）。成都：四川大学出版社，2006年。

[2] 陈寅恪（1890-1969），字鹤寿，江西修水人。中国现代历史学家、古典文学研究家、语言学家，中央研究院院士。

图 4-6　华西坝经典建筑之一赫斐院

北，考察中国传统古典建筑和庭园布局。到成都后，又细致地考察测量校区用地，而后精心构思设计出一组中西合璧的建筑群，如钟楼、事务所、赫斐院、广益学舍、明德学舍等。在王翰章的印象中，那时的华西校园占地广阔，遍植樟、楠、杨柳等树木和棕榈、竹丛，一年四季郁郁葱葱，并有十余块大小不等的草坪，小桥流水，潺潺不息，汇成半月镜湖（今荷花池）。风景之美，居全国大学之冠。

此后荣杜易再未来华，未能见到亲手设计的校园和建筑，并引为终身遗憾。20世纪80年代，前英国首相希思在一次访华期间专程造访华西坝，当时负责接待的正是身为四川医学院副院长的王翰章。他清楚地记得，匆匆来到华西坝的希思没有到房内休息，只是对办公楼、老图书馆拍了几张照，并告诉王翰章此行是受其朋友委托——委托人的祖父正是荣杜易。儿孙辈竟然借助英国首相之力以完成祖父的遗愿，足见荣杜易对设计建造华西协合大学校园之看重。

更令王翰章欣喜不已的是当时华西坝大师云集、学术繁荣的人文景象。五大学联合办学，一是麇集的专家学者之多、开设的学科专业之广，是四川历史上前所未有的；二是教学方法灵活，学术气氛浓厚，也是中国高等教育史上所仅见的。特别是根据各校师资的专长，采取统一安排、分别开课的办法，允许各校学生自由选课，学校承认所读学分，同时对转校、转专业也实行了相对宽松的政策，使众多学子获益匪浅，而王翰章更是因此得以转学华西协合大学牙学院。六七十年后，王翰章在回忆那段时光的文字中仍然充满激情：

我来到了我国史无前例的学术最高学府。不只是课堂授课是如

图 4-7　华西坝五大学时很少有人有自行车

此，课外的学术活动更是多种多样。大型、小型的学术演讲会、讨论会、座谈会，名目繁多的学术活动，几乎天天都有。不受学校或专业的限制，一般都是自由参加。整个华西坝呈现一派学术繁荣的景象。如罗忠恕教授讲的《文化与大学教育》；何文俊教授讲的生物哲学讲座，其中有《生物学与文化》《空间之生物》《时间之生物》《论个体、遗传与环境》《习得性与遗传》《优生学》《进化论》《种族论》《人口论》；环境学家沈文玉教授讲的《世界发展中之优境学与家政学》；程玉麟教授讲的《医师之健全品德》，他说医生应该做到不自私、有毅力、不以金钱为目标、不因欲得图报而有所作为，一个真正的

图 4-8　华西坝五大学时，常有各种学术演讲和名教授讲课，听众常常挤满教室

医生应有伟大的牺牲精神；林则博士演讲中说，医生成功要诀在于能够严于律己、平等待人、强化合作、努力工作。此外，还有学术大师陈寅恪，史学家钱穆、蒙文通、何鲁之，哲学家冯友兰、张东荪、贺麟……这些专家学者荟萃于一地，群星灿烂，集一时之盛。

那些学术活动使我获益匪浅，引导我不停地去拓展自己的知识面，更是无形的推动前进的力量。例如冯友兰教授在体育馆讲"原道"，我是很陌生的，可是经他深入浅出的解释，引起我很大的兴趣……还有很多很多，真是回味无穷 [①] 。

那一时期，专家学者虽受聘于某校，其实往往是五大学共同拥有。当时的华西校园真可谓济济多士，学风卓然，充满了民族复兴的勃勃生气。

转　学　华　西

王翰章最终转学华西协合大学牙学院似乎是注定的。如果他没有在初中毕业典礼上偶然听司徒雷登赞誉华西和它的牙学院，如果齐鲁大学内迁后他没有千里流亡入川，最重要的一个假设是，如果续读齐鲁大学医学预科时没有参观新落成的华西口腔病院和牙学院，或许他真的不一定成为华西口腔医学的重要一分子。关于第三个"如果"以及当年往事，年近期颐的王翰章很肯定地说，那确实是促使他从一个普通医学系学生转变为口腔医学工作者的重要因素。唯物辩证法认为"偶然之中有必然"，对王翰章来说，即使没有那些偶然，他也必然会成为一名医生，因为他从懂事起心里就一直有一个念头，一个深受其祖母影响的念头——长大要成为一个能帮助别人的人，而医生正是这样的人。

---

① 王翰章：《翰墨荃馨——一个医生的历程》。北京：人民卫生出版社，2013年，第115-116页。

参观牙学院后决心转学

王翰章到达华西坝已是 1942 年 11 月，续读齐鲁大学两个多月后，转眼就到了 1943 年春假（寒假）。在抗日战争期间，大学的寒假都很短，假期里，爱好交友出游的王翰章哪儿也没去，即使有同学邀他去一直令他神往的青城山。他想起祖母的教诲——一个人要学会自律，心不可太野。又想到自从离开济南，自己已经耽误了好些时间，好不容易来到成都继续求学，正该借此机会好好复习功课。于是整个假期都待在校园里看书。

依照华西协合大学的惯例，每年春假，各实验室、博物馆都要对外开放，以进行科普教育。温课之余，王翰章也抽时间专门去参观了一次。对于这次使他"从一个普通医学学生转变成口腔医学泰斗"的参观活动，王翰章至今记忆犹新：

> 我先到生物楼参观了生物标本展览室，看了刘承钊教授的实验室和他收藏各种鸟类的标本室，增长了不少见识。随后我又到图书馆楼上的博物馆，一个大学的博物馆如此丰富，甚是少有。尤以那些藏族和羌族的文物又珍奇、又丰富，可以说是全国之最。后来我多次到那里参观。最后我到医科楼，先看了人体解剖室，这是我首次走进尸体解剖的地方，一进去心中有一种说不出的恐惧感。
>
> 随后来到新落成的华西口腔病院和牙学院标本陈列室和实验室。我被那些陈列着的上千具人头颅骨、各种牙列模型、从鱼到人演化过程的各种动物标本，还有各种口腔和颌面部疾病的泥塑模型所吸引。最后我到口腔病院参观那些先进的、崭新的专科医疗设备，使我眼花缭乱。真如司徒雷登教授所说的那样，"华西口腔是亚洲少有的，教学水平、师资力量，亚洲屈指可数"[①]。

---

① 王翰章:《翰墨荃馨——一个医生的历程》。北京：人民卫生出版社，2013 年，第 128-129 页。

经过这次参观，王翰章对闻名已久的华西协合大学牙学院有了更加直观深入的了解。回到寝室，他把参观华西协合大学牙学院的事情告诉了好友沈元津并表示想去学牙科，毕业后做一名专科医生。

即将毕业的沈元津对他说："你要是喜欢牙医学，可以转到那里，因为华西协合大学牙学院是中国独一无二的，在国际上都有声望。"还帮他出主意："你不是常去大侯儿家吗，要是决心转学到华西协合大学牙学院，不妨去求求侯宝璋教授给林则写封推荐信，那样肯定成。"大侯儿"指的就是侯宝璋的长子侯助存，王翰章在潞河中学的同窗好友和足球队队友，当时也在华西坝的齐鲁大学读书。

那一天，王翰章彻夜难眠，整晚都在思考转学的问题。最后，他终于下定了决心——转学华西协合大学牙学院。

中国第一所高等口腔医学院——华西牙学院

今天的四川大学华西口腔医学院是闻名全国的口腔医学高等学府，其学科排名和医院排名连续多年位列全国第一。事实上，在20世纪三四十年代，华西口腔就早已蜚声海内外，司徒雷登称赞华西牙学院堪称亚洲之首实在不是虚夸之辞，这与华西口腔在中国的特殊地位是分不开的。以下时间节点和重要事件只是对华西牙学院所作的粗线条描绘：

1907年11月，作为第一个被西方教会派往中国的牙医学传教士，加拿大多伦多大学牙医学博士林则来到中国，在四川成都开办了牙科诊所——四圣祠牙科诊所，将西方现代口腔医学传入中国。

1909年，加拿大英美会又派唐茂森博士到成都协助林则工作，在其协助下，四圣祠牙科诊所于1912年扩建为牙症医院，林则任院长。这就是中国第一所牙科医院。

1917年，在华西协合大学创办7年后，牙医学系成立，成为中国第一个高等口腔医学系，林则任系主任，开创了中国现代高等口腔医学教育。

1919年，华西协合大学牙医学系扩建为与医学院并列的牙学院，林则任院长。

1921年，中国第一位牙医学博士黄天启毕业并留校任教，成为最早从事高等口腔医学教育的中国人。

1929年，华西牙学院招收首位外籍留学生，苏联人谢尔维茨成为第一位在中国学习牙医学的外国人；同年，牙学院招收了第一批两名女生。

1934年6月，美国纽约州立大学管理委员会致函华西协合大学董事会，决定给华西协合大学牙学院毕业生同时授予该校牙医学博士学位。

1943年，国民政府委托华西协合大学牙学院草拟全国牙科教育长远规划。

……

简单地讲，在1932年秋上海震旦大学牙医学系成立之前，中国仅有华西协合大学牙学院一家现代高等口腔医学教育机构；在1949年以前，中国口腔学科的高级人才大多出自华西牙学院。因此，华西口腔被誉为中国现代口腔医学的发源地和摇篮，这就是华西口腔在中国口腔界的特殊地位。

侯宝璋荐书林则

虽然五大学联合办学时期，各校学生可以随意听课，但是转学毕竟不是一件容易的事。王翰章接受了沈元津的建议，找到侯宝璋教授，希望能得到他的推荐。此时，侯宝璋正在担任华西齐鲁联合大学病理系主任并代理齐鲁大学医学院院长。

侯家三兄弟都是王翰章潞河中学时的同窗好友，大哥助存还是黑猫足球队的队友，此时这三兄弟也都在华西坝上大学。侯助存把王翰章带到位于华西坝后坝骆园的家中，那是一座紧邻一条小溪的农家小院。侯宝璋喜欢收藏书画、瓷器，家中墙上挂满了字画，这让本来有些拘束的王翰章放松了许多，酷爱绘画的他一时看得忘形入神。侯宝璋很高兴，不待儿子说明王翰章的情况，就与王翰章聊起了画艺。侯宝璋诧异于这个年轻人对古画、名画的见闻广博，深山藏宝有人识，这让侯宝璋高兴极了，对王翰章说："以后要常来，我还有许多画给你看。"就这样，因画结缘，王翰章与侯宝璋后来竟成了忘年交。

侯宝璋为人严谨，在家里从不谈公事。一天早上，王翰章鼓足勇气来到医科楼侯宝璋的实验室兼办公室。他说明来意后，侯宝璋提笔就写了两封信，一封是用英文写给林则的，另一封中文信是给林则的助手周少吾教授的。侯宝璋还特意嘱咐他先去找林则，不成再找周少吾。

王翰章没想到"侯老伯"如此爽快，趁热打铁，他拿着介绍信立刻就去了同在医科楼的林则办公室。

时隔 70 年，王翰章仍清晰地记得当年第一次见到林则时的情形，只是 70 年前的他却无法穿越未来，预知那是华西口腔两任院长之间的首次晤面：1950 年深秋，华西口腔创始人、首任院长林则博士卸任归国；1960 年 10 月，曾为学生弟子的王翰章出任四川医学院口腔系主任——华西口腔第五任院长，相隔刚好 10 年。在回忆录中，王翰章详细地描述了初见林则的情景：

　　我拿着介绍信，下到一楼就去了林则的办公室。先问了一下秘书方淑梅女士，她说他在。她将我的介绍信交了进去。没有等多久，林则就通知她叫我进去。我走进秘书办公室的一个门前，敲了一下门，应声我推门进去。那是一间非常高雅的中西合璧的办公室，林则博士中等身材，穿着一套剪裁合体的灰色西装，坐在一头靠窗子的办公桌后面。我用英文问了一声早安，他示意我坐下。他用英语问了我许多问题，如出生在什么地方，在什么地方受的中学教育，为什么来成都、怎么来的，为什么要转学……我都一一作了回答。他说："一只船在大海里航行，它的罗盘定下来了，就要乘风破浪、勇往直前，这样才能到达它的目的地。"他本来和我讲英语，考察我的英语程度。他突然换成四川话。他说："假如在一个地方打转转、来回换方向，那永远也达不到目的地。"然后他又问我是否下定决心来学习这个专业，我向他保证，我下了决心，不会再改变了。他说："好啦，以后与秘书方女士联系吧。"

我走出林则办公室，问方女士我还应该办些什么手续。方女士说："没有什么啦，只是看你这个学年的成绩如何，期终考后，齐鲁大学会把你的成绩转过来的。希望你好好去准备考试。"[1]

林则之所以同意王翰章转学的原因是无法确知的了，或许是侯宝璋的保荐起了一定作用，但是从他考察王翰章的诸多问题和对这个年轻人的教诲来看，王翰章本人多年的教会学校经历、艰难求学所表现出的决心和毅力以及对转学牙医学的理性思考，都是打动林则的重要因素，因为林则的教育理念首先就是"选英才、高起点、严要求"。侯宝璋的"后门"恐怕只是一块敲门砖。事实上，王翰章还真的差点未能如愿。按照华西牙学院的规定，预科成绩在 70 分以上才能升入本科，而王翰章在齐鲁大学医学预科的学年考试中，物理学成绩不佳，若非其他课程成绩都不错，总平均分数远远超出 70 分，他就真的会被淘汰了。

1943 年暑假刚开始，王翰章收到了华西协合大学牙学院的通知，接收他转入牙学院三年级。从此，王翰章开始了他对口腔医学事业的毕生追求。

前 辈 林 则[2]

在中国，白求恩医生的故事可谓妇孺皆知。其实，早在 1907 年，一

---

① 王翰章：《翰墨荃馨——一个医生的历程》。北京：人民卫生出版社，2013 年，第 131-132 页。

② 本节主要选自王翰章：创建中国现代口腔医学的四十年——我所知道的林则博士。《中国口腔医学信息》，2007 年第 16 卷第 5 期，第 89-94 页。

图4-9　林则博士

位同样来自加拿大多伦多大学的医学生就怀着治病救人的热望扎根在中国，比白求恩早了31年。他为创建中国现代口腔医学奉献了全部心血，而他的故事却不为人们所熟知，他就是中国现代口腔医学的先驱——林则。说到中国口腔医学，不可不提华西；说到华西口腔医学，不可不提林则。作为中国口腔医学的主要创始人，林则被誉为"中国现代牙医学之父"。而对王翰章来说，林则不仅是引导他进入口腔医学殿堂的前辈，是他作为华西口腔医学院（医院）院长的前任，更是激励他献身中国口腔医学事业的精神导师和行为楷模。

林则（Ashley Woodward Lindesay，1884—1968），加拿大人，牙医学博士、法学博士、理学硕士，1884年2月24日出生在加拿大魁北克省。1900年，16岁的林则高中毕业后便离开家乡，进入多伦多大学皇家牙医学院学习。当时加拿大正掀起"宗教复兴运动"，大学也兴起"学生志愿海外传教运动"。多伦多大学牙医学院的中国西部华西传教会也在大学校园里开展活动，吸引在校大学生毕业后到中国参加海外传教。通过传教会开展的活动，林则了解到在地球的另一头有一个东方帝国——中国。但他对传教不感兴趣，只想到中国西部做牙医，帮助那里的民众解除口腔疾病，创建他的理想事业。1906年秋，林则向传教会委员会递交申请，要求在传教会的支持下去中国西部做牙医。1907年，他在多伦多大学牙医学院毕业，获得牙医学博士学位。接着，他到多伦多的西方医院进修了全身麻醉学。随后，在与传教会签订了誓约卡后，新婚燕尔的他便于1907年冬携夫人来到中国成都。

林则的目标非常清楚，就是力图将现代高等牙医学教育在中国广泛传播。最初，很多传教士对开展牙医学并不热心，工作很难开展。恰巧，一个传教士安装的假牙坏了，林则成功地为他修复，从而改变了传教士们的看法。随后，他取得早已来到中国兴办医学教育的启尔

图4-10　林则博士和妻子爱丽丝（1907年）

德博士的支持，在成都基督教会开设的四圣祠街仁济男医院内开办了牙科，为成都的老百姓看病。开诊不久，一位妇女因牙周脓肿来诊所求治，林则很快地为她治好了病。此后，林则的名声逐渐传开，就诊者日渐增多。1911年，他在仁济医院斜对面修建起牙症医院，与唐茂森博士（John E. Thompon）合作，逐渐将口腔医学的业务扩大。1912年，他招收了邓真明和刘仲儒两名中国人在牙症医院学习牙科修复工艺学，作为他的助手。1914年华西协合大学医科开办后，他和唐茂森开始为医科学生讲授牙科课程。1917年，吉士道博士（Dr. Harrison J. Mullett）与他们合作，在华西协合大学赫斐院正式创建了牙科系，林则任系主任。1919年牙科扩建，成为与医科并列的牙科（学院），林则担任院长直至1950年秋离开中国。

　　林则知道，要在中国开创口腔医学专业，不是自己一个人能完成的事情，他一方面担任口腔生理解剖学、口腔外科学、麻醉学、全口义齿等课程的教学；另一方面努力争取教会继续动员志愿者来华从医执教。此后陆续参与林则博士开拓中国口腔医学的医师，也都是当时国际上著名的牙医学专家。

　　最先来的是牙外科医师唐茂森牙医博士。他是林则的同窗好友，在多伦多大学皇家牙医学院毕业后，于1909年应邀来华与林则博士合作创建华西牙医学院。他讲授牙体外科学、冠桥学，是我国口腔修复学的创始人。唐茂森工作认真负责、学识渊博，对华西牙学院的建立付出了毕生的

精力，但不幸于 1932 年因病去世。

随后来的是牙外科医师、美国牙科医师学会会员吉士道博士。他于 1917 年来华，专门负责讲授义齿学和正牙学。他是最早在我国讲授正牙学的教授，曾任四圣祠牙症医院院长、华西协合大学医牙学院管理委员会委员、口腔实验外科技术学主任、赝复学系主任。

牙科博士安德生（Dr. Rog M. Anderson）于 1920 年来华，先在重庆任重庆加拿大联合医院牙科主任，后来转到华西协合大学医牙学院任教，主要讲授牙体修复学。

1923 年来华的牙外科医师刘延龄（Dr. R. Gordon Agnew）拥有牙科、医学、药学三个博士学位，是当时国际上很有名的口腔组织病理学家，而且曾做过国际牙医学会的副主席。他讲授口腔病理学、口腔组织学和牙周病学，在培养中国牙医学人才方面做了大量工作。1945 年，他用英文写了一篇专著，题为《第二次世界大战后中国的牙医学教育》，总结了华西协合大学的牙医学院的办学经验和展望，他把以往的教学计划都列入表中，很详细。同时，他还热情地把中国的牙医学介绍给世界。例如在 1926 年，他在《华西边疆杂志》上发表文章提出，中国是最早发现牙病并有文献记载的国家。他引用《黄帝内经》上的记载，认为牙周病、龋病都是中国最早发现的。他研究解释《黄帝内经》上把牙病分为三型：风牙就是炎症，虫牙就是龋病，牙疳就是牙周病。文章发表以后，国际上很多专家引用他的材料。1949 年后，他回到美国，任加利福尼亚大学口腔病理系教授和主任。

由于这些当时国际上知名专家的陆续加入，中国的口腔医学一开始就建立在国际水准的基点上。没过多久，华西协合大学的牙医学院、牙医学教育就闻名于海内外了。

林则的教育理念是"选英才、高起点、严要求、淘汰制"。他反复强调"保证学术质量，而不是数量，造就合格毕业生，要求学生真正实用于社会。"他曾经在 20 世纪 40 年代写过一篇文章，专门阐述其牙医学教育的指导思想。他认为：中国牙医学所制定的教育方针和设置的课程要站在西方牙医学校的前面，要让学生学习与医科学生相等的基础生物学和医学课程，使学生认识口腔卫生的重要及与全身的关系。培养出来的学生首先是医学家，然后才是专科医生，而不是匠人。他说，这项工作提示了一个新的教育计划，奠定了一个高的标准——以第一流牙医学教育为目的，成为一个示范的中心。这个示范可以推广到全中国，甚至于国际上。他认为这里的毕业生完全可以和美国、加拿大及其他国家牙医学院的毕业生相比。

1919年，他首先说服医科三年级学生黄天启[①]改读牙科专业。1921年，黄天启作为华西协合大学牙学院第一班毕业生留校任教。此后，他还于1926年、1937年两次让黄天启赴加拿大进修，获多伦多大学牙医学理学士、牙医学博士学位。

牙医学及引了华西协合大学医学院中优秀的学生，申请入学者不仅有中国各地的，也有来自欧洲、朝鲜、苏联、印度尼西亚及其他东南亚国家的。女生也逐渐增多。1936年，张琼仙、黄端芳成为华西协合大学培养的第一批牙医女博士。华西协合大学牙学院的毕业生在成都、中国其他地方供不应求。华西协合大学在美国的托事部为牙学院的成就深感自豪，早在1931年，在其报告中就有这样的描述：

> 我们牙学院正在为全国范围服务。一年前，北京协和医学院要求我们一名毕业生到那里去行医及教授牙科学，另一位毕业生应邀到山东齐鲁大学。目前还在要另一位毕业生。与此同时，南京国民政府已经要了一名毕业生到国家卫生委员会工作。

后者是指1939年中央大学筹建牙科时请求华大给予帮助。

林则博士从口腔疾病与全身疾病的关系出发，要求学生具备坚实的基础和熟练的技术。1928年，他在建立新的专科医院时，特意取名为口腔病

---

① 黄天启（1891-1985），四川青神人，著名口腔医学家，中国口腔医学第一位牙医学博士，被誉为中国第一位牙科医生。1928年任华西协合大学牙学院教授，1938年任中央大学医学院牙科主任、教授，1941年任华西、齐鲁联合大学牙症医院院长、教授。新中国成立后，任四川省人民医院口腔科主任。

院（英文名字用的是 Stomatological Clinic），而不是那时通行的牙科医院。在安排教学计划时，他特别重视基础广厚、扎实，技术训练严格、细致。牙学院刚成立的头两届学生，学制为六年，其学习内容之安排，前三年与医科基本相同，后三年专业课有口腔解剖学、比较解剖学、口腔组织学与胚胎学、牙科修复学、手术学、齿冠与齿桥学、特殊麻醉学、矫形学、口腔外科学、特殊病理学等十多门。1920 年起改为七年制，第五至第七年为临床实习并穿插一些课程，1923 年又进一步规定了各门课的课时数。为了保障广泛而扎实的医学基础和临床基础，林则博士甚至要求牙学院的学生学无机化学要与化学系的学生在一起，学内科学要与医学专业的一样，课时相同，考试亦相同。其他各科也按这个原则执行。

严格要求常常联系着淘汰制。严要求是按照课程，每年有一定数目的重点学科，按学分制分为重点学分和一般学分，重点学分不及格的升级就会受影响；还有学生的整个表现和专业能力的表现也很重要。在学科上，考试常常采取划曲线的淘汰。

从我亲身的体会来说，每年都会用画线来（我们叫"Curve"）选留学生。成绩是按照 A、B、C、D 记分，到年终的时候这门课程给你一个 A 或者一个 B，里面有很多的涵义。大概都是由于课程的原因或其他的毛病，划曲线的时候就给划下去了。到了临床前期课程、临床课程，曲线淘汰多为从学生各方面的表现看你是否能达到做一位口腔医生的要求。学口腔专业有很多的技术问题，需要有做模型、画专业图、雕刻等许多相关专业知识和技能，将来你要做专科医生，必须要具有这些能力。因此，要考察学生能不能做、有没有悟性。如果一门课最低分是 65 分，有许多人能考 90 分，那 70 分以下可能就会算不及格。

王翰章的班上原有 20 多人，毕业时仅剩下 9 人，其中两人还是上一届留下来的。

为使华西口腔医学事业有更大的发展，林则特别重视造就中国医生和教师。自选留黄天启并两次送其出国学习后，林则每年陆续从毕业生中选拔优秀学生留校，并把他们送到国外进修。这些学生后来大都成为各个专业或中国各地口腔医学的带头人。

1939 年毕业的宋儒耀博士，1942 年被送往美国进修，1944 年赴宾西法尼亚大学进修学院学习，那里是国际上著名的整形外科泰斗艾维博士（Robert Henry Ivy）所主持的进修学院。出色的学习表现使他在 5 年以后得到了美国医学上最高的学位——医学科学博士学位。他回国以后，开创了中国口腔颌面外科和整形外科，成为中国整形外科的开拓者，国际上称他为"中国整形外科之父"。

1930 年毕业的毛燮均博士分别于 1936 年、1947 年两次赴美进修口腔正畸学，后来成为北京大学口腔医学院的创建人。

1930 年毕业的席应忠博士也是先后两次到美国进修，回国后参与创建上海第二医科大学口腔医学院。

1930 年毕业的陈华教授于 1945 年到美国深造，其后领导创建了第四军医大学口腔医学院。

1937 年毕业的夏良才教授于 1944 年赴美国进修，其后曾任四川医学院口腔系主任，后来领导创建了武汉大学口腔医学院。

1937 年毕业的邹海帆博士于 1948—1949 年分别到美国和加拿大研修，专门向国际上的牙周病泰斗学习并得到他们的赏识。他用钢丝录音机把上课时所有的讲演录了下来，回国后创建了我国最早的牙周病学研究室，成为中国牙周病学的开拓者。

1938 年毕业的魏治统教授于 1946—1950 年在美国哈佛大学专门进修冠桥学与烤瓷学，回国后一直从事牙体修复学教学工作。

1940 年毕业的王巧璋博士于 1946 年、1947 年先后在美国波士顿佛尔塞斯小儿科研究所、纽约故根汉儿童牙医研究所进修，1948 年回国创建我国儿童口腔科。

……

林则所造就的如此众多的人才，大大推进了中国口腔医学事业的发展。

林则博士学识渊博，技术精湛。在主持口腔医学教育、推动华西发展的过程中，他在其所从事的医学学术领域也取得了不少成就，大概前后发表了 70 余篇文章。1929 年，他在美国牙医学杂志 JADA 发表文章《下齿槽神经阻滞麻醉直接注射法》，这个方法后来被称做"林则方法"，至今仍是国际上普遍采用的方法。

林则博士不仅学术造诣深，而且有很好的管理才能。他长期担任当时华西协合大学最高管理机构校务委员会的委员，1941—1950 年担任校务委员会的主席，对整个大学的发展做出了卓越贡献。作为牙学院的院长，即使在担任最繁重的学校工作时，他对牙学院的管理也深入细致，对医院的情况了如指掌。除了上课，每天早上 8 点他一定准时到牙学院、到每个科室了解情况，或者说几句幽默的话，拉近与职工的距离，然后到挂号室、财务室、各诊室走一走，再去大学办公楼。1948 年秋，王翰章刚进医院实习，一天早晨林则路过儿科诊断室门前，见他正在处理一患坏死性口炎的儿童，由于病孩哭闹，将口腔涂擦的药液喷满了王翰章的前襟。林则走进诊断室，对他摇摇头说："你的体位不对。"随后给他作了示范，又说："将工作服换了，交到浆洗房去。告诉他们要特别消毒，不能与其他衣物放在一起洗。"其亲和细致的风范令王翰章终身难忘。

1950 年秋，林则博士回到加拿大担任安大略州牙医学杂志主编、多伦多大学评议委员会成员，一直到 1968 年 12 月 8 日去世。

1968 年，加拿大安大略牙医学会授予林则终身会员资格，在致辞中说：

此人不宣扬自己做过什么、要做什么、能做什么，但只要需要或责任召唤，他就会以勇气、决心和罕见的睿智担起责任，然后退居起来，安宁而享受，因为他的工作为人所需。他没有为自己工作，他为事业工作，为同仁工作，为职业工作，为所生活的世界工作。

1999 年，华西口腔医学院在新的口腔医学科教楼落成时，特为林则铸造了一尊铜像，以纪念他对中国现代口腔医学的创立与发展做出的杰出贡献。今天，这尊铜像被移放至华西口腔医学院新落成的中国口腔医学博物馆前。位于成都市南北中轴线人民南路三段西侧的这座红檐青砖的仿古建筑和林则塑像，彷佛穿越了历史的尘埃，在向人们默默地诉说着中国现代口腔医学事业的成长故事。

在 牙 学 院

1943—1949 年，王翰章在华西协合大学牙学院度过了六年大学时光。在林则的大医学口腔医学教育指导思想下，华西牙学院培养学生的制度是异常严格的，从开始时的教育计划安排就可以看出牙科的基础学习广厚扎实，技术训练严格细致。刚成立的头两届，按六年学制的教学计划，前三年课程安排与医科基本相同，如英文、生物、胚胎、化学、物理化学等；后三年的专业课有牙科解剖学、牙科外科学、牙科修复学、牙科手术学矫形学等。从 1920 年起，学制改为七年，其中预科一年，正科六年。

在牙学院的前两年

1943 年 9 月 1 日，王翰章正式进入华西协合大学牙学院三年级学习。从潞河小学算起，这是他就读的第六所也是最后一所教会学校，其间的四所学校是潞河中学、育英中学、齐鲁大学、辅仁大学。办好转学手续后，王翰章搬进了牙学院的学生宿舍——华英学舍。华英学舍每间寝室只住一名学生，内有床、书桌等设备，这在当时是国内一流的水平。寝室外是一座玫瑰花园，栽种着各色玫瑰，园中小径两侧还植有紫色的香豌豆花，如此花香美景更令刚刚转入牙学院的王翰章陶醉不已。

三年级实际上是正科的第二年，主课为人体解剖学和生物化学，此外还有组织胚胎学、心理学和英语等。人体解剖学以实习为主，上课时教师也不怎么讲，只是要求学生背骨头——每个学生都要站在讲台上，手持将要背的骨头，按照英文《格式解剖学》的描述，用英语背给教师和全班同学听。在一年内要将每块骨头的名称、形态、所在的部位、肌肉的附着点、作用、比邻关系等都背得滚瓜烂熟。考试时也过于苛求。如将一块猴子的骨头放在学生面前，要求回答出这是哪块骨头；或者将腕部的豌豆骨粘在腓骨头部，让学生说出这块小骨头的名称，等等。组织胚胎学的考试也很有一套，如在玻片上涂一块蓝墨水，问这是什么组织——这根本就没组织呀。总之，用这些苛刻的方法促使学生勤奋而诚实。

1944 年秋季，王翰章升入牙学院四年级。这一年的主课是病理学、生理学、药理学，其他课程还有药物学、口腔生理解剖学、微生物学等。讲授几门主课的教师都是名气很大的宗师级的专家学者。

病理学由侯宝璋主讲，每次来授课，身后总是跟着四五位助手，神采奕奕，气度雍然。在当时的教会学校，教师授课常用外语，侯宝璋精通德语、英语，为了使学生深入理解讲课内容，他主要用中文讲课。病理学本身比较枯燥，侯宝璋却讲得深入浅出、极易理解、非常精彩。后来，王翰章还专门研究过其教学方法，对提高自己的讲课效果起到很大作用。

启真道主要教授生理学和生化学，因自幼生长在中国，讲一口道地的中国话，故授课全用中文。说是中文，其实就是四川话。给王翰章他们授课那一年，启真道刚去莫斯科参加了巴甫洛夫国际生理学术会议，在讲课内容中增加了《条件反射》一章，当时这还是一项新的理论，以狗为实验对象，学生们都甚感新奇。没有人会知道，几年后巴氏理论就成为中国学术界最普及、最权威的声音。

药理学教师是冯大然教授。冯大然是华西协合大学药理学的主要创始人之一，长期从事中药提取物的研究，并首先提取及研制出黄连素，在全国药理学界倍受推崇。他讲话声音小而平，可是讲到难解之处，往往非常耐心、细致，以使学生能明白其要讲的内容。

药物学是一门应用学科，由药学系谢成科教授主讲，内容有药物配方、药物剂型、处方格式等。因为药物名称常常涉及拉丁文，所以王翰章还选修了 18 学时的拉丁文。对王翰章来说，这些都不过是死记硬背的课程，只要用点心，没有问题。只有电生理和微生物学中的免疫学部分让他感到比较乏味和别扭，因为当时既无参考书，更无讲义，只要在课堂上稍一走神，就很难办。令王翰章没有想到的是，正是这两门他感到乏味的课程让他差点被淘汰。

王翰章对牙科的几门课反而感到很轻松，而且可以在图书馆找到参考书甚至外国教材。总体而言王翰章在牙学院前两年的学习还算是顺利的。

热心社会工作的年轻人

青年王翰章是一个喜欢交朋友、热心公益活动的人。在抗日战争时期五大学联合办学这样的特殊情况下，能够参与的校内、校际交流活动和可能结识的各校同窗学友格外多。当时华西坝五大学有许多学生团体，王翰章算是其中的一名积极分子，他在"学生公社"打过工，参加过"潞河中学校友会""育英中学校友会""辅仁大学校友会""野猿队"……其中，野猿队是影响最广的学生社团。野猿队是一个以助人为乐、服务人群、以社会公益服务为宗旨的团体，发起人大多是金陵大学、金陵女子文理学院、齐鲁大学和华西协合大学的高年级学生，其中又以医学院和牙学院的学生居多。

住在王翰章上铺的沈元津是野猿队成员，知道王翰章是个热心肠，于是把他拉进了野猿队。一次，沈元津告诉他，为了救济河南灾民，野猿队要到街头举行募捐赈灾活动。流亡入川途中，王翰章曾经从安徽界首步行至河南洛阳，路经河南灾区，亲眼目睹过那里的惨景。他二话没说，跟着沈元津一道加入了募捐行动。

当时，肺结核在中国的发病率较高，而且因为链霉素等抗结核药物还没有在国内广泛使用，治愈很难。1944年春季学期，为了救助罹患肺结核的五大学流亡学生，野猿队专门举办了一次募捐音乐会。王翰章在课余时间全力以赴地参加音乐会的工作，并具体负责画宣传画和布置会场。他们几乎把华西坝学生中的歌手全都请了来，又请叶冷竹琴教授指导和声，专门认真地准备了一个月。募捐音乐会如期举行，演出地点就设在华西协合大学事务所（行政楼）二楼的礼堂。这是华西坝学生团体举办的一次规模空前的音乐会，共演出了三天。

三天的演出，除去各项开支，收入近千元。经过研究，大家决定多买营养品、少发现金。随后队员们分头买鸡蛋等营养品分发给联合医院结核病室和平安桥医院的患结核病的学生。

1944年暑假期间，王翰章和野猿队还在学生公社举行了一次寄卖活动：同学们把不用或多余的东西交由野猿队卖出去，经办方抽取2%的手续费用以资助五大学的贫病学生。寄卖活动为期一周，但是先头准备和收尾工作用了一个多月，耗费了王翰章很多时间、精力。但是当把活动所得的钱买成鸡蛋、分送到那些患病的同学手里时，王翰章心里总能感到一丝欣慰。逐渐地，王翰章成了野猿队的积极分子。

除了参加野猿队等社团的公益活动，乐于助人的王翰章还经常帮助自己的校友、同窗。燕京大学工程系的杨维彩是王翰章在北京育英中学时的同窗好友，1943年来到成都续读，不幸罹患肺结核，病情迁延反复，始终未能好转，终于抗日战争胜利日当晚客死异乡。两年间，王翰章竭尽全力，为其奔走募资、求医问药、探视照料，始终如一。

齐鲁大学历史社会系的孙桂恩是王翰章在潞河中学春雷艺社结识的画友。桂恩酷爱文史书画，曾拜花鸟大师于非闇为师。就读齐鲁大学期间，为生计"下海"卖画，多次举办个人画展。为支持好友举办画展，王翰章曾将其全部生活费借与其裱画，并为其张罗画展事务。岂料卖画所得尚不足以偿还借款，桂恩颇感尴尬为难，王翰章于是仅让其归还半款。

像这样的故事还有很多。社会活动能力的培养固然为王翰章今后成为各类领导奠定了良好基础，但是花费过多的时间精力参加社会公益活动，也令王翰章为此付出不小的代价。

"挂"了两科，差点被淘汰

1945年，林则博士回国休假，刘延龄博士代理华西牙学院院长。

暑假的一天，王翰章被刘延龄找去谈话。在刘延龄的办公室，这位代理院长热情地招呼他坐下，随后很和蔼地用英语对他说了一段话，这段话令王翰章至今还印象清晰：

You are a very popular young man，but，you have used too much time to do social work……①

刘延龄告诉王翰章，过多的公益活动影响了他的学习成绩，他的生理学和微生物学的成绩都没有达到 C（也就是 70 分），面临被淘汰的可能。不过，因为王翰章其他课程的成绩都非常好，特别是病理学成绩最好（95分），院方决定给他一次重修生理学和微生物学的机会，希望他用功学习，好好珍惜这个机会。

林则的教育理念是"选英才、高起点、严要求、淘汰制"，王翰章没有想到，这次自己真的将要面临淘汰制的考验。听完这番话，他好似挨了当头一棒，半天说不出一句话，好不容易才控制住自己的情绪，对代理院长礼节性地回答道："我接受学院的决定。"

走出办公室，王翰章边走边想，自己是不是管的闲事太多了，以至于占用了过多的时间和精力而耽误了学业。回到宿舍，他还是放不下这个念头，不停地反思自己这一年来的行为，想了很久。令他最感到纠结的问题是——做那些帮助他人的事到底该不该？最后，他想通了。

我想是不应该后悔，以自己的麻烦换取了极度困难同学的一些欣慰，应该是值得的。不过，我确实放松了对于学习中难点解决的决心。以后必须调整好学习与打工和做公益事情之间的精力与时间分配②。

正在王翰章心情不佳之际，忽然传来日本投降的消息，巨大的喜悦将他的"那点小事"扔到了九霄云外。连续很多天，王翰章都和五大学的同学们一起，兴高采烈地庆祝抗日战争胜利。

抗日战争胜利了，外省的学生都在谈论复原、回乡的事。王翰章也想回家，可是还没有完成学业，还有转学时对林则的承诺。于是他写信告诉

---

① 王翰章：《翰墨荃馨——一个医生的历程》。北京：人民卫生出版社，2013 年，第 165 页。
② 同①，第 165-166 页。

父母，自己还有三年才能毕业，打算继续在华西完成学业。父母同意了王翰章的意见，并鼓励他不要顾家、安心学习。

随后，王翰章扔掉思想包袱，调整好打工和社会活动的安排：为了保证学习时间，除去填写纽约州立大学英文毕业证书和教个别外国人汉语外，他辞去了所有的打工工作，这两项工作可以保障他最基本的学习生活所需。随着几所大学的复原，华西坝渐渐回复了往日的宁静。野猿队的朋友们也大多毕业或离去，王翰章在感到失落的同时，逐渐习惯于用埋头读书来消解感伤的心情。经过一年时间的认真复读，1946 年秋季开学时，他终于顺利地升入牙学院五年级。

这一年的华西牙学院还发生了一件在当时不太起眼的口腔医学史重大事件：中国第一本口腔医学学术刊物《华大牙医学杂志》（季刊）在华西坝创刊，林则亲任主编。刊行之初，主要以英文出版，发行对象主要是国外读者。1948 年，该刊更名为《华大牙医》；1950 年 3 月，又更名为《中华口腔医学杂志》，并改成中文出版，由宋儒耀接任主编。1953 年 12 月，北京中华医学会正式出版《中华口腔科杂志》，为避免重复，根据上级指示，华西口腔主办的《中华口腔医学杂志》停刊。此后 30 年，华西口腔没有主办任何学术刊物，直到 1983 年 8 月《华西口腔医学杂志》创刊，首任主编就是当年差点因"挂科"而被淘汰的王翰章。

努力学习取得院方认可

根据学科特点，牙学院五年级的所有课程都有实习或见习，都是实践性很强的课程，这深受动手能力很强的王翰章喜爱。那年的主课有牙体修复学、赝复学、口腔应用解剖学、口腔生理学、牙周病学、儿童牙病学、公共卫生学、预防牙医学、口腔外科学、内科学、外科学、眼耳鼻喉科学……王翰章的学习态度和学习成绩特别是实际操作能力，给牙学院的老师留下了良好的印象。

塞翁失马，焉知非福。事实上，经过"挂科"一事，在最后 3 年的学习中，王翰章尽量减少参加社会工作的时间，埋头读书，刻苦努力，每年的成绩都很好，特别是最后一年所取得的优异成绩得到了老师们的厚爱和院方的认可，从而争取到留校任教的机会。

有两个例子足以说明院方对王翰章的动手能力和组织能力的认同。

一次，美国海军陆战队医院的 Dr. Niiranen 应邀到华大牙学院作学术演讲和制作义眼的示范，需要找一位画家协助工作。牙学院哪里有画家呢？赝复学系主任吉士道博士想到了业余时喜爱绘画的学生王翰章，把他叫到办公室，告知他事情的原委，希望他能承担起这项工作。王翰章虽然没有这方面的经验，但是在 Dr. Niiranen 的讲解指点下，加上本身具备较深的美术功底和动手能力，很快就掌握了相关绘画和制作的技术要领。就这样，他协助 Dr. Niiranen 完成 10 例患者的义眼，并且完全掌握了制作义眼的全部过程。这件事情不但让院方对他非常满意，甚至眼科的此类患者也不断地来找他帮忙。

另一件事发生在 1947 年。当时院方为了纪念华西牙学院成立 30 周年，准备举办一个庆祝大会，大会的筹备工作分为教师和学生两个部分，教师由邓述高[1] 负责，学生由王翰章负责。说是负责，实际上只有他一个人做事，从美术设计到各种粘贴和一些物件的制作、安装都是他一个人完成的。当时王翰章正处在紧张的临床课程学习阶段，再加上庆祝大会筹备工作的繁杂，真是令他感到疲惫不堪。最后，王翰章圆满完成了任务，受到院方的肯定和表扬。

"最感兴趣的是外科性质的学科"

20 世纪 40 年代后期，华西协合大学牙学院已经发展到八个系，学科门类之全面，国内无出其右者。但是牙学院的学生是不分专业的，什么都得学。回顾当年在牙学院的学习，王翰章说他最感兴趣的是外科性质的学科，牙医学的各科都含有外科性质的内容，因此那时他对口腔各科都有兴趣，特别是口腔外科，这对他后来的专业方向选择产生了直接

---

① 邓述高，著名口腔正畸学专家，1943 年毕业于华西协合大学牙学院。

影响。

从事外科工作需要一双灵巧的手，多年的绘画爱好无疑是对王翰章最好的训练。邓真明是当时华西口腔病院技术制作室的负责人，也是1912年林则最早招收的两名中国助手之一。作为牙学院资深的高级技师，邓真明曾经多次不加掩饰地表扬王翰章，认为在其所指导过的学生中，王翰章的制作操作是最令人满意的。一个有意思的例证是，后来王翰章订婚、结婚的戒指和新娘的耳环、配饰都是他亲手制作的，且精美程度深受邓真明赞赏。

王翰章的夫人盛尔荃教授也称赞其手巧：

> 他的工作是颌面外科，是很细致的工作。他本人手很巧，我不在家，（他）带孩子，他甚至可以给孩子做一条棉裤，别人邻居都觉得他太能干了，他的手太巧了，自己给小孩做棉裤。还有儿子去全托，全托那时候我出差了，全托要被子啊什么的，都要写上名字，拿一个布写上名字缝在被子上 [①]。

这双手既能拿手术刀，又能拿画笔，怎么能不灵巧呢？

1948年，宋儒耀教授回国任华西协合大学口腔医院院长兼外科主任，具有丰富口腔外科及整形外科实践经验的大师当然也有一双识人的慧眼，他也很赏识王翰章努力学习的态度和手工的灵巧。因此每次做动物实验或手术时，宋儒耀常常都安排王翰章做其助手。如开颅切断从半月节分出的三叉神经下颌支的手术、双侧颈外动脉结扎术及双侧下颌骨切除术、上颌骨切除术及植皮术、先天性唇腭裂整复手术，以及切取肋软骨鞍鼻整复术等等。有时还带着王翰章出诊，如去妇婴医院给唇裂新生儿作唇裂整复术。在宋儒耀教授的直接指导和影响下，王翰章对口腔外科产生了莫大的兴趣。他在回忆录的自序中充满感激之情地写道：

---

① 盛尔荃访谈，2014年4月8日，成都。资料存于采集工程数据库。

我从事口腔颌面外科与整形外科工作，是一个偶然的机会。1948年宋儒耀教授留美回国，我被选为他的临床助手，对我来说这是一个天上掉下来的机会。我随着他参与开创我国口腔颌面外科与整形外科的工作，为此我奋斗了终生。

宋儒耀与王巧璋

　　宋儒耀和王巧璋是华西协合大学牙学院的同学，也是华西坝有名的郎才女貌贤伉俪，不仅医疗学术水平高超，且为人为师谦和笃实，深得广大师生称赞。王翰章有幸成为他们的学生、弟子乃至助手、朋友，其中，王巧璋曾做过他的毕业论文指导老师，而宋儒耀对他的影响就更是全面而深刻。

良师益友宋儒耀

　　如果说林则是王翰章口腔医学教育思想的导师，那么，宋儒耀则是他在口腔医学专业领域的导师。

　　宋儒耀（1914—2003），世界著名整形外科医学家、外科医学教育家，终身一级荣誉教授，博士生导师，中国整形外科、口腔颌面外科、显微外科和美容外科的创始人，中国整形外科事业的开拓者和奠基人，中国医学科学院整形外科医院的创建人，中国第一位整形外科教授（亚洲第一位整形外科教授），在世界整形领域中享有崇高的威望和地位，备受业内外人士的无限尊敬、爱戴和怀念，被世界整形界誉为"中国整形外科之父"，被视为现代世界整形历史上最具影响力的人物之一。

　　1914 年 11 月 16 日，宋儒耀出生在奉天（今辽宁）海城县一个医学世家，祖父和父亲都是海城的名医。1932 年，宋儒耀考上了山东齐鲁大学医学院，后于 1933 年转学到成都华西大学牙医学院（四川大学华西口腔医学院前身）。非常巧合的是，抗日战争期间上大学的王翰章也是先考进齐鲁后转入华西的。宋儒耀学习刻苦，肯钻研，1939 年以优异成绩从成都华西大学牙医学院毕业获牙医学博士，毕业后留校任教。当时抗日战争战斗激烈，医院外科对从前线送来的颌骨枪伤和颜面、双手烧伤的伤员束手无策，只好把他们送往美国治疗。在这种情况下，华西协合大学决定培养一位中国自己的整形外科医生。①1942 年，宋儒耀被送往美国进修。他先在罗彻斯特大学医学院整形外科当住院医生，并从事脑外科工作。这段经历对他回国后做三叉神经节后根切断手术和处理头脑弹片伤等手术积累了经验。

为了求教于名师——美国整形外科的创始人艾维教授，1944 年，宋儒耀放弃了罗彻斯特大学奖学金，来到著名的宾西法尼亚大学，艾维留他当临时手术助手，后来成为艾维教授的高徒，并获得宾州大学的医学科学博士学位。在艾维教授去世后留下的自传中，曾有一节专门说到宋儒耀。他这样写道："在宾州大学进修的学员中，宋儒耀是成绩最突出的学生之一……中国出了这样一个人，是幸运的。"宋儒耀后来所取得的成就证明，这位整形先驱的眼光是异常精准的。

1948 年，宋儒耀在获取博士学位的三个月后，放弃了在美国已谋得的高薪职位，怀着一颗报效祖国的赤子之心，和夫人王巧璋抱着刚满月的孩子毅然回到祖国。那时，他才 33 岁。回国后他回到华西协合大学工作，被聘任为教授，成为中国整形外科的第一位正教授，在医学院讲授整形外科学，在牙医学院讲授颌面外科学，并任口腔医院院长。这两门学科的创设，标志着中国整形外科的开端，在中国整形外科领域起到了开拓性的作用，也使我国成为当时亚洲第一个拥有整形外科教授和整形外科教程的国家。

1950 年抗美援朝战争开始，中央军委命令西南组织一整形外科援朝手术队，宋儒耀受命迅速行动，很快组织起了一支 10 人手术队奔赴朝鲜战场。因当时的志愿军没有钢盔、颌面部损伤率很高，宋儒耀指示弟子王

---

① 宋儒耀：我国整形外科发展的历史回顾。《中华整形烧伤外科杂志》，1987 年第 3 卷第 3 期，第 241 页。

翰章准备专科手术器械。幸运的是，第二次世界大战时华西医院部分病区曾是英国皇家空军野战医院、美国海军陆战队野战医院，他们撤走时，留下不少当时先进的手术器械，王翰章从中挑选出一整套有关整形手术的器械。中国的整形外科也就从"无"到"有"地逐步发展起来。宋儒耀率领的这支医疗队一到前线，就开始为伤员进行整形手术，医治了大批志愿军战士，使他们恢复了容貌。也就是从那时起，有些整形术式在国际上都是以中国人名字命名的。中国人民志愿军卫生部为了表彰宋儒耀的功绩，特给他记大功一次，给其领导的医疗队立集体一等功。

1953年，调到协和医院的宋儒耀和夫人王巧璋在原有的牙病治疗室基础上组建了独立的口腔科，此后随着赖钦声、钱雪君、田恩顺、黄朝隽、俞家振、高孟林、文竹咸等一大批中坚力量的到来，协合医院口腔科进入了第一个快速发展期。

1957年，宋儒耀创建了当今世界上最大的整形外科专科医院——中国医学科学院整形外科医院。

1983年5月，宋儒耀以中国整形外科学会主席的身份出席在美国召开的国际整形外科大会，并代表中国作学术报告。大会结束时，通过选举授予对当今世界整形外科事业最有贡献的三个人以最高荣誉——金锯奖，这三个人是中国的宋儒耀、美国的丁曼和巴西的彼坦斯。

他还于1985年发起成立中华整形外科学会并创办了《中华整形与烧伤外科杂志》（现更名为《中华整形外科杂志》）。

1987年3月，世界整形与再造外科学会五千名会员选举宋儒耀为该会十位理事之一，也是唯一的亚洲代表。世界著名整形外科专家麦克西教授和托宾博士评价他说："你的贡献，不仅造福于你们国家的人民，也促进了世界整形外科的发展。"

作为良师，宋儒耀对王翰章的要求和训练是很严格的。王翰章除了参加临床工作外，还要参加宋儒耀的科研试验工作。例如宋儒耀为治疗三叉神经痛患者，要做开颅在三叉神经半月节处切断下颌神经手术，术前宋儒耀在动物和人的尸体上作实验性手术，皆由王翰章作准备和作助手。由于当时国内口腔外科的业务范畴很狭窄，从美国深造回来的宋儒耀特意开展了许多新的手术，如唇腭裂修复术、颌面及人体整形术、组织移植术等，这时，宋儒耀常常安排王翰章做手术助手，也正因如此，王翰章得以接受了大量严格的训练。在宋儒耀的指导下，王翰章渐渐成为一个多面手，他绘制过许多手术插图，学会了摄像、冲洗底片、制作幻灯片、改进手术器械，等等。此外，宋儒耀还专门指定他通读有关颌面、整形外科的原版经典著作，并且时常向他提问。

作为益友，离开华西到北京创建中国整形外科医院的宋儒耀始终关心着华西口腔颌面外科的发展，并与王翰章长期保持着密切关系。1961年，王翰章出访欧洲归来路过北京，宋儒耀特意留他参观初创的东交民巷整形外科医院，并详细介绍其改进修复唇腭裂的手术方法。后来，在西山八大处成立中国医学科学院整形外科医院前，宋儒耀又邀请王翰章参观亚非学生疗养院，与他交换将疗养院改建为整形外科医院的意见。再后来，当宋儒耀病重卧床几近临终时，仍数次通过电话与王翰章长谈创建中国口腔颌面整形外科的趣事。岁月悠悠，斯人已逝。至今，每思及此，恩师的音容笑貌仍清晰浮现于王翰章的眼前。在回忆录中，王翰章深情地写道：

> 他对患者认真负责，医术精益求精，医德高尚，做事一丝不苟，这些影响着我终生。他是我学习口腔颌面外科和整形外科的启蒙老师又是挚友，我怀念他、感谢他。

论文导师王巧璋

在 20 世纪三四十年代的华西牙学院毕业生中，有两对同学夫妻非常有名，一为夏良才与廖韫玉，一为宋儒耀与王巧璋，他们后来都成为了中国口腔医学界的重量级专家。夏良才与廖韫玉是 1937 年毕业的同班同学，宋儒耀与王巧璋不同班，宋儒耀 1939 年毕业，王巧璋比他低一级。王翰章确实很幸运，他先后得到他们中的三位指导。其中，夏良才做过10 年口腔系主任、口腔医院院长，既是王翰章的前任老领导，又是他在口腔颌面外科专业上的一位良师。
而王巧璋则是他毕业论文的指导
老师。

图 4-11　王巧璋

王巧璋（1915—1988），四川
自贡人，我国著名的口腔医学专
家，中国儿童牙病学和预防牙医
学的创始人。1940 年毕业于华西
协合大学牙学院，并获得美国纽
约州立大学牙医学博士学位。1946
年赴美深造，先在波士顿佛尔塞
斯小儿科研所进修，获得儿童牙
医专科医生职衔。1947 年在纽约
故根汉儿童牙医研究所进修，取
得在纽约行医的证书。1948 年与
丈夫宋儒耀一起回国后一直从事口腔医学临床及科研工作，为中国口腔医
学事业倾注了毕生心血。

王巧璋是我国最早开展龋病研究的教授之一，对儿童龋病的研究和防
治工作有卓越的贡献。早在 1946 年，她在美国随著名教授诺豪（R. Ho-
we）进行龋病的动物实验，在纽约曾对龋病的发生率以及儿童龋病的防治
做过广泛的调查研究。在华西协合大学期间，又对儿童龋病开展了广泛的
治疗工作，在龋病的病因、发病率及防治等方面积累了丰富的经验，形成
了自己的防治方法。1959—1961 年，她组织研究人员对北京小汤山地区
13 个公社近百个自然村的饮用水含氟量进行测定，并对 2 万多名中小学生
进行了斑釉和龋齿轮的普查和治疗，对氟与斑釉及龋病的关系获得了确切
资料；其后又经过多年实验，为龋病病因学研究建立了稳定的易感龋动物
模型，并于 20 世纪 60 年代提出糖原的内因致龋学说。1978 年，王巧璋因
其多年从事龋病病因学研究所取得的成果——"糖原学说"的建立在第一
次全国科学大会上受到表彰。

我国儿童牙科的部分工作虽随成人牙科工作的开展而早有所存在，但就此学科的确立、进展及被重视度远远迟于后者。20世纪40年代由王巧璋、李宏毅和方连珍等在四川省成都市和上海市分别从事单独的儿童牙科诊室的诊治工作，可谓我国儿童牙科的雏形。①

王翰章在接受采访时，没有提及大学毕业论文选题的由来，不过他的大学毕业论文《儿童文森特感染的研究》就是在王巧璋的指导下完成的。在王翰章眼里，既是老师又是师母的王巧璋为人随和、工作认真、要求严格。1948年年底，当王翰章按计划完成实验研究工作、按要求准时写成英文论文之后，王巧璋不仅对论文进行了几次修改，还让王翰章把论文送请林则夫人在语法上加以修改润色，最后才正式打印。

回国之初，王巧璋曾担任华西协合大学儿童牙病系主任，是我国最早的儿童牙病学专家。1953年，她调至北京协和医院任口腔科主任。1986年，被国际牙医学会接纳为会员，并授予金钥匙奖的荣誉。

数十年间，王翰章一直与老师宋儒耀、王巧璋夫妇保持着密切友好的关系。关于这一点，有一个经典的故事可资佐证。1985年，四川医学院报经中央批准更名为华西医科大学。一天，校长曹泽毅找到王翰章，希望他转托老校友王巧璋请邓小平同志为学校题写新校名。曹泽毅之所以这样做有两个原因：一是知道王翰章是宋儒耀、王巧璋夫妇的学生且常有联系，二是知道宋儒耀、王巧璋两位老校友久在京城，医术精湛，长期为中央领导做医疗保健，与一些领导家庭有良好的私交，说话办事比较方便。② 王翰章马上就与老师通了电话，本以为会有一番周折，没想到王巧璋爽快地接受了这个"艰巨的任务"："可以，母校的事我一定办好。"仅仅过了三天，王巧璋就打电话通知他事情已办妥、请派人来取。可是怎样取、到哪儿去取？毕竟这是邓小平同志的题字，中央领导外发文稿是有一定之规的。老师这么快就把事情办好了，王翰章这个学生反而不知道该怎么办了。于是，他和学校领导都只有等待。后来，还是中

---

① 儿童牙科的发展史．医学教育网，2009-06-18．
② 王翰章访谈，2014年4月22日，成都．资料存于采集工程数据库．

共中央办公厅通知四川省委，四川省委又通知省高教局，最终，学校派人在四川省高教局局长王文肃的办公室取回了邓小平同志为华西医科大学题写的匾额。时过境迁，现在华西医科大学早已不存在了，但是珍藏在档案馆的这块匾额会成为重要的文物和历史的见证，对华西，对王翰章和他的恩师。

第五章
宏愿初成

　　1949 年是新中国肇始之年，也是王翰章告别漫长的学生生活、步入社会的一年。20 余年的寒窗与磨练，他终于有了为社会服务的能力，终于登上了实现自身愿望和理想的平台，开始了从医执教的生涯。王翰章对祖母的感情很深，受祖母的影响也很深，从中学起，他就经常在想，"将来去做医生，一定会符合奶奶的心愿"。对他的人生目标，父亲倒是没有太多的影响，但是他牢记着父亲的告诫：一个人要去做一件事情，事先要仔细地思考，再努力去完成它，事后不要后悔，后悔是没有用的。这两件事，如今他都做到了。

毕 业 留 校

　　1949 年 6 月下旬的一天上午，华西协合大学举行一年一度的毕业典礼。王翰章身着白色西装，怀着兴奋的心情走上主席台，领取了大学毕业证书和美国纽约州立大学颁发的牙医学博士学位文凭。有两个原因使他格外激动：一是两个月前他刚刚订婚，二是一个月前他刚刚过了 30 岁生日。

然而真正重要的是，他已经被牙学院确定留校。在那个时刻，王翰章想得很多，他想到过去那些艰辛的日子、坎坷道路；想到自己 20 多年寒窗磨砺，已经由青年步入壮年；想到终于有了一技之长，可以服务于人群，可以帮助需要帮助的人；想到自己没有辜负祖母的叮嘱和期望，她老人家要是能够看到这一天，一定会无比高兴。

图 5-1　华西协合大学牙学院毕业班合影（左起：周少吾、林则、叶仁辉、张慧云、王模堂、陈安玉、李浦渊、丁松生、磨文彪、张慎薇、王翰章、吉士道、宋儒耀）

王翰章能够留校从医执教与宋儒耀有直接关系。他回忆道：

> 一天，我正在儿童牙病科诊疗室和王教授讨论论文时，宋教授路过，看见我，把我叫到他的办公室。告诉我口腔外科梁永耀医生暑假后要回香港，问我愿不愿意留校补他的缺。我立刻回答说："愿意。"宋教授说："好！你再想想，那你就不能回北京了，我先在院务会议上提一提，要等你毕业前才能确定下来。"①

在牙学院最后三年的学习中，王翰章埋头读书、刻苦努力，每年的成绩都很好，特别是他很强的实际操作能力给牙学院老师留下了良好印象，得到了老师们的厚爱和院方的认可。再加上宋儒耀的推荐，留校几乎可以说是毫无疑义的。

果然，毕业典礼后的第二周，王翰章就收到了华西协合大学的聘书。聘书是用宣纸铅印的，折子的样式，很精美，上面有校长签字加印。聘书

---

① 王翰章：《翰墨荃馨——一个医生的历程》。北京：人民卫生出版社，2013 年，第 183 页。

图 5-2　王翰章获得博士学位
（1949 年 7 月）

中写有许多条款，主要内容是聘其担任华西协合大学牙学院口腔外科助教和住院医师，月薪 8 个银元。7 月初，王翰章作为华西协合大学的教师和医生，开始正式上班。

1949 年王翰章留校时的华西口腔外科仅有 4 人：宋儒耀、胡永承、连瑞华三名教授加上他这个初出茅庐的助教。

名气偌大的华西口腔，其口腔外科只有区区 4 名医生，这似乎有些难以令人置信。但是实际情况的确如此，并且华西口腔的师资力量和医生人数在全国已是最丰裕的了。以下面的引述文字可以一窥当时中国口腔医学人才培养状况：

从 1918 年华西协合大学牙学院第一个学生，到 1949 年秋，牙学院培养学生 152 人，其中男生 119 人、女生 33 人，他们分配到中国各地创办口腔医学事业。[1]

至 1949 年，已建立的几所牙医院校培养的毕业生总共不足 700 人（另一统计数为 500 名左右），而且只分布于几所院校的口腔教学医院及少数大中城市医院的口腔科中。就全国而言，口腔医学的"缺医少药"情况相当严重。[2]

当时中国整个口腔医学界的情况如此惨淡，口腔外科当然也就不可能风景这边独好了。这种情况的改善发生在新中国成立后。政府向侨居

---

[1]　周学东，唐洁：《华西口腔百年史话》。北京：人民卫生出版社，1958 年，第 408 页。

[2]　蔡景峰，李庆华，张冰浣：《中国医学通史·现代卷》。北京：人民卫生出版社，2000 年，第 196 页。

海外的专家与留学生发出"爱国不分先后，一同建设新国家"的号召，华西协合大学一大批在美国、加拿大留学的专家纷纷回国，这其中包括夏良才、廖蕴玉、魏治统、罗宗赉、邓述高、肖卓然，加上前两年自美国归来的宋儒耀、王巧璋、徐乐全、邹海帆，截至 1950 年年底，华西大学牙学院共有 10 位海外学成归来的教师，形成了当时全国最强的口腔专业师资队任。

宋儒耀当时是科主任，平时基本上不到门诊上班，主要在他的实验室和办公室工作，除非有特殊的患者需要他会诊。原来的口腔外科主任胡永承当时正准备出国深造（后来留在美国哥伦比亚大学口腔外科任教），在门诊的时间也不是太多，上门诊的主要是连瑞华和王翰章两人。1949 年以前，中国的口腔外科业务范围主要集中在齿槽外科[1]，因此，即使是在华西这家全国规模最大的口腔医院，王翰章那时的主要工作也只是拔牙和做一些口腔的小手术。"每天大概有十几个患者，多是做拔牙手术。"[2] 当时收费由医生定，像王翰章这样的年轻住院医师，一般拔牙手术收费 1 块银元，要是请宋儒耀拔牙，得 20 块大洋。对于经济困难的患者，医生还可以自行决定予以免费，治疗完后在病历上写"Free Charge"（免费），签上医生的名字即可。王翰章因此常常给贫穷的患者和学生予以免费。

存仁医院与华西口腔病院

在新中国成立前后的成都，许多人都知道华西的口腔医学名扬海内外，却不知道名气紧追其后的存仁医院，更不知道当时中国最早的口腔颌面外科病室创建于此。

存仁医院是"当时中国和东南亚最大的一所五官科专科医院，也是中

---

① 郑麟蕃，吴少鹏，李辉菶：《中国口腔医学发展史》。北京：北京医科大学、中国协和医科大学联合出版社，1998 年，第 104 页。

② 王翰章访谈，2014 年 3 月 21 日，成都。资料存于采集工程数据库。

国最早的专科医院"[①]。其创建人是美国人甘来德（H.L.Canright），他于 1891 年来到成都传播基督教思想，3 年后于福音堂附近创办了该院。创建初期，以甘氏所服务的教会名字命名，称陕西街美以美诊所，后改名为存仁医院。1929 年之前，医院是一所全科医院，后调整并定名为存仁眼耳鼻喉专科医院。1955 年，同为华西协合大学校产的该院被撤销，眼耳鼻喉科并入位于国学巷的四川医学院附属医院。

图 5-3　华西大学口腔病院挂牌

留校任教之初，王翰章工作的华西协合大学牙学院和华西口腔病院都位于城外华西坝。口腔病院建在医科楼与医学院附属医院门诊楼之间，与附属医院共用一个门厅。附属医院门诊部挂号厅的外墙上并排挂着两块黑漆金字匾牌，右为华西协合大学附属口腔病院，左为华西协合大学附属医院。当时的华西口腔病院是国内规模最大、设备最先进的口腔专科医院，服务水平也是一流的。

患者挂号后，先入诊断室，内有 4 台椅位和一间设有牙片和头部两用的 X 线照片机机室。患者经诊断后，由护士领至应去的科室。所以就是初诊的患者也不会感到不知所措。诊疗大厅正中是一条 3 米宽长长的过道，靠北侧沿明亮玻璃窗安置 10 台诊疗椅，其中含有儿童牙病科、赝复科、牙体病科、预防科，各由 120 厘米高的隔板分开，并各有出入口。靠窗侧有内部通道。诊疗大厅的东侧除两台儿童椅位外，为医生休息室、口腔修复制作室。向南突出部分，正中仍是 3 米宽通道，右侧为药房、牙周病科，左侧为消毒室、特

---

① 雷文景：存仁医院——擦亮成都的眼睛。《四川大学报》，2012 年 3 月 5 日。

诊室，最南部分为口腔外科，此部共有8台椅位。所以当时口腔医（病）院共有24台诊疗椅，楼上是牙体学和赝复学实验室和一间大教室。后来因为医疗与临床教学的需要将楼上进行改装，装修后除实验室外又增加了8台椅位，故全部椅位增至32台。这是华西牙学院的临床部分。

教学在医科楼的西部分，其中有口腔组织病理学实验室、口腔生理解剖学实验室、口腔赝复学实验室、口腔标本和模型陈列室、口腔病研究室，其中包括有上千具人颅骨、由鱼到人各类动物的颅骨标本，还有一具明朝人的干尸，据说是杨升庵弟弟的遗体。以及教授们的实验室和办公室①。

图5-4 四川医学院口腔颌面外科医生合影（左起：王翰章、万仲淑、周岳城、雷荀灌、姚恒瑞、夏良才、连瑞华、王佩瑚、吕培锟、韩锦秋、王模堂）

①　王翰章：《翰墨荃馨——一个医生的历程》。北京：人民卫生出版社，2013年，第195-196页。

　　1951年10月，存仁医院设立了12张床位的口腔颌面外科住院部，这是迄今可考的我国最早出现的口腔颌面外科病房[1]。几个月后的1952年春，王翰章所在的西南援朝手术队光荣地完成了任务，带着由志愿军伤病员们签满名字的队旗英雄般地回到成都。作为有着实践经验的业务骨干，王翰章被安排在存仁医院口腔颌面外科病室。直到1953年院校调整后，四川医学院附属医院新的门诊楼落成，口腔病院迁入其中，口腔颌面外科也从城里迁至附属医院内，并扩展为有30张床位的口腔颌面外科病房。

第一次给大学生授课

　　诊治患者是王翰章作为住院医师的工作，与此同时，作为牙学院口腔外科的助教，王翰章还承担着指导学生临床实习的工作。另外，在宋儒耀和连瑞华授课时，他还要去听课和协助指导学生实验。令他没有想到的是自己很快就走上讲台为学生授课。

　　或许是口腔外科的师资太少，或许是宋儒耀想看一看这个年轻助教的潜力，1950年的某一天，宋儒耀告诉刚参加工作不到一年的王翰章，让他准备一下，给牙学院五年级的学生讲两学时的"冠周炎"。五年级的学生比王翰章只晚两届，其中好些学生不久前还是他的朋友，现在自己却要以老师的身份站在讲台上给他们授课，王翰章感到有些紧张。为此，他花了很多时间和精力，查阅了大量有关的国外教材和一些论述，用英文写了足足几十页的讲稿交给宋儒耀审阅修改。宋儒耀对王翰章修改后的讲稿很满意，并且告诉他到时候会亲自去听他授课。那段时间，王翰章天天像演员背台词一样不停地背讲稿，还不时地独自对着墙小声试讲，仿佛面对着他将要授课的学生。为了避免在课堂上出现任何一丝小的失误，王翰章真是把讲稿背得滚瓜烂熟。

　　但正式讲课前还是出现了一个小插曲：那班学生不知从哪里得到消息，知道王翰章"同学"要去给他们上课，他们向宋儒耀提出抗议，不同意王翰章给他们上课，要求宋儒耀亲自讲授。宋儒耀是个急性子，一听就

---

　　[1]　郑麟蕃，吴少鹏，李祥寨：《中国口腔医学发展史》。北京：北京医科大学、中国协和医科大学联合出版社，1998年，第106页。

不高兴了。

> 这是培养人才的地方，对于你们的学习我们要负责，对于青年教师
> 我们更要严格要求。他的讲稿是经我修改而定下来的，我要来听课，有
> 问题我解答。这两节课是这门课程中的很小的一部分。课程的安排是很
> 严肃的问题，既定下来的就不能更改，我预测他讲的会比我讲得好。[①]

学生们这才无可奈何地接受了无法更改的事实。

当天的课堂很平稳，王翰章的讲课也很顺利。虽然第一次走上讲台的
他心里难免忐忑不安，可是当他站上讲台后，心里就只剩下一个想法：这
两个小时的时间是属于他的，尽量把自己早已准备好的东西拿出来。初次
授课，京字京韵的王翰章语气平和、不紧不慢，按部就班地把课程内容讲
得清清楚楚。坐在教室后面的宋儒耀没有发言，学生们也没有发问。作为
牙学院的助教，王翰章就这样平稳地讲完了第一堂课。

到了下一次宋儒耀讲课，他问学生们："上一次王大夫讲课，我觉得讲
得不错，你们有什么意见，他没讲清楚的问我，我给你们解答。"结果没
有一个学生发问[②]。不久后的第二次授课就比较熟悉了，讲器械学，就是口
腔外科用的拔牙器械。

王翰章是个善于总结思考的人。第一堂课虽然波澜不惊，但是在他的心
里却涌起诸多念头，他觉得自己从中得到了极有价值的启发：凡做一件事，
必须认真准备，不能打没有准备的仗。这些点点滴滴的思考与启示，都为后
来王翰章口腔医学教育理念以及管理方法的形成提供了一个又一个基础模块。

成都解放·为贺龙镶牙

1949 年 12 月 27 日，成都和平解放。12 月 30 日，在成都市民的热烈
欢呼声中，贺龙率中国人民解放军一野第十八兵团举行了隆重的入城式。

---

① 王翰章《翰墨荃馨——一个医生的历程》。北京：人民卫生出版社，2013 年，第 197 页。
② 王翰章访谈，2014 年 3 月 21 日，成都。资料存于采集工程数据库。

全市人民欢欣鼓舞，华西坝更是一片沸腾，牙学院的师生也是异常兴奋。可是他们怎么也想不到，解放军进驻成都的第二天，贺龙就来到了华西口腔病院。

原来，贺龙因从马上摔下，造成上颌前牙摔松[①]。由于华西口腔医术精湛，早已名扬四方，于是贺龙进城之后随即慕名前来就诊。因为工作繁忙、又要随时讲话，贺龙希望华西口腔的医生尽量缩短疗程。经刘臣恒、徐乐全、连瑞华三位教授会诊后，提出的治疗方案为：拔除上颌松动的牙齿和镶牙。按照常规，应先拔牙，待伤口愈合后再镶牙，时间需要数周。为缩短疗程并满足贺龙工作的需要，会诊决定做即刻义齿。当天由徐乐全为其取了上下颌印模，然后在翻制的模型上预先做好义齿。

第二天上午，贺龙按时前来复诊。由连瑞华拔牙，王翰章做助手。先拔去上颌四颗切牙，缝合好伤口后，再由徐乐全将预先做好的义齿戴上。义齿一下就戴好了，严丝合缝、非常合适。

贺龙是华西口腔和王翰章接触诊治的新中国第一位国家领导人。此后，几乎每年都有全国各地的领导人来此就诊，特别是在成都召开国家大型会议时。再后来，由于长期负责口腔系和口腔医院的管理工作，王翰章接待过很多中外名人和国家领导人，如朱德夫妇、陈毅夫妇、邓颖超、聂荣臻夫妇、罗瑞卿夫妇等……华西口腔医院的特诊工作受到国家卫生部的高度重视，甚至因此得以促成修建全国首座口腔医学专科大楼。

西南整形外科援朝手术队

中国口腔颌面外科学的形成与抗美援朝有着密不可分的直接关系。

1950 年 10 月，朝鲜战争爆发。10 月 19 日，中国人民志愿军赴朝参战。当时，志愿军缺少钢盔，打仗时头脸部必须露出来，所以头面部创伤

---

① 王翰章访谈，2014 年 3 月 18 日，成都。资料存于采集工程数据库。

较多。据统计，在整个朝鲜战争中，志愿军共战斗伤亡 30 万人，其中 10%
是头面部受伤。特别要指出的是，美军和南朝鲜军使用了凝固汽油弹——
一种燃烧时像沥青似的黏性的燃烧体，炸开时分散出很多燃烧的碎片，碎
片也有黏性，黏在身上继续燃烧，而伤员并不知情，总是用手去挡，结果
手烧伤最多且严重，常常留下畸形。头面部受伤患者需要颌面部专业的医
生处理，烧伤患者需要烧伤整形专业的医生处理。然而，当时的新中国百
废待兴，医务人员极度缺乏，这方面的专科医生更是凤毛麟角。由于缺乏
有效的医疗救治，众多本来可以生存下来的伤员在痛苦中走向死亡。这时，
军委卫生部想到了一个人，他就是当时华西大学牙学院教授、后来我国口
腔颌面外科和整形外科的开创者——宋儒耀。中央军委命令西南军区"组
建一支援朝整形外科医疗队，由宋儒耀教授担任队长并负责选拔队员"[①]。

口腔外科专家领衔整形外科援朝手术队

刚从美国回来几年的宋儒耀从二战战伤救治中总结出这样的经验：头
面部受伤没有口腔科医生没办法治疗。因为当时一般的医生不甚了解口腔
颌面部的生理、解剖情况，缺乏对上下颌关系的知识，其治疗往往难以恢
复相关功能。因此，宋儒耀认为，这支医疗手术队应以口腔科青年教师为
主，因为他们有充分的口腔生理、解剖、病理知识，并且他们年轻健康的
身体能适应战场上特殊的环境。但这样组建还不够，口腔毕竟是一个比较
局限的专科，患者也不只是局部的问题，还需要全身的处理。

时年 32 岁的王翰章已经在华西口腔医院当了 3 年住院医师，是宋儒耀
的弟子兼助手，自然是老师首先考虑的人选。于是，宋儒耀从华西口腔医
院挑选了包括王翰章在内的三名优秀的青年医生，又从华西附属医院挑选
了当时的外科住院总（邓显昭）当副队长，还选了一位骨科青年医生。另
外，为了管理患者，又选了一位病室护士长和一位手术室护士长。他的设
想是：到了前方，护士长还可以组织一些妇女来工作。手术室有很多烦杂

---

① 王翰章：《翰墨荃馨——一个医生的历程》。北京：人民卫生出版社，2013 年，第 218 页。

的工作，像打石膏等手术室准备工作尚需要专门的技术工人，于是又从手术室选了一名经验丰富的技工。另外，又从口腔医学院院办选了文笔很好的秘书。这样，由华西大学 10 名临床骨干组建的专科医疗援朝手术队成立了，根据西南军区的指示，正式名称为"西南整形外科援朝手术队"。

1951 年 4 月 31 日，由宋儒耀任队长，邓显昭、王翰章、吕培锟、侯竞存、曹振家、彭学清、杨泽君、张连俊、吴银铨组成的西南整形外科援朝手术队从成都走马街汽车站出发奔赴东北。之前，手术队已经经过半个月的学习。

同样在抗美援朝救治志愿军伤员的工作中作还有另一位大师级人物——上海第二医学院的张涤生[①]及其率领的医疗手术队。1950 年冬，张涤生参加上海市第一批抗美援朝医疗手术队，任副大队长兼颌面外科中队队长。医疗队于 1951 年 1 月 25 日离开上海开赴东北。1951 年 7 月，首批上海医疗手术队援朝任务结束。张涤生筹建的"冻烧伤治疗中心"由宋儒耀带领的西南整形外科手术队接管。

另外一位参加过抗美援朝医疗救助工作的口腔颌面外科重要人物是周树夏[②]。1951 年，周树夏积极响应党中央"抗美援朝，保家卫国"的伟大号召，到辽宁锦西第十五陆军医院参加医疗救助工作。1952 年，他被任命为医疗队副队长远赴朝鲜前线，参加医疗救助工作。周树夏永远记得那刻骨铭心的一幕：一天，从战场上抢救下来一名年仅 18 岁的小战士，因颌骨错位导致面部畸形，头部 80% 三度火器烧伤。可是因为面部的严重创伤，咀嚼功能丧失，虽经多次抢救，但 5 天后仍因病情恶化离开了人世。这件事深深地刺痛了周树夏的心，从此他下定决心，一定要在颌面战伤救治、整形技术方面做出自己的贡献。为了尽快提高自己的技术水平，1954 年周树夏到上海同济医学院附属同济医院进修整形外科学，在这里，他系统地学习了颌面部修复整形技术。1955 年，他又到北京医学院参加苏联专家举办的颌面外科培

---

① 张涤生，1916 年 6 月 12 日生于吉林省长春市。整复外科、显微外科、美容外科和淋巴医学专家，中国工程院院士，中国整复外科事业的创始人之一。

② 周树夏（1922—2007），我国著名军事口腔医学教育家，口腔颌面外科学的开拓者，第四军医大学口腔医院一级教授、博士生导师。

训班。随后，周树夏组建成立了我国军医院的第一个口腔颌面外科。

从宋儒耀、张涤生到王翰章、周树夏，不难看出，由华西、上海第二医学院和第四军医大学派出的几支医疗队中包含了诸多口腔颌面外科的开拓者，同时这几所高校的口腔颌面外科也是当今国内最强者。虽然口腔颌面外科的正式确立是几年后的事情，但是，作为口腔专科医生，他们救治志愿军伤员的工作显然早已具备大量口腔颌面外科以及整形外科的实例，从而为后来两大学科的正式确立奠定了坚实的临床实践基础。以宋儒耀领导的华西为例，援朝一年，手术队共救治了上千名颌面部严重创伤的伤员。援朝手术队回到成都后，华西口腔医院的其他医生，特别是口腔外科医生以及许多高年级实习学生，不同程度地参与了后送伤员的救护工作，在实践中练就了娴熟技能、积累了丰富经验、掌握了复杂的头颅部外科手术知识，为发展我国口腔颌面外科学和整形外科创造了有利条件。

中国口腔医学界迄今唯一的院士邱蔚六认为：

口腔颌面外科的发展乃至整个外科的发展，都跟战争有关系。战争不是好事，但反过来讲，战争对医学某些方面还是有促进的，这要用两分法去看待。中国的口腔颌面外科在新中国成立前基本上没有什么基础，也没有专门这么一个独立的学科机构。新中国刚刚成立，我们就遇到朝鲜战争，因此也可以讲，抗美援朝对促进中国口腔颌面外科的发展有非常大的一个推动。我觉得这里面也有中国第一代口腔颌面外科专家做出的贡献，其中，当时有两个医疗队特别突出：一个医疗队是西南地区华西的、以宋儒耀教授为首，一个医疗队是上海的、以张涤生院士为首。另外还有第四军医大学的周树夏教授，他曾两次参加抗美援朝医疗救治工作。这两支医疗队回来以后，对整个中国口腔颌面外科事业的发展起到了极大的促进作用，甚至可以说对中国口腔颌面外科的奠基起了决定性的作用。[①]

---

① 邱蔚六访谈，2014 年 5 月 14 日，上海。资料存于采集工程数据库。

邱蔚六院士的观点是有据可依的，苏联的口腔颌面外科之所以比较发达，很大程度上得益于 20 世纪 40 年代的卫国战争，由于对颌面部战伤的处理取得了进一步的发展，口腔颌面外科的名称在第二次世界大战后的苏联就早已得到广泛地应用和承认。

第四军医大学口腔医学院教授李刚[1]在其《20世纪中国口腔医学十大事件》一文中，对抗美援朝与中国口腔颌面外科的形成关系也有类似的分析。

> 由于抗美援朝战争，我国有大量的口腔颌面战伤病员需要救治，口腔颌面战伤的医疗与整形、修复成为我国当时急需解决的问题。1951年由牙医学专家组成的"颌面外科手术队"赴东北参加抗美援朝救治伤病员工作，东北、南京、上海、成都、北京等地区相继建立了口腔颌面外科专科病房。这一时期，牙医学的不少骨干力量纷纷转向口腔颌面战伤的医疗与整形，为了战争的需要，致力于发展口腔颌面外科……满足口腔颌面战伤救治的需要，直接地推动了我国现代口腔颌面外科与整形外科的创立与发展，促进了我国现代口腔医学的发展，这也成为我国目前口腔医学在国际上的一个重要特点。

1951 年 4 月 31 日，西南整形外科援朝手术队离开成都前往重庆，与重庆一支 10 人组成的胸腹外科手术队合并成为西南援朝手术队，这是四川第一支援朝医疗队。由于当时交通不便，这支医疗队下三峡、经武汉、上北京，然后在北京停留了近三周，经过培训、学习、参观、整编，最终编为第五国际医防大队，并按医学专业编为 7 个小队，宋儒耀任大队顾问兼第一小队队长。第二和第三小队为胸腹外科队，第四小队为传染病防治队，第五小队为普通外科队，第六小队为普通内科队，第七小队为防疫工作队，共计 155 人。王翰章所在的整形外科队又临时增加了口腔修复医生孙廉、颌面影像诊断学医生邹兆菊、眼科医生宋琛，全小队扩编为 13 人。

在京期间，离家 9 年的王翰章抽出短暂时间去看望了一次父母。在回

---

[1]　李刚，我国公共卫生与口腔医学结合的推动者和开拓者，现为第四军医大学口腔医学院教授。

忆录中，王翰章饱含深情地回忆了那次匆匆的探亲：

> 走进陌生的院子，推门进去，父母苍老了，母亲双目含泪端详着我说："长大了，成大人了"，问这、问那……我深深地感到天伦之爱。可是我给他们带来的只是短暂的团聚，留下的又是一次离别，使他们仍陷于期望与担忧中。
>
> 母亲告诉我，二弟炳章从北京大学农学院毕业后，分配到东北行政区农业部工作，四弟秀章高中毕业考入海军舰艇学院，在大连。家中只有小妹妹金秀，已是高中生了，大妹妹在台湾已与李秀结婚。
>
> 母亲准备了丰盛的晚餐。晚九时，我依依不舍地告别了父母走出家门，小妹妹送我到了交道口车站，见那紧闭大门的福音堂、附近的商店和过往行人的乡音，好似昔日景色如旧，往日的景象又浮现在眼前，不由得青年时的情景萦回于脑海中……[1]

7月1日，离开成都整整两个月后，王翰章终于随队抵达志愿军后勤卫生部所在地——沈阳，这里也是距离前线最近的后方战地医院驻地。7月初，西南援朝手术队抵达长春市郊，"那里被炸得到处是残垣断壁，没有一所好房子，只有日本留下的八大部政府大楼群还是完整的，我们就把野战医院建在了那里。"[2]

医院设好的第二天，大量伤员就不断送来，送来的伤员大部分是冻伤、爆炸伤、凝固汽油弹烧伤。"从没看到过这么惨烈的伤员。"回忆起当时的情形，95岁的王翰章至今仍很激动。从那天起，王翰章就和他的同事们不分昼夜地战斗在手术台上。

> 每天早晨天不见亮起床……查完房就进手术室，一站就是一天，累了就和衣在地上眯几分钟，起来脱了衣服继续手术。回去时，已经

---

① 王翰章：《翰墨荃馨——一个医生的历程》。北京：人民卫生出版社，2013年，第222-224页。

② 抗美援朝整形医生忆：战士烧伤绝望跳楼自杀。《天府早报》，2010年10月26日。

是晚上 10 点多，又写工作笔记、手术记录……我们有时是通宵达旦，不停手术。[①]

战地日记——王翰章的收获

在采访过程中，我们见到了一本传说中的珍贵日记——王翰章写于 1951 年的"抗美援朝手术队日记"。经历 63 年的岁月变迁，这本红布包裹的硬壳日记本边沿很多地方已经破损，封面、封底与内页仅剩一根陈旧的棉线相连。日记本的扉页是当时已怀孕 3 个月的妻子盛尔荃给他的赠言："希望您学习白求恩的精神，实行救死扶伤的革命人道主义。在您光荣归来的时候，我们将有一个新中国的下一代来欢迎您！"落款时间是 1951 年 4 月 29 日。这本珍贵的日记，就是青年王翰章积极投身抗美援朝医疗救助事业的真实写照。

日记摘抄[②]

1951.7.3（星期二）

今天就要离开沈阳，早晨八点才起床，九点第五大队全体在东北旅社聚餐，国际医防第五大队今日起则各分小队各自走上不同方向，离别情依依（一队去长春，二队去哈尔滨，三队过鸭绿江……）。天降大雨，午后 4 点乘军区第二招待所车去车站，浑身淋得通湿……今天，全体换上军装。

1951.7.26（星期四）

白最英，朝鲜战士，21 岁，头部与上颌被炸伤，我将做他一个星期的大夫。今天晚上我值班。

警报一响就要躲进防空洞，不然 3 分钟之后美国的飞机就飞到你头顶了。

---

① 抗美援朝整形医生忆：战士烧伤绝望跳楼自杀。《天府早报》，2010 年 10 月 26 日。
② 王翰章"抗美援朝日记"摘录。资料存于采集工程数据库。

1951.8.8（星期三）

今天是星期三，我主刀做两个患者，一为孙盛庆，20岁，右腿炸伤，改正瘢痕牵引，他是一个非常活泼的战士，非常诚恳开朗，在做手术时他说："大夫多割几刀吧，只要把我的腿改直。"他是在朝鲜穿山头时被炸弹炸伤的，每句话都代表勇敢的力量。他说："不是你们来，我就残废了。"……

1951.11.21（星期三）

阴天。早晨5点钟，天还没亮，我从营地走向病房的路上。一路寒风刺骨，遍地白霜，好似明亮的月光。路旁的池塘已经结成了亮晶晶的薄冰，成群的寒鸦和一队一队大雁的鸣声打破了黎明的寂静。

太冷了，我加快了步伐，跑进了病房大楼，一下子就暖和起来。先走进病室巡视一下伤员，随后去上俄文补习班。7点下课，早餐，随即进手术室。8时开始手术，宋（儒耀）教授主刀，我作助手，为一程姓男伤员改正左手烧伤后严重的瘢痕挛缩、植皮，手术较复杂，至午后2:30才结束。送术后伤员至病房，开了处方和医嘱，向护士交代些注意事项。患者已清醒可以回答问题，他说："感谢你们，我不怕牺牲，是为了祖国的安全、后代的幸福……"。我深受感动，劝他静养，一切都会好起来。

我去食堂吃了东西，又走进手术室，我将要负责两台手术的麻醉工作，静脉麻醉。第一台张姓伤员为上唇再造术，第二台是常姓伤员为面瘢痕切除整形术，午后7时结束，晚餐后已晚8点。

回营地的路上非常寒冷，大雪狂飞，朔风刺骨。进宿舍后，先赶着绘制今日手术步骤图，10时至宋教授处请教所绘的图是否准确，并听讲明天手术要点。11时回寝室，盥洗后即入睡。

从一名单纯的口腔外科医生，瞬间转换成一名需要面对各种复杂高难手术的创伤修复与整形外科医师，王翰章深深感到肩上的担子忽然变得沉重了许多。有太多的志愿军伤员需要救治，有太多自己未曾接触过的伤情需要处理，他真希望每天能多出一段时间，好让自己去边学边干，尽可能快地提高业务技能，尽可能多地挽救年轻战士的宝贵生命。

战争为医生上的课可能是医学院校和地方医院永远也学不到的。63 年过去了，可是谈到那段特殊的日子，王翰章仍然难以忘怀。西南志愿援朝整形外科手术队病房开设的第二天，20 岁的金汉奎就被转送到这里，这名年仅 20 岁的志愿军战士是个北方汉子，高大魁梧，他是被凝固汽油弹烧伤的。

> 他很清醒，还跟我说话，但耳朵、鼻子没有了，双手只剩下手掌，脚也只剩下脚掌，双眼上下眼睑外翻，眼球完全暴露，嘴巴挛缩成了鱼嘴一样，只能用管子吸食流质。

检查后，王翰章发现这个年轻的志愿军战士"只有肚皮上的肉还是好的"。王翰章用了 3 个星期时间来帮他抗感染。3 周后，给他做第一次手术，放下他的眼睑，让他能够闭眼；隔一段时间后，又给他的嘴唇做整形，让他可以张嘴进食……将近半年时间里，金汉奎一共做了 4 次手术，每次手术植皮都是从他的腹部取皮。"受伤后，他一直没有看到自己的模样，每一次手术后他都多了一份希望……说伤好后就回去结婚。"一天，金汉奎无意中从卫生间的玻璃上看见了自己的模样，年轻的他一声绝望的嘶喊后，撞破窗玻璃从 3 楼跳下，闻讯赶到的护士只抓下了他的衣角……"他为什么就不能再坚持坚持啊？"说起那个年轻的战士，95 岁的王翰章再度哽咽。

回校后，王翰章和同事们用了近 10 年时间来为志愿军伤员整形，"这些伤员大部分被毁容，不能见人，这对他们是最残酷的，我们想尽最大办法让他们能像正常人一样交往。"[1] 高强度的战伤救治工作没有令王翰章却步，相反，他更加体会到口腔外科的重要性。实践经验让他坚信，口腔外科绝不仅仅是拔牙和做一些口腔小手术，它势必发展成为一门包括众多亚专业在内的、内涵丰富的、应用范围广阔的重要口腔学科。

---

① 抗美援朝整形医生忆：战士烧伤绝望跳楼自杀.《天府早报》，2010 年 10 月 26 日。

图 5-5　1952 年春，西南援朝手术队载誉归来（前排左一为王翰章）

　　王翰章作为宋儒耀的助手和援朝手术队的技术骨干，对他而言，这段参加抗美援朝医疗队的经历无疑是意义深远、影响重大的，近一年时间高强度地从事头面部战伤临床救治工作，使他得到了口腔颌面外科及整形外科基本技术的强化训练，对他的学术养成及临床科研主要方向的确定具有扎实的锻炼价值和直接的导向作用。

　　　王翰章教授从抗美援朝回来以后，带回大量的战伤救治经验特别是后期整形，我们病房就此开展了很多皮管、皮瓣移植等这样的项目，当时在国内还是比较领先的。因为成都这个地方曾作为志愿军伤员的后方治疗基地之一，那个时候口腔病房里有大量的（战伤）患者，所以我们的整形修复的基础都是在那几年打下的扎实基础，是个非常好的机会。特别是在他（王翰章）的指导下，我们这些年轻人的业务成长确实是受益匪浅。①

① 温玉明、邓典智访谈，2014 年 4 月 25 日，成都。资料存于采集工程数据库。

"南张北宋"——口腔颌面外科与美容整形外科

提到宋儒耀和张涤生，就不得不引申简述一下口腔颌面外科与整形外科的关系。

整形外科学（plastic surgery）是外科学的一个分支，又称整复外科或成形外科，治疗范围主要是皮肤、肌肉及骨骼等创伤、疾病，先天性或后天性组织或器官的缺陷与畸形。治疗包括修复与再造两个内容。以手术方法进行自体的各种组织移植为主要手段，也可采用异体、异种组织或组织代用品来修复各种原因所造成的组织缺损或畸形，以改善或恢复生理功能和外貌。从这个意义上讲，中国的整形外科学是亚洲当之无愧的先行者。而当下充斥街衢的所谓的美容整形，只不过是市场经济催生的医学商业化服务或产品。

中国整形外科学的肇始与口腔颌面外科的成长发展有直接而密切的关系。中国整形外科学界曾有"南张北宋"之说，指的就是宋儒耀和张涤生，这两位有着"中国整形外科之父"与"中国整复外科之父"称号的中国整形外科事业的开拓者和奠基人，不仅都出身于口腔外科专业，而且曾经一起在美国整形外科的创始人艾维教授（Robert H Ivy）身边学习整形外科。此外，他们事业的腾飞还有着一段相同的实践经历，那就是参与抗美援朝的医疗救治工作。头面部创伤的救治与修复需要医生具有丰富的颌面部医学知识与技能，这是当时的普通外科医生难以具备的条件。事实上，口腔颌面外科具有双重属性：一方面，为了防治口腔颌面部疾病的需要，口腔颌面外科与口腔内科学、口腔正畸学、口腔修复学等有关学科不能截然分割；另一方面，由于它本身的外科属性，又与普通外科学、整形外科学等有着共同的特点与关联。因此，即使在今天，口腔颌面外科医生从事头面部美容整形者也不在少数，而各大口腔医院几乎都开设了美容整形临床科室，这些都足以说明两者之间的密切联系。而口腔颌面外科的亚专业，如创伤整形外科、唇腭裂外科、正颌外科等，更是本身就具有医学与美学结合之特征。就王翰章而言，其专业特长也包括创伤修复等与整形外科有交叉的亚专业。

20世纪50年代初，为了支援抗美援朝前线作战、做好后勤卫生保障，上海医务界第一时间组织了医疗手术队，共400余人。手术医疗队分为三个大队，第一大队由同济大学医学院负责，第二大队由上海医学院负责，第三大队由上海市卫生局系统各医院组成。黄家驷任总队长，副总队长为林竟成和张曦明，以上三人还分别兼任三个大队的大队长。每个大队又分为几个中队，张涤生任副大队长兼颌面外科中队队长。医疗队于1951年1月25日离开上海开赴东北。为了使大量烧伤、冻伤官兵能够得到集中医治，张涤生通过多方努力，在长春建立了一个战时"冻烧伤治疗中心"，在某种意义上，这可谓当时中国第一个整形外科治疗中心，设病床60张，收治各地转来的伤员。1951年7月，首批上海医疗手术队援朝任务结束，张涤生筹建的"冻烧伤治疗中心"由宋儒耀带领的西南整形外科手术队接管。治疗中心后迁至通化，改建为志愿军后勤部颌面外科治疗中心，专门收治战后伤残病员。

抗美援朝医疗救治工作结束后，作为中国整形外科建立的标志性事件，1957年，宋儒耀在北京创建中国医学科学院整形外科医院并担任院长。1961年，张涤生在上海第二医学院广慈医院（今瑞金医院）创建整形外科并任科主任。此后，经过数十年的不懈努力，宋儒耀、张涤生所开创的整形外科事业在中国不断发展壮大，宋、张二人也被誉为中国整形外科的奠基人，以致业内有"南张北宋"之称。美国整形外科大师麦卡锡在其主编的《整形外科学》序言中曾这样写道："在中国，宋氏在北京建立了一个整形外科医院，张氏在上海建立了一个完整的整形外科。"宋氏即宋儒耀，张氏即张涤生。

第六章
寄情口腔

新中国的诞生、华西协合大学的嬗变、高校改革的勃兴，特别是参加抗美援朝手术队经受的实战锻炼与考验，还有与爱人终成眷属、继而喜得贵子，这一切令刚刚进入而立之年的王翰章精神倍增、壮心不已。他不断地激励自己，决心把自己的全部精力倾注在口腔医学事业，特别是正在兴起、萌芽的口腔颌面外科事业。他积极参与一切与口腔颌面外科医疗教学相关的业务活动，同时还积极向党组织表达自己要在思想上不断进步的决心，并于 1952 年 9 月成为一名共产党员。当时，华西口腔仅有三名党员。

新中国成立之初，百废待兴，各行各业急需大批实用型人才，特别是中高级专门人才，党和政府高度重视教育和人才培养。1949 年 12 月，中央人民政府教育部在京召开新中国第一次全国教育工作会议，并在会上提出"借鉴苏联教育建设的先进经验"。1950 年 8 月 7—19 日，中央人民政府卫生部和人民革命军事委员会卫生部在京联合召开新中国第一届全国卫生工作会议。会议决定按照苏联模式确定医疗部门，将牙科改称为口腔科，医学教育部门将牙医学改称为口腔医学。

1950 年由此成为中国口腔医学史上具有划时代意义的一年。同年，北京大学医学院牙医学系率先更名为口腔医学系，此后，全国医药院校及医疗机构亦先后更名。牙医学名称的改变和内容的充实，为日后我国口腔医学的发展奠定了基础。

接办与调整

从 1950 年到 1953 年，作为私立教会学校的华西协合大学连续经历了两次大的调整，牙学院也在这一过程中发生着嬗变。对这所享有"中国现代口腔医学发源地"美誉的高等学府而言，一个最重要的标志性事件就是 1950 年 10 月，为发展中国口腔医学事业工作长达 43 年的林则博士离开华西回到加拿大，华西牙学院的林则时代画上了句号。

接办——华西大学牙学院

朝鲜战争爆发后，美国冻结了我国全部在美资产，并对我国进行全面封锁，国外教会向中国教会大学的拨款随之被切断。在这种情况下，1950年 12 月 14 日，政务院通过了《关于处理接受美国津贴的文化教育救济机构及宗教团体的方针的决定》，并于 1951 年 1 月 11 日发出《关于处理接受美国津贴的教会学校及其他教育机关的指示》，确定了处理受外资津贴学校的原则、办法和接受工作中的具体政策、措施。要求至 1951 年末，按不同情况对全部接收外资津贴的大、中、小学校分别改为公办和中国人民自办，从而收回教育主权。时任华西协合大学校长的方叔轩参加了这次会议，并带回了会议有关华西协合大学的如下重要决定：

　　1. 学校经费由中央人民政府全部负责，完全享受公立学校的待遇。教学、医疗和科学研究及职工的生活待遇照常维持，工作照常进行。
　　2. 外籍人员不再担任行政职务及校董会董事。希望他们遵守我国法令，欢迎他们继续任教。中国教职工不分宗教信仰，一律留用。

3. 按照《共同纲领》的规定，实行宗教信仰自由的政策。但是，教会应实行"三自"（自传、自养、自治）的爱国原则，不得利用宗教进行反对人民和国家民族的政治活动 [1]。

1951 年 10 月 6 日，接办典礼隆重举行，"私立华西协合大学"至此画上句号，接办后，学校命名为"华西大学"。经政务院批准，原华大自然历史博物馆馆长、我国著名生物学家刘承钊 [2] 被任命为华西大学校长，1949 年归国的邹海帆 [3] 博士被任命为华西大学牙学院院长。

与此后的院系调整不同，接办并未涉及学科专业的更变，华西大学仍然是一所综合性大学，设有文、理、医、牙四个学院，其中牙学院设有牙学本科和牙学专科。王翰章没有参与接办工作，这段时期，他和恩师宋儒耀正在东北忙于救治志愿军伤病员。

院系调整——四川医学院口腔系

1952 年春，西南援朝手术队圆满完成任务，王翰章随队返回成都，宋儒耀则继续留在东北，直到后来调往北京创建中国医学科学院整形外科医院。

1952 年 6 月，中央人民政府开始仿照苏联模式，对全国旧有高等学校的院系进行全盘调整，将中国一举纳入苏联模式教育体系。伴随着政权更迭而进行的这场教育体制改革，涉及全国四分之三的高校，形成了 20 世纪后半叶中国高等教育系统的基本格局。在这次调整中，华西大学变化很

---

① 《四川大学史稿》编审委员会：《四川大学史稿》（第五卷）。成都：四川大学出版社，2006 年，第 8 页。

② 刘承钊（1900-1976），山东泰安人。1927 年毕业于燕京大学，留校任教后赴美国深造，获康奈尔大学哲学博士学位。回国后历任燕京大学生物系主任、华西大学校长、四川医学院院长，1955 年当选为中国科学院学部委员（院士）。著有《华西两栖类》《中国无尾两栖类》等。

③ 邹海帆（1907-1969），四川安岳人。著名牙周病学专家。1937 年毕业于华西协合大学并留校任教，先后赴加拿大、美国研修深造。回国后历任华西协合大学牙学院进修研究部主任、副院长、院长。1951 年被任命为华西大学牙学院院长。1969 年 5 月，因在"文革大革命"中受到迫害，不幸逝世。

大，一方面，把文、理学科调整出去充实其他院校和单位；另一方面，调入了几所大学的医学、药学、卫生学专业，从而使华西大学由综合性大学变成了一所新型的、多专业的高等医药院校。

1953 年 10 月 6 日，接办华西协合大学两周年之际，根据中央卫生部的决定，华西大学正式更名为四川医学院，刘承钊任院长。"川医"这个简称由此诞生并一直沿用到 1985 年，学校再度恢复"华西"的金字招牌，更名为华西医科大学。与此相应，学校的教学组织也进行了调整，原来的学院被取消，新的"川医"下设医疗、卫生、口腔、药学四个学系，原来的学系则改称课程教学小组，后又于 1954 年 11 月调整为教研组。

图 6-1　而立之年的王翰章（1953 年）

在这次调整中，华西大学牙学院的变化也非常大。首先是称谓和组织结构的变化，牙学、牙科正式被改称为口腔医学和口腔科，牙学院由此更名为四川医学院口腔医学系，夏良才出任口腔医学系主任，下设口腔内科学、口腔颌面外科学和口腔矫形学 3 个教研组。不久，口腔医学又从一个二级学科上升为与医学基础、临床、药学、预防、中医、中西医结合相等的国家七大医学一级学科之一。这对中国口腔医学的发展是一大促进。

当然，变化中也有令华西口腔教职工感到惋惜之处：卖掉了闻名全国的华西眼耳鼻喉医院即存仁医院；关闭了金字招牌的华西口腔医院，将其合并到四川医学院附属医院内；原本独立的口腔解剖生理学、口腔组织病理学分别被合并到大解剖学和基础病理学内，搬走了多年积累的各种标本、教具、实验设备和近千具人头颅骨；甚至那座精美的口腔医院大楼也被移作他用，最后被拆除，口腔系仅剩下几间教室和办公室。凡此种种举措的原因，王翰章说他"至今也没有弄清楚"。在他看来，失去了那座有丰富物资的专科病房，人、财、物权都没有了，仅以三个临床科室的地位存在于附属医院中，既失去了华西大学时口腔医学享有的盛誉丰采，更严重影响了专科业务的发展[①]。

中国最早的口腔颌面外科病房

院系调整虽然并非尽如人意，但是中国口腔医学的发展却并未受到太大影响。相反，由于全面学习苏联和抗美援朝战争，极大地催生促进了口腔医学与口腔颌面外科学的发展与确立。

我国的口腔颌面外科学是新中国成立后，随着现代医学的发展和口腔医学教育、临床工作的需要而逐步发展起来的一门新兴学科。1949年以前，我国口腔外科的业务范围主要集中于齿槽外科，通俗地说，就是拔牙和做一些口腔门诊小手术，如炎症切开引流、颌骨骨折颌间复位固定、小的良性肿瘤切除等，没有住院病房。凡受英美医学影响的医疗单位，医科、牙科间的业务界线非常严格，医院不准牙科医师进手术室做外科工作，理由是没有经过严格的医学基础理论和临床实践训练的人不是医师，也就是认为牙医不是医师，是匠人。世界著名的整形外科和口腔颌面外科专家往往都是先读牙医学后又读医学，都是双学位，如艾维博士（Robert Ivy）、卡赞金博士（Varaztad Hovhannes Kazanjian）、纪勒麦博士（Thomas Lewis Gilmer）等。

1949年以后，我国口腔外科发展迅速，其内容除传统的口腔外科范畴以外，还包括颌面颈（上部）的肿瘤外科及头颈部成形外科的大部分内容，形成了一门与以欧美为代表的国外不同的学科，即口腔颌面外科。这是新中国成立后我国口腔医学所取得的突出成就之一。从此，中国的口腔科结束了无住院病床的历史。最早建立口腔颌面外科病房的是华西大学牙学院，在口腔外科系主任夏良才的领导下，1951年10月，该系在华西大

① 王翰章：《翰墨荃馨——一个医生的历程》。北京：人民卫生出版社，2013年，第236-237页。

学存仁医院内设立了 12 张床位的口腔颌面外科住院部；1953 年正式成立拥有 30 张床位的中国第一个口腔颌面外科病房。

刚开始的时候，科室技术骨干紧缺，工作异常繁重，令王翰章记忆非常深刻：

> 夏良才教授主要是做领导和指导，下面工作的就我们四个人——我、王模堂、周岳城、吕培锟。四个人可以说是拧成一根绳，昼夜值班，很辛苦。例如我今天值班一夜不睡觉，第二天上午还照样上班，没有休息。如果要做手术，必须得有助手啊，我们四个人，一个人做手术，一个人做助手，还有一个人就给做麻醉——没有麻醉师，都是自己给麻醉，这就得三个人。所以做手术，我们四个人必有三个人上台，还有一个人要坐门诊，带着实习生看门诊，所以是很忙的……就我们四个人，这样不计任何的得失、酬劳和辛苦，坚持了近十年[①]。

20 世纪 50 年代初期建立口腔颌面外科病房的还有：

1952 年，张涤生在担任上海同济医院（今第二军医大学第二附属医院，又名长征医院）口腔科主任期间，建立了口腔整形病床 15—20 张，收治口腔颌面部先天畸形、烧伤、战伤畸形及肿瘤患者。

1953 年，北京医学院（今北京大学医学院）口腔医学系在系主任张光炎[②]的领导下，在其附属第二医院内建立口腔颌面外科病房[③]。

这些住院病房的创设，为我国口腔颌面外科学今后的发展建立了初始的平台和阵地。

---

① 王翰章访谈，2014 年 3 月 24 日，成都。资料存于采集工程数据库。

② 张光炎（1911-2011），1941 年赴美深造，主攻牙科和整形专业。1945 年回国先后在北京医学院和河南医学院开展和创建口腔颌面外科与整形外科。

③ 郑麟蕃，吴少鹏，李辉奉：《中国口腔医学发展史》。北京：北京医科大学、中国协和医科大学联合出版社，1998 年，第 105-106 页。

学 习 苏 联

从口腔外科到口腔颌面外科，这一变化过程中有两个影响重大、最为重要的因素，一是抗美援朝，二是全面学习苏联。

20世纪50年代，新中国开展了对苏联的全面学习，既有政治理论上的学习，也有科学技术、生产经验和管理模式上的学习。学习的途径归纳起来主要有三种：一是采取各种方式对苏联建设成就和经验进行宣传；二是实行"请进来"策略，聘请苏联顾问和专家来华在项目建设中直接传授苏联的制度、先进经验、方法和技术，为新中国培养高级专业技术人员；三是实行"走出去"策略，大量派遣各行各业人员赴苏，直接到苏联考察和取经。

口腔医学界全面学习苏联的标志性事件，一是医学俄语师资班，二是口腔颌面外科高级师资班。王翰章均参加了这两次学习进修。

医学俄语师资班

1953年初冬，王翰章参加了卫生部委托哈尔滨医科大学举办的医学俄语师资班，和他一同被选派去学习的还有四川医学院基础部戴保民和药学系赵同芳。出发前，附属医院新的门诊大楼落成，口腔以科室的身份正式迁入门诊大楼的三楼和四楼，治疗椅位由30余台增至60余台，原来设在城内存仁医院的口腔颌面外科也同时迁回位于华西坝的四川医学院附属医院，床位由12张增至30张，规模进一步扩大。

哈尔滨冬天的严寒令王翰章印象深刻：

> 我们到了哈尔滨火车站。一出车站，冰天雪地，气温零下三十多度，冷得就像没穿衣服似的。幸好，走进海拉尔街那座教学大楼里暖和如春。住宿、食堂、教室都在那一座大楼内，受不到冷冻之苦。

来学习的是全国各医学院校选送的青年教师，年龄所差无几，都是三四十岁，共30余人。让这些人再学习一门新的语言，真是不容易。教学工作由哈尔滨医科大学俄语教研室负责，教师主要是当地的俄国教师，哈尔滨医科大学又配备了4名中国辅导教师，确保每位学员都能完成学习计划。我们不分昼夜、争分夺秒地学习，可以说到了废寝忘食的地步。到了第二年，即1954年的夏天，经过考试，拿了结业证书算完成任务，各自回校[①]。

半年多的俄语师资班学习结束后，在从哈尔滨返回成都途中，王翰章特意在北京停留了两天，去看望年老多病的父亲王寿彭。王翰章向父亲仔细地询问病情，打算陪老人去医院检查。而王寿彭不同意儿子陪着去医院，怕耽误儿子出差，只是说："好！好！"让王翰章放心忙自己的工作，不用管他。告别父母离开北京后，王翰章总是心里不踏实，非常担心父亲的健康。没想到这次短暂的相聚，真的成为他父子的最后一面：1954年冬，王寿彭因病去世，享年70岁。父亲的离去令王翰章悲伤不已："父亲用一生的爱抚育我成长，可是我还没给他任何回报，就永远离我而去了。"

回到学校后，王翰章和戴保民"现炒现卖"，兼任了四川医学院教师俄语速成班的教师。当时规定，全校教师必须在俄语速成班进行三个月的封闭式学习，吃住都在原华西神学院院内。学习班共举办7期，到1954年夏，全校98%的教师轮流脱产参加了学习。与此同时，学校

图6-2　离家9年后首次探亲，与父母和小妹金秀于北京家中合影（1951年6月）

①　王翰章：《翰墨荃馨——一个医生的历程》。北京：人民卫生出版社，2013年，第238页。

在教学计划中停开了英语课，只设俄语课，由于师资不足，英语教师又被要求转学俄语，而各专业的教师也几乎放弃了英语的学习和应用。从1954年秋季学期开始，各专业的教材也逐步过渡到以使用苏联教材为主。由于时代政治背景的原因，这种片面强调俄语、忽视英语，重视苏联、轻视欧美的做法对一所医学高等院校而言，无疑产生了极大的负面影响。

口腔颌面外科高级师资班

1955年，王翰章晋升为讲师，不久担任四川医学院口腔系副系主任兼口腔颌面外科学教研组主任，协助夏良才工作。由于院系调整的缘故，学系被矮化为教研组，而据当时的四川医学院规定，各教研组设主任1人，一般由教授、副教授担任，负责领导全组工作[①]。王翰章以讲师的身份担任教研组主任，这是破例的。

> 在上世纪50年代，他积极领导筹建口腔专科医院及病房，同时在口腔颌面外科建立大查房及门诊疑难患者会诊制度，对集思广益、解决疑难病例和培养年轻医师均有极大帮助[②]。

是年秋，王翰章与周岳城[③]、雷荀灌三人被派到北京，参加卫生部委托北京医学院主办的全国口腔颌面外科学高级师资班的学习进修。

从逻辑的角度看，似乎这个高级师资班的冠名有些超前，因为首次以官方文件的形式对"口腔颌面外科"的名称给以正式肯定的时间是1956年，在这一年7月，卫生部颁布了口腔医学教育大纲，并将"口腔外科学"正式改名为"口腔颌面外科学"。但是换一个角度看，高级师资班被"提前"冠以口腔颌面外科学，恰好说明口腔颌面外科的确立有个渐变过

---

① 《四川大学史稿》编审委员会：《四川大学史稿》（第五卷）。成都：四川大学出版社，2006年，第17页。

② 引自毛祖彝致采集工程小组的书面信函。资料存于采集工程数据库。

③ 周岳城（1923－1998），湖北黄冈人。我国著名口腔医学家、口腔颌面外科学专家和激光治疗领域专家。1950年毕业于华西协合大学牙学院并留校任教。

程，同时也证明苏联对中国口腔医学发展变化直接而显著的影响。而考察各高校乃至临床机构的实际操作，更能发现口腔颌面外科这一称谓的应用早已在全国陆续展开，"先结婚后领证"几乎成为口腔颌面外科确立的普遍事实。

对于这次出差，王翰章第一次产生了犹豫，这种犹豫是出于对妻子的担忧：盛尔荃第二次怀孕了，儿子出生时他就没能陪在妻子身边，这次如果出差，就又不能尽丈夫的责任照料待产的妻子。王翰章思前想后，心里乱得厉害，最后还是服从组织决定，怀着愧疚的心情到了北京。

对于中国口腔颌面外科学而言，这个高级师资班无疑是重要且影响深远的。为了进一步贯彻全面学习苏联的方针政策，1955年秋至1956年春，卫生部委托北京医学院举办全国口腔颌面外科高级师资班，由苏联彼尔木医学院口腔外科主任柯绥赫博士系统讲授口腔颌面外科学和苏联有关口腔医学教育方面的经验。据王翰章回忆，参加此次学习班的学员有四川医学院王翰章、周岳城、雷荀灌，上海第二医学院张涤生、潘家深、朱丽华，第四军医大学丁鸿才、周树夏，解放军总医院洪民、王能安，医学科学院宋儒耀，北京医学院张光炎、邹兆菊等30余人，几乎囊括了中国口腔颌面外科学界所有重要高等院校及医疗机构的所有精英。教学内容包括课堂讲授、门诊会诊、住院病室查房、手术示范等。1956年夏，学习大半

图6-3　全国口腔颌面外科高级师资班合影（前排左起：张光炎、丁鸿才、洪民、王雪圃、柯绥赫、邹兆菊、宋儒耀、张涤生、王翰章，1955年摄于北京医学院）

年后，经考试合格，由北京医学院院长胡传葵签发毕业证书，才算正式通过。此次培训班对我国口腔颌面外科的规范与发展起到了很大作用。其中参与者，除宋儒耀、张涤生后来主要致力于整形外科的创建发展外，皆成为中国口腔颌面外科学领域的领军人物。

柯绥赫与中国口腔颌面外科

1958 年 8 月，中国最早的口腔颌面外科专著由人民卫生出版社出版，作者署名为苏联彼尔木医学院口腔外科学教研组主任、医学博士柯绥赫（С. Ф. Косых），书名就叫做《口腔颌面外科学》。

柯绥赫对中国的口腔颌面外科学所起的作用与贡献无疑是巨大的。这本《口腔颌面外科学》其实就是柯绥赫在华的讲课稿和讲演集，由北京医学院口腔颌面外科教研组"整理柯氏讲稿，编纂成书"。王翰章也参与了此书的出版工作。该书序言称，柯绥赫教授于 1955—1957 年应中华人民共和国卫生部之聘来北京医学院①口腔颌面外科教研组讲学两年。实际上，柯绥赫在北京医学院办了两期学习班，第一期针对口腔医学系的口腔外科专家、教授，第二期针对一般医药院校的口腔科师资。而且在这两年里，柯氏不仅在北京医学院讲学，还到中国多所医药院校为其口腔系（科）讲学。如 1956 年，柯绥赫曾两次到上海第二医学院举行学术讲座；1957 年 4 月 11 日—5 月 8 日，专程赴四川医学院进行为期 4 周的讲学。柯绥赫学术精湛、态度严谨，工作认真负责。该书序言的作者、时任北京医学院口腔系主任的张光炎是这样描述柯绥赫的工作的：

> 在这两年中，为了帮助我们改进教学质量和提高医疗水平，柯绥赫教授日以继夜地工作，他给我们制定了工作制度、工作方法和科研组织等，使今后的工作有了方向，因而为我们奠定了口腔颌面外科的基础。

---

① 1952 年院系调整前为北京大学医学院，今为北京大学医学部。

序言的最后一句话是："译稿曾经王翰章讲师做初步校阅，特此致谢。"[①] 这就是中国最早的口腔颌面外科学专业图书。王翰章受邀对该书进行校阅，体现了北京医学院方面对其业务能力及俄语水平的看重。次年，由时任四川医学院口腔系主任的夏良才主编的中国首部高等院校口腔颌面外科专业教科书出版发行。

1956 年毕业于北京医学院的北京大学口腔医学院颌面外科教授、博士生导师马大权回忆说：

> 1955 年夏天，苏联专家柯绥赫教授来访，口腔外科更名为口腔颌面外科，同时建立了病房，病床 23 张，设在北大医院二部住院部。柯绥赫教授办了 2 期学习班：第一期针对口腔医学系的口腔外科教授，第二期针对一般医药院校的口腔科师资。当时的教研室主任是张光炎教授，教研室共有 14 名医生，包括邹兆菊、屈鸿叶、曾祥辉和章魁华 4 名讲师，朱宣智、李春生等均为助教。那时，科里所有工作都以苏联专家所说为准。[②]

图 6-4　柯绥赫到四川医学院讲学期间参观望江楼（左起：夏良才、廖韫玉、柯绥赫、柯绥赫夫人、盛尔荃、王翰章和两位翻译，1957 年）

① 柯绥赫：《口腔颌面外科学》。北京：人民卫生出版社，1958 年，第 1-2 页。
② 马大权：为祖国工作五十年。北医新闻网，2008-01-07。

苏联专家柯绥赫教授在华的学术讲授与推广，对中国口腔颌面外科学的正式确立起到了关键性的作用，实际上也代表了中国教育、卫生系统官方的导向。

口腔颌面外科学的确立

口腔颌面外科是一门以外科治疗为主，研究口腔器官"（牙、牙槽骨、唇、颊、舌、腭、咽等）、面部软组织、颌面诸骨（上颌骨、下颌骨、颧骨等）、颞下颌关节、涎腺以及颈部某些相关疾病的防治为主要内容的学科。早在 20 世纪初，即已有颌面外科的概念出现，但究竟在什么时候、在什么国家、由哪一位学者正式提出或命名为"口腔颌面外科"，迄今尚无定论。

在欧州，苏联的口腔颌面外科是比较发达的，其中特别得益于 40 年代的卫国战争，由于对颌面部战伤的处理取得了进一步的发展，口腔颌面外科的名称在 40 年代后期的苏联即已得到广泛地应用和承认。我国则是在新中国成立后才逐步确立的。1956 年，卫生部颁布口腔医学教育大纲，并将"口腔外科学"改名为"口腔颌面外科学"，首次以官方文件的形式对"口腔颌面外科"的名称予以正式肯定。为此，1959 年由夏良才主编出版的我国第一本正式高等医学院校教材用的就是《口腔颌面外科学》的名称。而美国人 W. Harry Archer 及 Gastav O. Kruger 的原著《口腔外科学》则是在 70 年代中期以后才分别更名为《口腔颌面外科学》的。

宋儒耀和夏良才的回国为中国口腔颌面外科学的创建提供了人才保障，抗美援朝战伤救护为中国口腔颌面外科学的创建提供了实践机遇，苏联专家柯绥赫来华"传经布道"为中国口腔颌面外科学的创建提供了学术理论支撑，而全面学习苏联的政策则为中国口腔颌面外科学的创建提供了决策范本。就这样，在以宋儒耀、夏良才等为核心，包括王翰章、王模堂等一批青年骨干在内的第一代口腔颌面外科学者的不懈努力下，经过 10

年左右时间，口腔颌面外科学迅速在中国得到发展和确立。以下两个事件标志着口腔外科学最终被口腔颌面外科学正式取代。

新中国首部口腔医学教育大纲

1956 年春，高等教育部和卫生部在北京召开会议，又一次研究讨论高等医学教育计划和教学大纲等问题。王翰章参加了这次奠基性质的重要会议。口腔医学教育组有 12 位代表参会，其中 8 位是华西的老校友，可见华西口腔在全国口腔医学界的地位与分量。

这次会议没有军医院校的代表参加，与会人员来自三所口腔重点医药院校，他们是北京医学院的毛燮均、朱希涛、郑麟蕃、王民范，上海第二医学院的席应忠、张锡泽、徐国祺、周鲸渊，四川医学院的肖卓然、魏治统、夏良才和王翰章。会议开了一周，讨论了许多重大问题，诸如各学科的命名、学制、教学大纲各章节的内容，乃至教材编写的具体分工等。讨论的气氛十分热烈，有些问题争辩得很激烈，特别是由于大多数代表都出自华西口腔、互有渊源，大家说起话来更加直来直去。由于"全面学苏联"的大方向已定，虽然争来争去，最后诸多问题还是按照苏联的模式定了下来。

同年 7 月，卫生部正式下达了各科的教学大纲，并批准了高等医药院校教材各门课程的主编和编写人员。在其中所颁布的口腔医学教育大纲中，将"口腔外科学"改名为"口腔颌面外科学"，首次以官方文件的形式对"口腔颌面外科"的名称予以正式肯定。口腔三大学科统编教材的主编、主审分别为口腔内科学主编郑麟蕃，主审肖卓然；口腔矫形学主编毛燮均、朱希涛[①]，评阅陈华；口腔颌面外科学主编夏良才，审校宋儒耀、张涤生。

---

① 朱希涛（1915-2003），河北阳原人，我国著名口腔医学家、口腔修复学奠基人之一。1942 年毕业于华西协合大学牙学院。曾任北京医学院口腔系主任、北京医科大学口腔医学院名誉院长。

中国首部口腔颌面外科统编教材

口腔医学在我国尚属新兴的医学专业，口腔颌面外科则更是口腔医学专业中最年轻的一门学科。在旧中国反动政权统治时代，对整个医学教育、卫生保健均未予以重视，以致若干年来，我国无一本国人自编口腔医学专业的教科书，可供高等医学校口腔专业学生参考学习。[①]

对新中国首部高等医药院校统编教材的编写出版，卫生部非常重视。在同行专家的举荐下，经过卫生部认真研究，决定委托夏良才领衔主编我国第一部口腔颌面外科学统编教材。编写者囊括了全国口腔颌面外科学界的重要骨干，包括张涤生、张光炎、邹兆菊、夏良才、王翰章、王模堂、周岳城7人，其中四川医学院4人、上海第二医学院2人、北京医学院1人。

口腔颌面外科学的教学大纲共13章，国家依法规范了我国口腔颌面外科学的业务范围与内容。根据教学大纲之规定，夏良才主持了我国首部《口腔颌面外科学》高校统编教材的编写工作。教材的内容包括绪论、口腔颌面部应用解剖、口腔颌面外科患者的检查、口腔颌面外科无菌术与抗菌术、口腔颌面外科麻醉学、口腔颌面部X线学、牙与牙槽骨外科、口腔颌面部炎症疾患、涎腺疾患、颞下颌关节疾病、口腔颌面部肿瘤学、口腔颌面部神经疾患、口腔颌面部损伤学、口腔颌面部后天性畸形及缺损、口腔颌面部先天性畸形及发育异常15章。其中，王翰章负责撰写"口腔颌面部损伤学"和"颞下颌关节疾病"两部分；宋儒耀、张涤生对全书进行了审校。经过两年多的努力，《口腔颌面外科学》于1959年8月由人民卫生出版社出版，口腔内科学和口腔矫形学教材也同时出版，这是新中国第一套高等医药院校口腔专业统编教材。

《口腔颌面外科学》的问世，结束了我国长期以来依靠外国教科书译本或者各校自编教材的历史，对提高中国口腔颌面外科的教学质量、促进

---

① 夏良才：《口腔颌面外科学》。北京：人民卫生出版社，1959年。

中国口腔医学走向世界起到了积极的推动作用。

至此，经过 10 年努力，作为一门口腔医学新兴学科，口腔颌面外科学在新中国成立后迅速成长、发展、确立起来。而这也是王翰章大学毕业留校工作的第一个十年。

> 作为口腔颌面外科来讲，我们国家总体在世界上的发展还是不错的，而这一发展能够在国际上取得一定的地位，是我们好几辈人努力的结果。中国的口腔颌面外科学界应该怎么来划分，比较困难，因为这里面有的差距比较大。后来，我们初步划了一个 1949 年以前毕业的作为第一代，1949 年以后毕业的基本上就作为第二代。所以，王翰章基本上应该是属于第一代，是对整个中国口腔颌面外科的建立和发展做出贡献的一个英明人物。另外，在口腔医学教育上，我认为王翰章的贡献是非常大的[1]。

这个评价是很客观、公允的。

事实上，创建我国口腔颌面外科学的主要参与者在年龄上并无代差，例如对王翰章影响最大的宋儒耀、夏良才，只不过分别年长他 5 岁和 8 岁，三人都出生于 20 世纪 10 年代。更重要的一点是，从中国口腔颌面外科学发展确立的几个重要因素来看，王翰章虽然较宋儒耀、张涤生、夏良才、张锡泽等年资稍晚，但是包括抗美援朝医疗队、口腔颌面外科高级师资班、制定口腔医学教学大纲及编写中国首部口腔颌面外科学教材在内的标志性事件，他都是重要的参与者。因此，王翰章无疑是中国口腔颌面外科学的创建者之一。

中国首个口腔医学研究所

随着新中国各项社会改革任务的完成和国民经济的恢复，到 20 世纪

---

① 邱蔚六访谈，2014 年 5 月 14 日，上海。资料存于采集工程数据库。

50 年代后期，我国高等院校的科研工作开始逐步得到重视和发展。

1958 年，四川医学院成立了由 9 名教授组成的科学研究委员会，其任务是在校长领导下负责全校的科研工作，"根据条件，围绕教学及医疗任务，适当开展各项研究工作"①。同年 10 月，经四川省人民政府批准，四川医学院口腔医学研究所成立，肖卓然任所长，王翰章任副所长，这是新中国第一个口腔医学研究所。口腔医学研究所的前身是始建于 1936 年的华西协合大学医牙研究室，1949 年扩建为口腔病研究室。研究所设有龋病研究室、牙周病研究室、高级神经活动研究室和实验动物观察室。其中，龋病的研究在 20 世纪 50 年代前，华西口腔病理学家刘延龄博士曾对四川阿坝藏族患龋情况进行过调查，后又进行食物营养与龋病发生率的动物实验研究，发表了数篇论文，深受国际同行重视，此次继其志，由刘大卫负责，主要研究食物营养对龋病的影响和病发率调查；肖卓然主持牙周病的病理病因及防治研究；高级神经活动研究室和实验动物观察室由岳松龄负责；王翰章主要负责研究所的具体日常工作。

高级神经活动研究是当时一个最热门、最重要的课题领域，这也源于当时全面学习苏联的政策要求。1952 年 6 月 29 日，《人民日报》发表《为坚持生物科学的米丘林方向而斗争》一文，号召中国生物学界"发动一个广泛深入的学习运动，来学习米丘林生物科学"以及因它的"指导"而获得"伟大的成就"的巴甫洛夫高级神经活动学说等。中国生物学、医学界广泛学习巴甫洛夫学说的运动由此起步。经过一年多的筹备，中央卫生部于 1953 年 8 月 21 日—9 月 29 日在北京举办了巴甫洛夫学说学习会。来自全国各地的 107 位生理学、心理学、生物化学、药理学、病理学各科教授、研究人员及临床高级医生和 163 位旁听人员在苏联专家的指导下，"认真踏实地钻研巴甫洛夫经典著作"并撰写了学习总结②。一时间，巴甫洛夫的条件反射学说和高级神经活动机能学说垄断了整个医学界，什么疾病的根源都被归结于高级神经活动机能紊乱。

---

① 《四川大学史稿》编审委员会：《四川大学史稿》（第五卷）。成都：四川大学出版社，2006 年，第 23 页。

② 熊卫民：巴甫洛夫学习运动中的一场风波。《中国科学报》，2014 年 3 月 7 日。

岳松龄本来是搞龋病研究的，为了学习验证巴甫洛夫学说，他们设计了一个动物实验，以观察神经系统的功能发生紊乱时对龋病发病的影响。他们在一间空房子放置几笼小白鼠，里面布置能产生强烈灯光、噪音等设备，通过每天多次用强光、噪音刺激小白鼠，观察是否导致小白鼠患龋病。经过近半年两批的对比实验发现，神经激惹只是一个可以影响龋病发生的因素，而不是致病的主要原因。同时，撰写论文《神经激惹对大白鼠龋病发生影响的初步探索》发表于《中华口腔医学杂志》。以此不难看出，当时的科研工作受政治干扰与影响的程度。

1958 年对王翰章来说是特别忙碌的一年。除了日常的临床、教学与科研管理工作外，他既要负责编写《口腔颌面外科学》统编教材中的"口腔颌面部损伤学"和"颞下颌关节疾病"两部分内容，还要负责"成都会议"有关人员的口腔保健工作：1958 年 3 月 8—26 日，中共中央在四川成都举行了政治局扩大会议。毛泽东、刘少奇、周恩来等中央领导人及中央各部门负责人，各省、市、自治区党委第一书记共 39 人参加了这次会议。会议期间，王翰章的精神高度紧张，因为不仅要做到保健工作随叫随到，更要确保医疗工作质量，不能有半点差池。

这一时期，除日常工作外，四川医学院的全体师生还要参加"大炼钢铁"运动。王翰章时为口腔系负责行政事务的副系主任，贯彻执行这一政治任务责无旁贷，这让本已忙得不可开交的他苦不堪言，其情其景至今仍难以忘怀。

当时我带领学生日夜守在土高炉旁，轮班 24 小时不停地干。后来又去炼焦，不知道浪费了多少煤炭、毁坏了多少金属家具和器皿、砍伐了多少树木，广益学舍前后花园原来栽满了梅花，有十余品种，闻名于成都。因炼钢需要，一砍而光。

当时我常常通宵不眠，坚守在土高炉旁，更顾不上回家了。各单位都有一定的指标，完不成任务，各级领导人要负责。这样折腾了一年的样子才逐渐平静下来①。

——————————
① 王翰章：《翰墨荃馨——一个医生的历程》。北京：人民卫生出版社，2013 年，第 249 页。

更难的是，那一年，夫人盛尔荃随"四清"巡回医疗队去了大凉山，家中只有王翰章带着两个年幼的孩子，忙里又忙外。在那如火如荼的大跃进年月，他真是倍感艰难。

临床技术创新与学术研究

1959 年，四川医学院附属医院外科大楼建成，口腔颌面外科病室迁入外科大楼四楼，被称为外科七病室，床位增设至 50 张，获得了进一步发展的较好条件。

1949—1959 年这十年间，王翰章积累了大量口腔颌面外科的临床经验，并开始积极大胆地尝试一些国内较少开展的手术，包括 50 年代末期开展的正颌外科手术、根治性颈淋巴清扫术、唇裂手术由简单的三角瓣法→巨形瓣法→下三角瓣法至 60 年代初改用三角瓣旋转推进法、腭裂手术采用两大瓣和四瓣法等。有的治疗项目在今天已属常规，但当初确系从无到有、大胆尝试、积极争取而获得的，最典型者当属颈淋巴清扫术。

我国著名口腔颌面外科学专家、华西口腔第八任院长王大章教授曾撰文回忆：

> 1959 年，我作为助手参加了由王翰章教授主刀的我科第一例为口腔癌患者施行的颈淋巴清扫术。手术从早上 8:30 开始，直到晚 12 点多才结束。原因在于从未在活体上辨识过包裹在颈深筋膜封套层中、纵横交错的神经、血管及淋巴组织，真是踩着石头过河，每一步都小心翼翼、举步艰辛。所幸，术前经过包括在尸体标本上进行模拟手术等充分准备，终使手术顺利完成，效果满意。[1]

由于是开展的第一例大型复杂手术，完全没有实际经验，王翰章和科室的医生甚至把书带到手术室，边做手术边看书，就这样成功地完成了手术。

---

[1]　王大章：情系我国口腔颌面外科。中国口腔颌面外科网，2014-01-07。

比如颈清扫、正颌手术，当时国内口腔医院几乎都没做过，但是他了解研究之后，很快就将其应用于临床实践之中。颈清扫现在已是国内很普通的颈部肿瘤治疗手段，然而当时为了开展这一术式，王老和温玉明教授等人从尸体解剖开始，深入了解颈部结构，研究手术中的每一个步骤和技术难题，因为颈部有复杂的神经系统和大血管，历来被视为手术禁区，当时的医生做这样的手术往往有很大的顾虑。但是王翰章老师就敢于去闯这个禁区。不是盲目地去闯，而是很科学地闯。令我印象异常深刻的是，这个现在普通外科年轻医生 3 小时就能完成的手术，王老他们当年的开创之术从早晨 8 点多一直做到晚上 12 点，足足做了十几个小时！可见当时这一手术难度之大①。

　　王翰章为人真诚友善，为事热情认真，因此，除了繁重的医疗、教学等业务工作以外，很早他就被赋予了众多行政管理事务。即使如此，在 20 世纪 50 年代，他仍然在总结临床医疗的基础上做了一些科研工作，陆续发表了一些论文。如 1951 年他在《中华口腔医学杂志》发表了《急性齿槽脓肿》，对急性齿槽脓肿提出了规范性的诊断标准与治疗方案；1952 年，他发表了《舌下深层感染原因及治疗（脓性颌下炎）》，这是一篇将临床诊治与病理病因相结合的论文，在当时的口腔医学界已是学术性比较突出的科研论文；1955 年，他第三次在《中华口腔科杂志》这一中国当时最权威的口腔医学学术刊物上发表《颈部封闭疗法在面颌外科临床应用的初步报告（附 100 例病案分析）》，介绍了他在临床医疗方法上的创新与探索；1959 年发表于《四川医学院学报》的《下颌前突的外科疗法》也具有这一性质，这里的"下颌前突的外科疗法"其实就是王翰章在夏良才的指导下开展创新手术的书面总结；1960 年，他在《中华口腔科杂志》上发表《350 例口腔颌面部损伤的分析》，通过这篇归纳总结性的文章，已能看出王翰章在口腔颌面外科（颌面部损伤亚科）逐渐成熟进而自成一体的雏形。

------

　　①　郑谦访谈，2014 年 1 月 17 日，成都。资料存于采集工程数据库。

华西口腔第五任院长 ①

　　1960 年 10 月，夏良才夫妇调到武汉创建湖北医学院口腔系，王翰章被任命为四川医学院口腔系主任，同时兼任刚成立不久的口腔系党总支书记，成为华西口腔历史上第五任院长。由此直至 1978 年被任命为四川医学院副院长，王翰章主持口腔系的工作长达 18 年，其间还于 1972 年起兼任学院教务处长，为华西口腔医学事业的发展作出了巨大贡献。

第一次出国访问交流

图 6-5　访问保加利亚索菲亚口腔医学院（1960 年 12 月）

　　上任还不到一个月，11 月中旬，王翰章就接到卫生部通知前往保加利亚进行文化交流。来不及做更多的准备，王翰章生平第一次坐飞机从成都赶到北京报到。那时的飞行旅程可不像现在这样舒适，飞机是小型的伊尔 14 不用说了，居然还是客货混装，也没有航空座椅，机舱内只有两条长板凳，旅客皆相向而坐，其实就是一架运输机。起飞后，这架苏制伊尔 14 飞得摇摇晃晃，时而还剧烈地上下颠簸，令王翰章感到很难受。卫生部负责接机的同志将王翰章送到当时海外和出国人员专用饭店——北京新侨饭店，在那里，他见到了和他一同出

----

　　①　由于华西口腔在历史上有过多次称谓和体制上的变化调整，根据当前华西口腔医学院的官方表述，曾担任四川医学院口腔医学系主任兼附属口腔医院院长的王翰章被称为华西口腔第五任院长。

访的昆明医学院院长梁家椿。

　　时任卫生部部长崔义田专门接见了他们，告知他们出国将要担负的任务是完成中保两国 1960 年文化交流协定中的最后一项内容——进行为期一个月的口腔医学考察，主要是考察口腔疾病预防工作、口腔医疗工作、口腔医学教育工作、口腔医学科研工作和口腔医学专业的器械及材料供应和生产情况。为了圆满完成出访任务，王翰章和梁家椿在北京准备了一个多星期，其间，王翰章甚至来不及抽时间回家看望继母赵淑元。

　　1960 年 12 月 17 日清晨，由王翰章与梁家椿二人组成的口腔医学考察团乘坐苏航图 104 直飞巴尔干半岛。这是一次长途飞行，幸好飞机是当时世界上很先进的喷气式客机。18 日早晨 6 点飞抵莫斯科后，又换机经基辅、罗马尼亚的布加勒斯特，于当地时间下午 2 点抵达保加利亚首都索菲亚。

　　保加利亚对这次中保文化交流很重视，不仅将仅有两名成员的"代表团"安排住在索菲亚保加利亚大饭店，而且安排了非常丰富的参观考察项目。

　　到达索菲亚的第二天，王翰章和梁家椿就来到保加利亚卫生部，听取保方有关人员对其全国防治口腔疾病的方案、进展情况和经验介绍。

　　随后，王翰章他们访问了索菲亚口腔医学院和口腔医学研

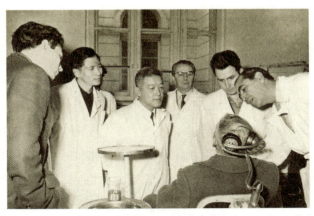

图 6-6　在索菲亚口腔医学院会诊（1960 年 12 月）

究所，并受到院长博亚诺夫教授的热情接待。在那里，他们参观了教学、科研及临床工作设施、场地，并参加了口腔颌面外科查病房和参观学生上课、临床实习。在索菲亚口腔医学院，他们甚至还参加了一位研究生的毕业论文答辩会。作为交流，在双方举行的口腔医学教育研讨会上，王翰章以中方代表的身份作了题为"中国口腔医学事业的发展与现状"的演讲。

王、梁二人还用了一天的时间与口腔医学院院长、科主任们进行座谈，充分交流了双方的工作和各自业务的经验。在访问交流的过程中，王翰章还结识了几位当时保加利亚口腔医学界的著名学者。

在索菲亚，王翰章他们还访问了市立医院、工人医院以及一个食油加工厂和一个矿厂的口腔病防治中心。

随后，他们离开索菲亚，前往保加利亚其他几个城市参观访问，如普罗夫迪夫和黑海西岸的瓦尔纳、布鲁加斯等城市，参观了那里的学校、农村、工厂等基层的医疗网站。保加利亚完善的基层口腔保健工作给王翰章留下了深刻印象。

历时一个多月的保加利亚出访之行结束后，王翰章、梁家椿二人途径莫斯科回国。他们在莫斯科停留了 10 天，在那里进行了有关的参观、访问。1961 年 1 月 23 日，王、梁二人回到北京，由王翰章为主向卫生部作了"赴保加利亚文化交流工作总结"汇报。

对于此次出国考察，王翰章感到收获很大，开阔了眼界，增长了知识，了解了国际上口腔医学教育的实际情况和口腔医学技术的发展状况，对其未来的各项工作有很大帮助，对我国口腔医学事业也有一定的影响。

初为华西口腔"当家人"

从保加利亚归来，王翰章走马上任，正式担负起口腔系系主任和党总支书记的工作。时值 1961 年初，全国正处在"三年困难时期"的后期，全国性的粮食短缺和饥荒异常严重。回到家里，一双儿女时时都在喊饿，大儿子王慰岷甚至出现轻度水肿，额头一按就是一个小窝。妻子盛尔荃也和大家一样，带着两个孩子到处去找可以吃的东西，什么南瓜粥、人造肉、小球藻……生活和工作之艰难可想而知。

说心里话，王翰章很不愿意接受职务上的安排，这倒不是由于他顾及家庭的因素，而是因为当时他正处于医疗业务能力的上升时期，非常希望自己有更多的时间和精力用在专业方面，以不断提高临床和理论水平，实现他更好地为患者服务的愿望。而此前已经担任了一段时间口腔系副系主任和口腔颌面外科教研组主任的王翰章，早已体会到行政管理工作责任既大，会议、活动以及事务性工作又多，会占用很多业务和学习时间。经过院领导几次谈话、开导，他才勉强服从组织上的安排。不过，以王翰章的性格，既然接受了一项任务，就一定要努力做好。原四川医学院院长马俊之对王翰章就有过这样的评价："他生性憨厚正直，为人真诚谦和，对专业执著追求，对管理工作勤于实干。"①

灾害和饥荒对师生职工的影响固然很令刚上任的王翰章焦虑，可是更为重要的是如何做好口腔的整体工作，促使闻名全国的华西口腔得到进一步发展。为比，他日思夜想、殚精竭虑。

王翰章是一个很善于团结人的专家型领导，"他能以身作则、严于律己、宽以待人，注重人员之间的交流沟通。"② 此时，他首先想到的就是听取大家的意见，特别是征求经验丰富的老教授们的意见，然后一一征求各方面教职工的意见。他认为，要做好工作，首先就要凝聚人心，要使每个人各就各位，尽量安排恰当，然后组织好核心力量、明确努力的目标，动员全体教职工齐心努力去干。在学校领导的肯定和支持下，王翰章带领口腔系全体教职工积极地开展各项工作。

华西口腔虽然在全国处于领先水平，但是王翰章深知逆水行舟不进则退的道理，为了了解全国口腔医学界的发展情况，取长补短，相互学习，进一步促进和提高自身的工作水平，他力主派出骨干教师和技术人员到有关院校进修。如先后派遣张举之、闵龙秋到第四军医大学，黄纯富、张惠群到北京市口腔医院，周秀坤到北京医学院，赵云凤、陈安玉到上海第二医学院，王大章、屈义媛到中国医学科学院整形外科医院等处学习。这对进一步巩固和提高华西口腔的医、教、研起到了很大作用。

为了提高工作水平，他还不断地为口腔系积极申请进口有关先进设备并得到学校的大力支持。在当时国家经济条件极为困难的情况下，他们添置了不少进口先进设备，如附带摄像系统的肌电仪、硬组织切片机、电动取皮机、涡轮牙钻机、电动铸造机、全景 X 线摄影机，等等。新设备的投

---

① 周学东，吴亚菲：《华西口腔百年史话》。北京：人民卫生出版社，2010 年，第 372 页。
② 同①。

入使用，极大地促进了华西口腔医学事业的进一步发展。

　　行政事务是繁重的，可王翰章还是会尽量挤出时间参与临床和科研工作，始终没有放下业务和学术钻研。

　　　　当年他在做系主任的时候，平时他的行政工作确实太忙了，但是不管有多忙，我们每一个教研室定期的学术会、门诊会诊、病房大查房、病案讨论，他都要来参加，这个风气在华西口腔至今一直传承下来，作为系的领导，重视业务发展，重视科室的发展，这个就是具体体现。当时我们那个病房分两个组，每次查房以后，他都会提出一个困难病例来讨论，让大家及时解决，最后由老师们作总结①。

　　王翰章的专业是口腔颌面外科，虽然身为系主任的他凡事都要做到"一碗水端平"，无论对口腔内科、口腔矫形还是口腔颌面外科从不分亲疏，但是"他对颌面外科的发展是高度重视和支持的，这给颌面外科的发展从主体上提供了保证。"②

　　就这样，在王翰章的全身心投入和带领下，经过全体教职员工的共同努力，华西口腔医学的医、教、研各项工作得到了不断提升和发展，进一步在全国占据了重要地位。

卫生部的"神仙会"与口腔学制

　　王翰章有个习惯，不管去参加什么会议，回来之后都会向系和教研组的有关负责人乃至普通教职工进行传达介绍，他认为自己只是代表华西口腔去开会的，有义务把会议的情况告知大家，这对大家及时了解有关政策和学术动态都有很大的好处。对此，邓典智印象尤为深刻：

　　　　虽然他搞行政工作，但是对业务的发展，特别对科室的发展是经

①　温玉明访谈，2014年4月25日，成都。资料存于采集工程数据库。
②　邓典智访谈，2014年4月25日，成都。存地同①。

常都挂在心上的。比如说他参加的权威性会议很多，像卫生部的会议或者几个大专院校的会议，回来以后他都要跟教研室传达，特别是国外学术会方面的。我记得最清楚的在整形过程中的皮肤扩张性问题，就是他回来跟我们传达的我们也体会到，虽然他担任四川学院副院长，行政工作很重，任务很重，但是他都不忘颌面外科以及真正的学术发展，不忘对下级医生的孜孜不倦的教诲。有什么机会、有什么信息都要给我们传达。①

在工作上，王翰章严肃认真、一丝不苟，是一位学者型的领导，所以要求下级医生也是很严格的。但是在方法态度上，他却是真诚和蔼、平易近人的，用邱蔚六院士的话讲就是"为人特别好，能够使人亲近，不是像有的人不大容易亲近。"这一点在华西口腔和学校乃至全国口腔界都是有口皆碑的。

1962年3月，全国科学技术工作会议在广州召开，周恩来在会上作《关于知识分子问题的报告》，指出"知识分子应放在劳动者之中"。这次会议在全国知识分子中引起了强烈反响。据此精神，10月，卫生部在北京召开了医学教育工作座谈会，这次会议名为医学教育工作座谈会，实为是让高级知识分子自由发表意见、出出气的"神仙会"②，因为前几年搞"大跃进""反右倾""拔白旗"，伤害了不少知识分子。

会议开了10天。四川医学院由党委书记李资平、院长刘承钊带队，各系主任悉数前往参加。王翰章和教务长曹钟梁提前两天赶赴北京。因为卫生部决定将当时已执行的医疗、口腔、卫生6年制和药学5年制教学计划作为样本在会上讨论。为此，王、曹二人先期到达，以便做些准备工作。参加此次会议的口腔组有北京医学院的毛燮均、朱希涛，上海第二医学院的席应忠，湖北医学院的夏良才和四川医学院的王翰章，5人中最年轻的王翰章被指定为小组召集人。口腔组的会议开得很轻松，大家基本一致同意四川医学院的教学计划。此后，全国医学院校的口腔医学专业皆改为6年制。

---

① 邓典智方谈，2014年4月25日，成都。资料存于采集工程数据库。

② 神仙会，是一种通过和风细雨的自由交谈、讨论和辩论来提高认识、统一思想的会议方式。最初是毛泽东于抗日战争时期在延安的一次会议上讲的，是对中国共产党党内而言。

第一届全国口腔科学大会

1963 年也是王翰章倍感忙碌的一年，几项重要工作几乎同时摆在他的面前，而且每一件都非常重要。比如深入贯彻《高教六十条》的精神、规划修建口腔大楼，然而，最为紧迫的事情是筹备第一届全国口腔科学大会。

所谓第一届全国口腔科学大会，实际上就是中华医学会口腔科学会第一次全国大会。1951 年 1 月，在中华医学会常务理事扩大会议上，中华医学会口腔科学会（今中华口腔医学会）被批准成立。同年 8 月，口腔科学会在北京正式宣告成立，朱希涛被推举为主任委员。从此，中国口腔医学界有了自己独立的全国性学术团体。然而，由于种种原因，自成立以来，口腔科学会一直没有召开过全国性会议。出于换届和学术交流的需要，中华医学会口腔科学会终于决定于 1963 年 10 月在成都举行第一次大会，并委托四川医学院口腔系具体承办。

那个时期，全国性的学术团体大会鲜有举行，因此，对于这次"第一届全国口腔科学大会"，从四川省卫生系统到四川医学院都非常重视。四川省卫生厅副厅长周绪德亲自指导，四川医学院领导亲自安排，口腔系主

图 6-7　第一届全国口腔科学大会部分代表合影（1963 年 10 月摄于成都）

任王翰章则作为东道主代表负责具体工作。为了办好这次大会，他把口腔系全体教师都动员起来，全力以赴地进行各项准备工作，尤其是设计会议架构、会场布置和四川医学院口腔系参会的 100 篇学术论文的准备工作。王翰章回忆道：

> 因为开这种会议很复杂，也很累人。整个会议的设计，怎么开法，到底是怎么安排，这都是很复杂的。会议的架构由我做主要准备。我准备好了以后，向当时四川医学院领导汇报，他们同意后，我就照这个架构来做。而且一切会场的准备，可以说都是我亲自来做的。譬如，那时候很少有幻灯片可是用这东西的话，第一你得找幻灯，第二你得找幻灯胶片的那个架子。我们有几部幻灯片，现在看很原始的了，那时都是进口的，从美国来的，很新颖。可是它联动的时候容易卡壳，这要是在开会的时间，你的幻灯要是卡壳就成事故了。我就想了一个办法，不用联动的那种，我就用幻灯的底片，就是能放出来的正片的胶片，胶片用纸做成一个架子，然后用一个金属的再做一个架子，这上头可以放 12 张底片，放好后用一个人推，从第一张推起，准备几个这个装置，推完了以后赶快换一个再推。就这么做了好多这个东西，这可以说是我的发明创造。①

1963 年 10 月 14—22 日，经过王翰章和口腔系全体师生的精心准备，第一届全国口腔科学大会在成都新落成的锦江宾馆如期隆重召开。全国口腔医学专家、学者共 300 多人与会，其中到会的中华医学会口腔科学会（中华口腔医学会）正式代表 200 余人。

这次大会是我国有史以来至当时规模最大的全国口腔医学学术会议。会议共收到论文 610 篇，大会宣读的论文包括口腔基础医学 5 篇，口腔内科学 19 篇、口腔矫形学 19 篇、口腔颌面外科学 22 篇。其中，华西口腔拿出了 100 篇学术论文结成的论文集，大会上每一个专业都有华西口腔学者

---

① 王翰章访谈，2014 年 3 月 27 日，成都。资料存于采集工程数据库。

的重点发言。大会的学术讨论分为若干小组进行，大的学科组下面还按照亚专业分组。王翰章在外科组作了题为"颌面部骨折的临床分析（310 例病案）""下颌骨骨折的治疗"的两个报告，并就其所在科室的集体研究成果——《500 例颅骨的测量》作了大会发言，该课题成果后来在 1978 年获得全国卫生科学大会奖。

代表们还参观了四川医学院口腔系和口腔医院的教学、临床工作，不少人久慕华西之名，能够亲眼所见，感到非常满意。会议的组织工作和华西口腔的学术水平都受到与会者的一致赞扬和好评。此次会议为华西口腔争得了非常高的声誉，对全国口腔医学界也有较好的影响。

会议期间还选举出中华医学会口腔科学会（中华口腔医学会）第二届委员会，朱希涛连任主任委员，柳步青、郑麟蕃当选为副主任委员。

中国首座口腔医学专科大楼

王翰章担任口腔系主任后面临的一个突出问题是医疗场地严重不足。1960 年前后，经过全体教职工多年来的不懈努力，四川医学院口腔医学的医、教、研各项工作已在全国占有重要地位，各种业务更加繁忙起来。教学任务不断加重，特诊工作不断增多，尤其是随着口腔临床技术的不断创新与开展，诊治的病种范畴相较新中国成立之初扩大了很多，其设在四川医学院附属医院内的口腔医疗用房和口腔治疗椅位已远远不能满足需要。于是，从 1962 年起，王翰章一次又一次地向学院、四川省委和卫生部反映意见，要求另外专门修建一座口腔专科医院，以使口腔的医、教、研整合在一处。

不涨工资的副教授

1962 年 2 月，按照《高校六十条》的精神，四川医学院改组了院务委员会，王翰章成为新组成的四川医学院第六届院务委员会成员。在同年召开的第六届院务委员会第一次会议上，讨论并通过了一系列新的计划和章程，其中包括晋升 17 名讲师为副教授、晋升 6 名副教授为教授。在这次职称晋升中，王翰章和岳松龄是口腔系被提升为副教授仅有的两人。

1963 年年初的一天，时任四川医学院副院长的孙毅华 [1] 把王翰章请到其办公室，将这一决定告诉了他，并说这次提升只提学术职称、不涨工资，这是对他的严格要求。也就是说，王翰章副教授的工资相对地比同职称的其他人低一级。王翰章听罢没说什么，更没有闹情绪、要待遇。不久，孙毅华又通知王翰章卫生部修建口腔大楼的批文已正式下达。孙毅华风趣地对他说：“给你 150 万元的学费，学习去吧，希望取得好的成绩，不要让学校失望。”王翰章闻讯喜出望外，盼望已久的目标终于实现了，自己终于能为口腔医学的发展大展身手了。提职称而未涨工资的一丝不悦被突如其来的修建口腔大楼的 150 万元巨款冲到了九霄云外，此时，王翰章的心里只有一个念头，那就是尽快选址、尽快设计、尽快开工、尽快建起新中国第一座口腔医学专科大楼。温玉明曾回忆说：“王翰章教授非常重视这个口腔医院的建立，当时在全国仅此一家，卫生部拨了 150 万，当时150 万很吓人。” [2]

寄情口腔建大楼

20 世纪 50 年代，华西口腔（四川医学院口腔医学系／口腔医院）几经搬迁，临床部分的医院与四川医学院附属医院合并到一起，但是系和教研室还存在，领导管理的关系是双重的，两块牌子一个单位，无论在管理上还是教学上都显得非常不便。再加上医疗、教学、科研及行政管理用房

---

[1]　孙毅华（1917-1967），安徽金寨人。1930 年参加中国工农红军，1933 年加入中国共产党，历任红四方面军总医院看护长，陕甘宁边区关中军分区卫生部医务主任，晋察冀军区后方总医院院长，政委，第二野战军第十军卫生部长。解放战争时随军入川，曾任川南军区后勤部副部长兼卫生部长、川南行署卫生厅长。1952 年调入华西大学，历任副校长、党组书记、党委书记、副院长。

[2]　温玉明访谈，2014 年 4 月 25 日，成都。资料存于采集工程数据库。

面积狭小，严重阻碍了口腔医学事业的发展。因此，作为华西口腔第五任院长，王翰章做梦都想为口腔建设一座新的大楼，将医、教、研各项工作整合到一起。

筹建口腔大楼（医院）的工作是异常繁重的，特别是在刚开始的 1963 年，这一年 10 月，王翰章还要用很多精力来准备由四川医学院承办的第一届全国口腔科学大会。

经费是落实了，可是距离口腔大楼的落成不知还会有多少难题。

很难想象王翰章是怎样记住或找到那些他写进回忆录中的大量数据和地名的，虽然他一直都有收集各种资料的习惯。关于半个多世纪以前修建四川医学院口腔大楼（医院）的经过，相信很难看到比他的描述更为翔实、生动的文字，故转录如下，也算是对史料的存续和传扬。

　　首先是选址。最初学校提出天竺园和光明路两处供口腔医院选择。因为 1959 年为了成都市政建设，从皇城（现展览馆①）向南直达火车南站建一条马路，作为成都市南向的主干线，名为人民南路。也就是从皇城坝向南拆，三桥北街、三桥南街、红照壁、纯化街都拆光，再向南拆城墙、越锦江，一直向南拆下去，把华西坝拦腰切成两块，拆去了无数民房和城墙，将美丽的华西坝分成了东西两部分，大约占去了华西坝 15 万平方米的土地，拆去了极有艺术风格的万德门大楼，也将美丽的天竺园一分为二。不但破坏了华西坝这块成都文化积淀的整体，也使昔日蜀王的"中园"荡然无存。记得陆游有数首诗句描写此地此景，如"当日走马锦城西，曾为梅花醉似泥，二十里路香不断，青羊宫到浣花溪。"此景，今日已很难寻了。

　　新开的大马路，两边空荡荡的，成都市政府希望沿着马路两侧能有一些大型建筑物，米建书市长负责城市规划，将此意图告诉了马俊之校长（当时是四川医学院党委副书记）。她了解到这些情况，告诉了我们。我和高俊清征求了一些老师的意见，最后决定在天竺园修建

---

① 现为四川科技馆。著者注。

口腔大楼。上报学校，得到同意后，即刻我和高俊清测量了应占用土地的范围。麻烦的是要拆掉5座很有特色的别墅式楼房和花园；要占用两所教师住宅庭院，其中还有三座中式楼房；还要砍伐15棵属于保护性的大楠木树，这样就要彻底地消除幽静的华西坝校北路。领导们亲自下来考察实情，克服了一些困难，同意了我们的意见。

随即，学校组织修建口腔医院办公室。由总务处张樊其惠负总责，事务科长李振惠协助工作，并由口腔调出刘大维、邓典智、吴德全三位医生和附属医院人事科长王耀峰等作为办公室成员，我负责总体规划和具体工作的协调，由西南设计院杨光珠总工程师规划设计。我们要求8000平方米业务用房，包括113台治疗椅位，每台占用8平方米，并面向玻璃窗，以便符合自然采光要求。7个候诊室、100张住院床位、4个手术间和其他的手术室用房、患者出入院用房和患者出入院处、淋浴室；教学部分有三个20平方米的临床教室，两个100平方米的专科教室，一个300平方米的阶梯学术讲演厅，三个教研室的资料、会议室，组织病理学临床诊断实验室、专科教室，10个教授办公室；科研部分有微生物研究用房，解剖生理研究用房，电生理研究用房，研究所的办公、科研等用房；管理部分有系、院办公室，教学秘书和资料室，正副院长办公室，财务室，临床检验室，急诊室，值班室、接待室；还有一个重要部分是特诊室，其中有两个椅位，候诊、接待、资料保管专用房等，其所处大楼的部位也有一定的要求，以上所述只是最主要部分。我先画了若干张平面草图，标明各房间的比邻关系供工程设计人员参考。

详细图纸出来后，上报卫生部审批。1964年春正式开工，以后几乎每月卫生部基建部门都要派人来现场检查一次。经过一年多的施工，随后又是内部装修、设备安装，到1965年初，我国首座规模最大、设备最齐全的口腔医学专科大楼拔地而起，以其独特的造型、崭新的面貌屹立于人民南路三段之西侧[①]。

---

① 王翰章：《翰墨荃馨——一个医生的历程》。北京：人民卫生出版社，2013年，第165-267页。

　　从申请立项到落成后正式对外开放，每一个环节他都亲力亲为，为了口腔大楼的顺利建成，王翰章的确是倾尽了心血。无论是对建筑材料、施工质量的把关，还是对每一笔建设费用的审核，他都是严字当头、一丝不苟。在最后经费决算时，整个工程项目只用去 140 万元，竟然还节约上交了 10 万元。这在今天看来，实在令人感到不可思议。

　　邓典智是当年抽调到筹建办公室的 3 名医生之一，他回忆道：

　　　　王翰章教授对这个工作非常重视，他要求我们每天拿着图纸上工地，认真检查工程质量，诸如水泥的标号、钢筋的粗细……口腔大楼（医院）的建筑质量非常过硬，"文革大革命"武斗时被打了几千枪，一点损伤都没有。为了确保工程质量，王翰章教授自己更是不知道到过工地多少次，非常关心，非常用心。[1]

　　温玉明则讲述了这样一个小故事：

　　　　王翰章老师非常爱惜这个大楼，把医院看成好像是他自己的东西一样。我记得最清楚的就是，在手术室，有时候年轻人不大注意，碘酒用完了一甩，墙上弄个碘酒的记印，或者手术当中血喷到哪个地方没擦干净，他来了以后，都要拿个酒精棉签在那儿要擦半天，一定要把它擦干净。有时候花一二十分钟就慢慢在那儿擦那个记印，我觉得真是不容易做到的[2]。

　　1966 年 5 月 1 日，四川医学院附属口腔医院新大楼举行隆重的落成暨开诊仪式，次日正式对外开放、接待患者。王翰章的心血没有白费，他的梦想终于实现了。

　　口腔大楼的建成投入使用，为华西口腔医学事业的发展创造了一流的硬件条件，具有非常重要而深远的意义。温玉明、邓典智语气坚定而骄傲

---

① 温玉明、邓典智访谈，2014 年 4 月 25 日，成都。资料存于采集工程数据库。
② 同①。

地说：

　　口腔大楼在我们
华西口腔的发展历程
当中的作用和地位是
非常重要的，在当时
产生的影响也非常
大，甚至北京医学

图6-8　新落成的四川医学院口腔大楼（1966年）

院后来建他们的口腔医院大楼都到我们这儿拷贝我们的建筑图纸。总
之，可以说全国（口腔界）都很羡慕我们。①

　　作为当时全国唯一一家医教研独立整合在一起的口腔系（口腔医院），
它不仅令全国同行羡慕不已，更令华西口腔师生自豪振奋。在那里，王翰
章和华西口腔的同事们开展了许多新的医疗技术，解除了大量患者的痛
苦，同时还接待了许多国内外名人和前来考察学习交流的国内外口腔医学
界专家学者。如世界著名科学家李约瑟博士曾两次来到口腔大楼的手术室
考察针刺麻醉在口腔颌面部进行手术的效果，了解麻沸散在临床应用中的
实情，并将考察情况写入其举世名著《中国科学史》。

　　2006年9月，运行了40年的口腔大楼在完成了它的历史使命后被拆
除。在其原址上，一幢现代化高楼拔地而起，延续着王翰章为之奋斗的华
西口腔事业的辉煌，这就是今天新的四川大学华西口腔医院大楼。

---

① 　温玉明、邓典智访谈，2014年4月25日，成都。资料存于采集工程数据库。

第七章
道阻且长

关于"文革大革命"这段经历，王翰章说"现在回忆起来仍令人心惊肉跳"。在撰写回忆录的过程中，他本想回避这段不堪回首的经历，但是要讲历史，就不可能翻过这重要的一页。因为它不仅是王翰章个人的遭遇，也是一个时代的灾难。即使在那样艰难屈辱的岁月里，王翰章依然不计个人得失，保持着一名医生和教师的强烈责任心，恪尽职守，在医、教、研和行政管理各方面积极开展工作，并取得了一些重要成果。

屈 辱 历 劫

1966 年 5 月 2 日，口腔大楼在落成后的第二天即正式对外开放，接待患者。新楼开诊后，很快日门诊量就达到 800 余人次，住院部的 100 张床位也渐已住满。分散在四川医学院内各处的口腔所有部门也都迁入其中，华西口腔有史以来第一次形成了医、教、研三位一体的完整组合与相对独立。新的大楼、新的设备、新的工作条件、新的期望，令全体教职工和学生们欢欣鼓舞，对未来的发展充满信心。就在大家兴高采烈积极工作的时刻，"文化大革命"如暴风骤雨般突然袭来。

"复辟资本主义"典型被扫地出门

1966 年，6 月 7 日，四川省委、成都市委派出"工作组"来校领导运动。不久，全校被迫停课。先是学习《人民日报》于 6 月初连发的几篇社论和有关文件，随即全校开展"大鸣、大放、大字报、大辩论"。一夜之间，医院大楼的墙上、路旁新建的长长的大字报栏上，甚至王翰章家的墙和窗户上，密不透风地贴满了形形色色的大字报。王翰章不幸成为首批"上报"被批判者之一，罪名就是修建口腔医院大楼，说这是"修正主义""复辟资本主义"的典型。面对莫须有的口诛笔伐，王翰章夫妇和大家一样都感到十分紧张，却又一片茫然，不知道将要发生什么。

运动很快升级。8 月，中央发布《关于无产阶级文化大革命的决定》（全国掀起了红卫兵运动，四川医学院也相继出现了红卫兵组织和其他"造反"组织；10 月，全国又掀起批判"资产阶级反动路线"高潮。于是，这些组织以抓"牛鬼蛇神"为名，肆意揪斗各级干部和教师，扣上"走资派""反动学术权威"的帽子，有的被戴高帽子游街游校，有的被罚站、罚跪、殴打；院系两级机关办公室、档案室被抄；还以破"四旧"（旧思想、旧文化、旧风俗、旧习惯）为借口，抄了一些专家、教授、干部的家，王翰章也未能幸免。

口腔医院的造反组织率先组织领导在华西坝第二广场召开数千人大会，对口腔医学系揭发批判。他们慷慨激昂以及其煽动的语言、无中生有的事实，无限上纲上线，捏造出骇人听闻的故事，惊天动地的口号打破了华西坝往日的宁静。

激动、激愤、激怒的气氛笼罩着整个会场，从下午 2 时闹到深夜 12 时。散会后，一群人簇拥着我来到口腔系院办公室，以抄黑材料为名，叫我打开办公室的文件柜。我清楚柜子里没有任何什么黑材料，可是我也不能没有原则地去打开那些文件柜给他们看。屋内挤满了人，紧紧地把我围着，叫喊声、口号声、谩骂声、拍桌子声震耳欲聋地把我包围在中间。我一遍又一遍地解释说："真的没有什么黑材料"。就这样坚持着，直闹到凌晨5时，他们不耐烦了，就动起手来，七手八脚地将柜子门踢碎了，文件散落一地。他们从中抽出两封信，我说："你们不能打开它，更不能看其中的内容！"他们强行把信封打开，是两封反映职工生活问题的检举信。他们失望地把信摔在我的面前，踏着满地的文件气冲冲地散了。我已15小时没吃、没喝、没有休息，我疲惫不堪地回到家里，看见尔荃和两个孩子焦急不安的情况，我的心都碎了①。

紧接着，全国又掀起了"踢开党委闹革命"的疯狂浪潮。两个月后，1967年1月，上海发生了所谓的"一月革命"——造反派正式宣布夺取上海市委、市人委②领导权。此后，全国各地造反派随即纷纷效法。1月20日，四川医学院党委和行政领导被夺权，组织管理机构陷于瘫痪。随之，口腔医学系和口腔医院也被夺了权，口腔系院公章以及王翰章四人的印章都被"造反派"一扫而光。"造反派"居然煞有介事地接管了口腔系院的工作，甚至还指定了各科新的负责人。"交权"后的王翰章除了不断地被揪斗，就是去做一些临床医疗工作，总算没有像别的老教授那样被派去打扫厕所。

一颗流弹打中周岳城的胸膛

夺权之后的造反派组织很快因观点分歧发生"内讧"，从大字报论战发展到持械武斗。1967年夏，在所谓"文攻武卫"的口号的煽动下，全国的武斗急剧升级，四川的武斗更为严重③。成都的派系于当年5月起即开始爆

---

① 王翰章：《翰墨荃馨——一个医生的历程》。北京：人民卫生出版社，2013年，第274-275页。

② 市人委，全称是"上海市人民委员会"，也就是当时的上海市人民政府。

③ 尹家民：受困于"文革大革命"中的成都军区一把手。《党史博览》，2006年第12期，第36页。

发大规模持械武斗，两派之间不断发生真枪实弹的激战。四川医学院也成了武斗据点之一，最多时进驻了社会上的大小8个"造反派总部"，大批教职工特别是医务人员被迫撤离学校。

开始的一段时间，王翰章和口腔部分教职工还坚守在医院开展医疗工作，同时救治那些武斗"伤员"。

> 头面部受伤的人大部分集中在华西口腔医院，口腔医院的病房、走廊、教室都挤满了头破血流的伤员，我们不停地去剃头、消毒、清创、缝合、包扎。在医院的费用，包括吃住，一切都是无头账。
>
> 我住在口腔医院职工宿舍内，子弹从头上乱飞，孩子还要到食堂去拿饭，真是担心至极。一位口腔系的张姓学生在大楼外部楼梯上被子弹击中而亡，最不幸的是我们院中一位教授的儿子才从住房走下台阶，就被子弹击中，夺去了年轻的生命，使人悲痛不已。
>
> 为了防止流弹伤人，医院大楼门诊四层楼的玻璃皆用棉絮被子屏挡起来。
>
> 口腔颌面外科周岳城教授在诊治患者时，一颗流弹穿过玻璃窗和棉絮直射到他的胸部，他应声倒地，喊叫："我被枪击中了！"诊室大乱，人们立即将其上衣逐层解开，寻找伤处，见一子弹恰在他的胸前内衣与皮肤之间，只伤及了皮肤。真是万幸[①]。

武斗越来越激烈，情况越来越严重，很快医院大楼空无一人。王翰章也和教职工一样被迫离开了危险的口腔医院，离开了家，到城内躲避。儿子去了北京，但是北京更不安宁，后来到大连海军舰艇学院的弟弟王秀章那里住了一年，才算躲过那场武斗之灾。

在此期间，王翰章大部分时间到附近的军队医院做手术，有时也在成都市第三人民医院做些医疗工作，过着流动的生活，直到1968年四川医学院革命委员会成立。

---

① 王翰章《翰墨荃馨——一个医生的历程》。北京：人民卫生出版社，2013年，第275-276页。

"远征军"分子王翰章被揪斗

1968 年 9 月 8 日，随着"四川医学院革命委员会"（简称校革委会）的成立，学校开始恢复运作，口腔医院等附属医院也重新开门接诊。

然而，武斗造成的后果却令人触目惊心，更令王翰章心痛不已。当他和部分教职工回到朝思暮想的口腔医院，映入眼帘的景象让他感到震惊，他的心情一下变得非常沉重。布满弹洞的墙壁、破损不堪的窗户、凌乱残缺的医疗设备，时隔两年，那座崭新而光洁的口腔大楼已是面目全非。家里的状况更糟糕，书籍、物品已经被盗，焚烧的纸灰竟有一米多高，连地板都被烧穿一个大洞，而且满屋都是粪便。

本以为校革委会成立了，一切都会恢复正常的秩序，哪知道对王翰章来说，真正的厄运才刚刚开始。校革委会成立后，对干部和知识分子的打击迫害仍在继续，学校的"文化大革命"进入了"斗、批、改"阶段。一批领导干部和知识分子被关进"牛棚"，实行"群众专政"，继续遭到残酷斗争和无情打击。

王翰章回到口腔医院就立即被隔离起来。隔离的理由是王翰章做梦也想不到的：在近万人的大会上，他被揭发是修正主义分子和国民党赴缅甸远征军分子。这实在是天大的谎言和污蔑。自 1942 年来到成都，在 1951 年参加援朝医疗队之前，王翰章从未离开过成都一步。他怎么也想不通那些人为何给他扣上这样一顶没边没谱的帽子。但是在那个时候，像他这样的"牛鬼蛇神"是没有任何解释的权利的。王翰章在回忆录中描述了当时遭受非人待遇的详细经过和痛苦感受：

> 我被揪到台前跪在地上，纠察队拿着皮腰带，轮换抽打我的头和背，当时有五六十位专家、教授和领导干部跪在台前被批斗。散会后，两个人拉着我以"喷气式的姿势"快跑，已经在石子地上跪了半天，由于双膝疼痛已近昏迷，何况颈上还挂着重重的反革命分子的牌子，还有什么力气跑。有的人还没站起来就倒下去了。有三位专家教授晕倒在路旁，

近乎死亡，纠察队狠狠地踢他们，怒吼："不管他们，死了算啦！"

……

更甚者，一天夜晚在医院大楼门前广场批斗我，在把我押到会场的路上，见尔荃被两个戴着红袖套的人拉着双臂、按着头、弯着腰在（荷）花池旁，激起了我心中的怒火，说我有罪，与她有什么关系呢？是不是要株连九族呢？批斗时说我态度不好，把我拉出会场作喷气姿势的路上，两边戴着红袖套的人拿小石子打我，我尽量蹲下来快走，怕打到头上。我远远地听到把某某的老婆揪上来，我听了这个声音，脑子一下嗡起来，已感觉不到有如雨点般的小石子打在我的身上，我在想尔荃是自尊心很强又非常注意脸面的人，她怎能经得起那样的污辱呢？

我心急如焚，身体已经麻木起来，感觉不到他们还在打我、他们拖着我快跑。就这样连拉带拖地把我弄到关押的地方。我趴在地板上，用拳头使劲捶地板，我想起奶奶教我做个大男人，我给奶奶丢脸了，妻子都保护不了，算什么大男人，我是人吗？还能在人的世界上生存吗？脑子嗡嗡作响，胡思乱想中昏昏沉沉睡了。

我每天一有机会就站在玻璃窗前，远望一条小路，那是尔荃上班必经之路，希望能见到她的身影，表明她是平安的。后来听说尔荃总算过了郑一天的关，我紧张的心情才放松点。

我被关押期间，除每周五下午，我12岁的女儿来送换洗衣服外，不许见任何人。我几乎天天盼星期五到来，因为能看到女儿稚嫩的小脸蛋儿，她能带给我一些妈妈的消息，那时我想，只要家里人都活着就好。可是她带给我的有时是朋友的跳河、邻居的死亡，她小小年纪，每次都要对我说："妈妈叫你想开点，千万不能学他们，那样您的冤屈永远也说不清了。"我含着眼泪把她抱起来，我说："爸爸听你的，绝不会那样做。"[①]

关押期间，儿子王慰岷被下放到川北广元一个叫筹笔公社的大山上

---

① 王翰章：《翰墨荃馨——一个医生的历程》。北京：人民卫生出版社，2013年，第277-278页。

"接受贫下中农再教育"，王翰章流亡入川时曾路经附近，知道那里荒僻艰险，听后他只感到全身发凉，心都碎了。但是除了一再嘱咐儿子注意安全外，只得徒呼奈何。

备受凌辱的"牛棚"生活还在继续。除了大会批斗、陪斗，每天凌晨，王翰章还要和口腔的几位老教授一起，颈部挂着反革命分子的牌子，以"喷气式"的姿势一字排开地站在口腔医院挂号大厅内，在挤满前来挂号的人群面前任人辱骂和捶打。直到1970年年初，王翰章才终于被放出来。重获自由的王翰章没有计较那些人、那些事，更没有让自己陷入历经劫难造成的心理阴影。他的宽容来自医者的精神和做人的信念，在任何时候，他都没有忘记自己一生的誓言。

永远恪守医生的天职

图7-1　王翰章被放出来第二天拍的全家福（1970年）

王翰章是一个沉稳、坚韧而豁达的人。从那张摄于1970年的全家福中，谁也看不出照片里的他刚从关押处被放出来。从他的经历中，可以真切地体会到"宠辱不惊"这个成语的深刻内涵。

"出来"后的开始一段时间，王翰章每天的工作是打扫口腔医院的环境卫生，后来被安排到手术室做勤杂工。过了很久，他才被允许参加"早请示晚汇报"[①]，这意味着他基本上解除了反革命分子的身份。在手术室"打杂"最使他感到紧张的是造反派做手术，有的人对手术竟然一无所知就敢上手术台。他们命令王翰章站在其身后，从切

_____

① 　早请示、晚汇报是"文革大革命"期间一种对毛泽东"表忠心"的祝颂礼仪、例行程序。

开皮肤到剥离深层组织，让他一步一步地做现场讲解，就好像他们只不过是在做动物实验。那些人有时甚至用器械乱捅，几乎到了危险和要出事故的边缘，常常吓得王翰章满身是汗。

这样的日子过了一阵，直到有一天口腔医院革委会主任告诉王翰章问题已经查清楚，他以后不用再在这里劳动了，并安排他去上门诊。所谓门诊工作，其实大部分时间都是外出会诊，近的在市内各医院，远的到省内各区县，无论地点远近、病情难易，王翰章总是随叫随到、全力以赴。其中尤以两次远赴距成都 200 多公里的雅安石棉县、阿坝理县的出诊经历最为印象深刻。

一天深夜，王翰章被从睡梦中叫醒，要他立刻赶赴石棉县救治一名被熊抓伤面部的患者。因为夜深路远，四川省卫生厅派来的救护车上专门配备了两名司机。王翰章带着麻醉医师和专科器械于凌晨 2 点上车，直奔石棉县。那时交通不便，318 国道的路况很差，路面狭窄、不平坦且多急弯陡坡，两位专业司机轮换着开车，连夜不停地赶路，就是这样还足足开了 12个小时，下午 2 点左右才赶到石棉县医院。院方专门腾出一位医生的新婚屋子让他们休息。王翰章向主治医生了解病情后，略事休息，吃了点东西，下午 3 点就来到手术室检查患者伤情。患者男性，50 岁，因猎熊而被熊所伤，熊在其左侧面部抓了一下，致其左脸软组织全部消失，下睑亦已不在，眼球外露、破裂，伤势很严重，所幸大部分口腔黏膜尚在。面部损伤及整形外科经验丰富的王翰章很快制定了治疗计划：清创后，待肉芽组织生长，再行整形手术。后来的一年中，他 3 次前往石棉，终于将该患者治愈。

另一次是远赴阿坝理县救治一位因交通事故导致颅脑损伤及上颌骨骨折的患者。王翰章又是日夜兼程地赶到川西偏远山区中的理县森工局医院，抢救这名 40 岁的藏族男性患者。为了救治该患者，他在理县森工局医院住了整整 3 周。在此期间还看了些其他患者，并做了几例手术。

所有这些故事都发生在他走出"牛棚"、重见天日后的几个月内。医者仁心，即使遭受了极其不公正的待遇、遭受了长时间肉体和精神的折磨，王翰章还是牢记并践行着自己的誓言，恪守医生的天职，用自己的医德医术去帮助那些需要帮助的人。

军垦农场①

图 7-2　王翰章在大凉山军垦农场（1970年冬）

1970 年 6 月，按照上级《关于分配一部分大专院校毕业生到解放军农场去锻炼的通知》要求，四川医学院把教职员和学生 3000 多人集中派遣到四川凉山彝族自治州所属昭觉、普格、甘洛等县的军队农场进行"劳动锻炼"，时称安家落户。

在这一错误决定付诸实施之前，广大师生和学校领导闻讯立即反映意见，要求改为到厂矿、农村搞巡回医疗，以体现医药院校的特点。由于受"文化大革命"极"左"思潮的严重影响，有关上级领导把学校视为"封、资、修"影响根深蒂固的顽固堡垒，必须实行"牢固占领"和"彻底改造"，因而坚持其错误决定。这种错误思潮和错误决定直接影响了军队农场的干部，以致其将师生们视作"专政对象"进行劳动惩罚。②

王翰章和口腔系的师生被送到甘洛县进行为期 8 个月的"锻炼"，其中包括魏治统、张琼仙③等老教授。

---

① 本节主要选取自王翰章：《翰墨荃馨——一个医生的历程》。北京：人民卫生出版社，2013 年，第 281-287 页。

② 《四川大学史稿》编审委员会：《四川大学史稿》第五卷。成都：四川大学出版社，2006 年，第 78 页。

③ 张琼仙（1910-2013），四川简阳人，1936 年毕业于华西协合大学牙学院，中国第一位牙医学女博士，著名口腔修复学专家。

一个炎热的上午，王翰章和几位老教授以及口腔1969届、1970届全体学生400余人登上成昆铁路的火车，当天夜里到达甘洛县车站。大家排成长队，背着行李，在漆黑的夜里深一脚、浅一脚地爬上崎岖的山路，直到深夜才到达营地。第二天，他又和1970届的学生被分到位于更高的山上的营地，那里被称作十三连。1969届的学生和几位老教授则留在被称为十连的原地。

既然是到军垦农场锻炼，自然要实行军事化的管理。每天清晨，王翰章跟着学生们出操，饭后去更高的山上开荒种地，过着日出而作、日落而息的山村生活。高强度的体力劳动已经使人疲惫不堪，但这还不是全部：连队经常还要在夜间紧急集合，翻山越岭搞拉练！

学生们年轻倒还罢了，王翰章当时已经年过半百，要在漆黑的夜里追着枪声往山上跑，就是跟在女学生后面也是力不从心。

> 我落在后面只能见到她们远远的背影。我怕落远了，连她们的背影都看不见而迷失了方向，若是在盲目中跌入深谷，除会受伤外还会被野兽伤害，我只有拼命地追，恐惧的心理也就被掩盖了。

在"劳动锻炼"的艰难岁月里，王翰章不时想起下放到川北广元崇山峻岭中的儿子。那里没有耕地和稻田，只有山坡、红薯和一点点玉米，他不敢想象，在那样的艰苦条件下，儿子怎样"安家落户"、怎样生存与生活。

在十三连，王翰章是唯一的老师，为了改善与农场干部的关系，为学生们争取尽可能的"优待"，在坚持参加劳动的同时，他还克服困难、发挥专长设法为当地做些有益的工作。到连队驻地不久，王翰章很快成了那里的保健医生。他为学生、彝族同胞、铁路工人作了一些外科手术和其他医疗保健工作，如在铁路工地医院做示范性鼻部损伤后的整形手术、为彝族同胞作面部损伤的整形手术、为一位在劳动时不慎砍断左手两条肌腱的学生做缝接和整形手术，等等。

转眼秋去冬来，1970年年底，王翰章和十三连的学生们奉命到斯足挖煤。这是一项艰苦而危险的工作。

斯足是甘洛县坐落在深山峻岭中的一个小镇。镇子很小很小，镇上只有一条不足百米长的路。

这个深山小镇唯一的那条马路旁，一户居民也没有，平时是静悄悄的，偶尔有羊群走过，打破那沉静的空气。赶场的日子是另一种景象，熙熙攘攘的人群挤满了那条不足百米的马路，给我印象深刻的是那些穿着五彩缤纷、非常美丽的百褶裙的彝族姑娘和小伙子们那朝气蓬勃的场面。小镇与彝族百姓的生活紧密相连，因此我有机会深入到彝族同胞的生活中去，了解他们的习俗，也为他们做些有益的工作。

口腔 1970 届学生去挖煤，1969 届的学生到原始森林伐木。

我和 150 名学生来到斯足，男女学生分住在两个大棚子里，墙是土夯的，棚顶是瓦盖成的，地面铺了厚厚的茅草。我和彝族的连长住在坡上的一排房子里，周围都是花椒树。经过一天的"生产安全"学习和简单的准备，第二天就开始工作。

斯足煤的质量非常好，属于露天煤矿，可进行开放式挖掘。开采首先须探明煤层的所在，确定开挖地点，然后打眼、安放炸药、划定警戒线，在一定范围和时间内禁止通行，再点燃引线，一声巨响，四射的石块可高达数十米，解除警报后，清除土石块，煤层显露出来，再进行挖掘。煤层可深达数十米，煤被一筐一筐地往上运。每个步骤都非常危险，随时可能发生人身安全事故。煤的产量，按班、排每日有一定指标，我除去担心学生的安全，还担心每天出煤的产量能否完成。还要吃忆苦饭，那顿饭只吃野菜。所以，这段时间我仍过着忧心忡忡的日子。

在军垦农场劳动期间，师生们政治上承受着巨大的压力，生理上承受着高强度劳动的压力，加上生活艰苦、居住条件极差，不少人生病受伤。大家对于在"左"倾错误思潮指导下受到的迫害表现出强烈不满。由于广大师生不断反映意见，有关上级才允许教职员在劳动 8 个月之后返回学校，学生在劳动一年零两个月以后接受毕业分配。

1971 年 3 月，王翰章随学校教职员回到成都。

此后，为了学生的毕业分配，王翰章又三次前往凉山参与这项既不好做、又得罪人的工作。为此，他走遍了四川医学院全校学生分布在甘洛、普格、落乌沟等处崇山峻岭间的六七个营地。

"文革大革命"期间的医教研

在"文化大革命"中，四川医学院停止招生 6 年，而停止招收本科生竟长达 11 个年度（1966—1976 年），这是建校以来所不曾有过的[1]。

1969 年，全国武斗的狂潮逐渐消退。从这一年的夏季开始，学校奉命接受了一些非本科的教学任务，主要有 1969 年 5 月—1970 年 8 月在四川省盐亭县举办的"贫下中农医学院"，学制为一年零三个月；1970 年 10 月—1974 年 5 月为成都军区、四川省军区、铁道兵举办三期军医培训队，学制一年零十个月至两年半，学员共计 556 名；1974 年在绵竹、剑阁、三台平武等县举办医学教育函授班，学制二年，招收学员 656 名；1975 年和 1977 年分别在西昌和绵阳举办"社来社去"（指学生从人民公社招收，毕业后仍回到公社）医学班，学制二年，招收学生 160 名[2]。

1972 年春，就在口腔系开始准备恢复教学工作之际，王翰章被任命为四川医学院教务处长，同时仍兼任口腔系主任。

当时的教务处不仅要负责全校的教学工作，还负责管理学校的科研、教学设备、图书馆、印刷厂等工作。王翰章觉得自己没有这方面的经验，再加上"文化大革命"的冲击余悸未消，因此多次恳辞，但是学校坚持要他赴任。最后，他还是服从了上级的安排，条件是学校同意他一部分时间

---

[1] 《四川大学史稿》编审委员会：《四川大学史稿》第五卷。成都：四川大学出版社，2006 年，第 80 页。

[2] 同[1]。

在教务处、一部分时间在口腔系开展自己的专业工作，同时负责口腔系和口腔医院的工作，有些具体行政事务由陈安玉协助。

"工农兵学员"与"开门办学"

所谓"恢复教学工作"，实际上主要是指学校开始招收"工农兵学员"，又称"工农兵大学生"。招生办法是取消考试，实行"自愿报名、群众推荐、领导批准、学校复审"的十六字方针。

1972—1976 年，学校每年按国家计划招收"工农兵学员"，学制三年，共招收 2974 名学生，其中口腔医学专业学生 418 名。由于在劳动中荒废了学业以及新生的水平参差不齐，一些教师抱怨"工农兵大学生"的文化水平太差。更为荒唐的是，由于强制推行 1971 年《全国教育工作会议纪要》和朝阳农学院的"办学经验"，教学中对于这些基础本来就差的"工农兵大学生"强调要联系实际，实行"开门办学"。在教学中不顾规律，忽视对学生基础知识的训练，教学秩序被完全打乱。

王翰章刚到教务处走马上任就碰到了一个又一个新问题："工农兵大学生"怎么招收？开门办学怎样办？采用怎样的教材实施教学？对他来说，可谓处处都是难题。

当时，四川医学院校外的"开门办学"分散在全省 30 多个教学点。5 年间，学校轮流派出教师和干部 1200 多人分赴西昌、凉山、乐山、绵阳、温江等地区的数十个县、区、社，在当地的医院、防疫站、药检所开展教学工作。口腔系的"开办点"在距离成都相对较近的新都县和邛崃县的城镇，各有十余台治疗椅和十来位医护人员以及一定数量的学生。那时，王翰章没有住在学校家里，而是定点住在绵阳

图 7-3　王翰章在四川三台县开门办学点"农业学大寨"大会上讲话（1975 年 12 月）

三台县医院。但是因为各教学点的人数、水平有很大差异，矛盾百出，作为负责全校教学具体管理工作的教务处长，他还要不停地往返于各个教学点，查看和解决出现的各种问题，经常轮番前往的就有绵阳地区和乐山地区的 18 个教学点。在各个教学点，为解决矛盾，王翰章常常是通宵达旦地与教师、学生座谈，而这样的事情总是一桩接一桩，忙也忙不完，令他伤透脑筋。1976 年 8 月，唐山大地震发生不到一个月，四川松潘、平武一带又发生 7.2 级强烈地震，王翰章立即驱车赶赴德阳、绵阳的教学点看望、慰问学生。因为这次地震属震群型，主震之后一周又接连发生 6.7 级地震和 7.2 级地震，学生们虽然都住在临时搭建的帐篷里，但是强烈的震感和棚顶的剧烈晃动仍然令人恐慌不已。

"工农兵大学生"的文化基础普遍较差、学制又短，而医学是生命科学，没有足够的理论基础知识和临床实践经验，是不能胜任一名医生的职责的。为了使口腔系的"工农兵大学生"能在短短 3 年时间里尽可能学习掌握专业知识技能，当然，也是"为了进一步贯彻落实把医疗卫生工作的重点放到农村去的光辉指示，使口腔医学更好地为广大工农兵群众服务"①，1972 年年初，王翰章开始组织口腔系的教师专门编写一套临时教材性质的口腔医学丛书，包括由他和李秉琦、杜传诗、雷荀灌 4 人分别主编的《口腔颌面外科学》《口腔内科学》《口腔矫形学》《口腔颌面放射诊断学》，并于 1973 年 12 月—1975 年 1 月由四川人民出版社陆续出版，成为"文革大革命"期间最早出版的一套口腔医学专业书籍。

口腔医学丛书不是一套"高大上"的学术专著，而是针对性很强的基础性教材或教学参考书。正如丛书前言中特别提到的：

> 在编写过程中，我们遵照"理论和实际统一"的原则，力求做到中西医结合、防治结合，面向农村、工矿和基层，以利于广大医务工作者学习参考。……诚恳地希望广大工农兵读者和革命医务人员提出批评建议，帮助我们进一步修改提高。

①　四川医学院《口腔医学丛书》编写组：《口腔医学丛书》。成都：四川人民出版社，1973 年。

1976 年 10 月，"四人帮"被粉碎，"工农兵大学生"这一特殊现象退出历史舞台，王翰章才结束了这种疲于奔命的工作和生活。

全国口腔医学专业教育革命经验交流学习班

华西口腔的影响力是实实在在的，即使在教育、医疗行业均受到严重冲击的"文革大革命"期间，卫生部举办的口腔医学界唯一一次全国性会议——全国口腔医学专业教育革命经验交流学习班仍然将举办地定在了成都，由四川医学院（口腔系）主持。

1973 年末，王翰章接卫生部通知赴京汇报工作，主要是汇报四川医学院三年制口腔医学专业的教学计划。王翰章不仅详细汇报了本校及口腔系的校内外办学情况，还介绍了已经和正在陆续出版的临时教材——《口腔医学丛书》的编写情况。听取汇报的卫生部科教司负责人当即表示，卫生部决定在成都召开全国口腔医学专业教育革命经验交流学习班，并与王翰章就一些细节问题和具体安排进行了交谈。四川医学院对此高度重视，决定全力以赴办好这次学习班，并指定王翰章负责具体事宜。

1974 年 4 月，学习班在成都华西坝如期举行。代表来自四川医学院、

图 7-4　全国口腔医学专业教育革命经验交流学习班合影（1974 年摄于成都）

北京医学院、上海第二医学院、湖北医学院和第四军医大学这五所全国口腔重点院校的专家教授，有郑麟蕃、曹采芳、张锡泽、吴少鹏、夏良才、汪说之、徐君伍、周树夏、王翰章、陈安玉等 20 余人。交流学习班的会场就设在口腔大楼的阶梯教室。大家在会上主要交流了当时各校"开门办学"的经验和使用临时教材的情况。

同年暑假，王翰章和医学系主任等又随学校党委书记赴广州参加卫生部在中山医学院召开的医学专业教学计划及教材编写工作会议。

"土门会议"迎来黎明前的曙光

1975 年 1 月，全国第四届人大一次会议在京召开。会上，周恩来总理抱病作《政府工作报告》，重申了三届全国人大一次会议提出的发展我国国民经济的两步设想以及实现"四个现代化"的目标，极大地鼓舞了全国各族人民建设社会主义的信心。此后，为系统纠正"文化大革命"的错误，重新出来主持中央日常工作的邓小平召开了一系列重要会议，研究对包括教育科技在内的各方面工作进行整顿。教育部据此提出了相应方案，不久，教育部部长周荣鑫又作了重要讲话，核心精神就是"要对学校进行整顿，要建立正常的教学秩序，大力提高教学质量，建立考试制度，加速人才培养"。

在这样的形势与政策背景下，四川医学院党委立即积极行动，首先组织力量对在校各年级工农兵学员的教学情况进行调查研究。一是对正在附属医院进行临床实习、即将毕业的 72 级工农兵学员的质量进行全面调查，二是对 73、74 两个年级"开门办学"的情况进行调查。

1975 年 11 月下旬，根据以上两方面的调查结果，针对"开门办学"教学质量低下等问题，四川医学院党委决定在绵竹县土门公社教学点召开七四级开门办学经验交流座谈会，即校内所称的"土门会议"。会议由分管教学工作的院党委副书记马俊之主持，教务处、各学系、各开门办学点的负责人出席。顶着巨大的压力，会议决定让 74 级的全部学生返回学校补上 16 周基础课。会议结束仅数日，同年 12 月，"批邓，反击右倾翻案风"运动又起。"土门会议"在运动中与"右倾翻案风"上挂下连，自然成了少数人攻击的目标。尽管对"土门会议"的批判甚嚣一时，但它毕竟是四川医学院广大师生在极端环境下用行动对"开门办学"错误的公开抵制，是实事求是作风的体现。王翰章作为教务处长，可谓身处风口浪尖，但是他始终沉着坚决地执行调整后的教学计划，并不为喧嚣所动摇。

会后，为了解其他兄弟院校的经验和做法，王翰章专门率口腔医学考察组到全国口腔院校、机构进行了为期一个多月的考察调研。走访了北京医学院口腔系、湖北医学院口腔系和第二附属医院、南京市口腔医院、上海第二医学院口腔系、上海市牙病防治所、杭州市肿瘤医院和浙江医科大学口腔系等 12 个单位。以参观、座谈、现场调查等形式，深入了解他们在教学尤其是"开门办学"、医院管理、新技术、新疗法等方面的经验，对华西口腔此后的工作和未来的发展均产生了积极影响。

"文革大革命"期间的医疗科研

"文革大革命"初期，在严重武斗的枪林弹雨中，社会秩序十分混乱，医疗工作几乎陷于停顿。即使在武斗风潮逐渐平息的"文革大革命"中后期，医疗工作也是很无序的：医院的规章制度被废弃，管理工作极度混乱，医护质量明显下降。多年来建立起来的合理规章制度被视为"管、卡、压"加以废除，转而按照所谓"医护一条龙"的原则实行"医护结合"和"三自一包"。尽管受到严重的干扰和冲击，王翰章和口腔医院的同事们仍坚守岗位，坚持履行救死扶伤的神圣职责，力所能及地做好临床工作。

此"三自一包"非彼"三自一包"，它只是借用曾经家喻户晓的中国农村政策称谓对当时医患关系的一个形象总结。具体的含义是：在住院病房内，患者的护理、生活、饮食由患者或其家属自理，是为"三自"；治疗由医护人员按分管的床位包干负责，是为"一包"。实际上就是取消了护理工作，否定了医生和护士的合理分工。在门诊，又想当然地采用所谓综合工作形式，不实行严格分工，有的非医务人员也可以做医生。护士可以做医生，医生也要做护士的工作，这样的混乱局面持续了很长一段时间。

王翰章就曾经与陈安玉被分在同一个大诊室工作。一位是口腔颌面外科学专家，一位是口腔修复学专家，两位不同专业的老同学竟然又在一起工作了。做口腔全科医生是不错，但是术业有专攻，一名医生要解决好患者的所有问题，实在是不容易做到的，有时甚至会很尴尬。于是，他们在诊治患者的过程中尽量相互协作，修复科问题由陈安玉解决，外科问题由王翰章负责，至于口腔内科的问题，就只好各人对付着做了。

虽然医疗无章无序，但那时医院的医疗任务还是很繁重的。由于教职工的努力，全院仍然完成了大量临床工作。与此同时，"科研工作也开展起来，如对变形链球菌、口腔材料的研究，针刺麻醉、麻沸散、肿瘤化疗等的临床应用以及龋病的防治工作，这些都取得了一定的进展。"①

此外，在王翰章等人的努力争取下，1974 年 5 月，《国外医学参考资料口腔医学分册》（双月刊）创刊并公开发行。1979 年，该刊更名为《国外医学口腔医学分册》，2006 年又更名为《国际口腔医学杂志》。这是在"文革大革命"期间华西口腔创办的唯一学术期刊，在全国口腔医学界也属凤毛麟角。

《口腔颌面外科手术学》

虽然经历着"文化大革命"的混乱与冲击，虽然肩负着四川医学院教务处长和口腔医学系主任的双重行政重担，但王翰章心中仍然惦记着业务工作。同时，更多的教学管理实践也开阔了他的医学教育，特别是口腔医学教育的视野和思路。当时，在以往的医学书籍中，有关口腔颌面外科手术学的内容极为分散，使用者要想查找非常困难。他想，口腔颌面外科是以手术为技术基础的，华西口腔又是中国口腔颌面外科学的发源地，要是由华西口腔学者编写一部与《口腔颌面外科学》教材相辅相成的手术学书籍，一定会对学生的学习实习和医务工作者的实践操作有帮助。

---

① 王翰章：《翰墨荃馨——一个医生的历程》。北京：人民卫生出版社，2013 年，第 302 页。

　　1974年，在一次四川医学院行政会议上，作为教务处长兼口腔系主任的王翰章将这个想法提了出来，得到学校主要领导的认同——因为在"文革大革命"期间出版纯业务书是一件很慎重的事情。

　　王翰章随即考虑好这本书的主要章节与架构并写了提纲，与老同学、口腔颌面外科主任王模堂商量。习惯拿手术刀而不习惯握笔的王模堂觉得很好，请他先写个样稿，以便组织人员参照编写。王翰章笔头快，按照文字简练、内容实用的原则，很快写出了唇腭裂和皮瓣转移两段样稿，随后召开全教研室动员分工会，安排各章节的具体编写事项。

　　《口腔颌面外科手术学》资料翔实，架构清晰，是王翰章和同事们在总结新中国成立20多年来四川医学院口腔颌面外科对两万余例次住院病员进行手术治疗的实际体会和记录以及有关科研、教学资料，同时吸取国内外的有益经验的基础上精心完成的。涉及的内容以口腔颌面外科的常见病、多发病，如口腔颌面面部感染、损伤、肿瘤及其引起的缺损畸形以及先天性唇裂、腭裂的外科治疗为主体，以常见的手术治疗方法为重点。体例上基本按照手术操作程序编排，并采取疾病与手术分类结合、应用解剖与手术方法结合、文字叙述与图示结合的方式，以充分凸显图书的实用性。初稿完成后，王翰章进行了初步统稿，并将书稿送给宋儒耀评阅，后来又送到北京医学院、北京首都医院、上海第二医学院、第四军医大学、湖北医学院、西安医学院和其他有关单位征求意见。然后再由王翰章逐字逐句修改加工，最后还请周岳城作文字润色，力求做到全书文字简练、通俗易懂。当时没有电脑，也没有中文打字机，为保证排印质量，定稿后，周岳城专门用钢笔正楷将全书誊写了一遍，字体工整，甚是难得，王翰章至今仍保存着这部珍贵的手稿。

　　特别值得一提的是，由于《口腔颌面外科手术学》一书涉及大量专业图谱，一般的美术工作者很难为其配画插图，绘画功底深厚的王翰章本人又政务缠身、分身乏术，多亏了多才多艺的姚恒瑞[①]，耗时整整两年绘制全

---

①　姚恒瑞（1928—1986），河北涞源人，我国著名的口腔医学家、口腔颌面外科专家，口腔医学界著名的画家、音乐家。1954年毕业于四川医学院口腔医学系，留校任教后一直是王翰章的重要助手和同事。

书的绝大部分插图（王翰章也有少量绘图）。这些插图绝大部分是根据真实的手术，先照成照片，再根据照片画成手术示意图，故展现的角度都是手术现场再现，对手术操作的指导性和实用性都很强，这些插图已成为颌面外科的经典插图，多年来被广泛引用。为《口腔颌面外科手术学》配画插图，实际上这并非姚恒瑞初显身手，鲜为人知的是，早在1959年夏良才主编出版的《口腔颌面外科学》统编教材一书中，他就担任了大部分绘图工作。1976年12月，经过教研室全体人员的通力合作，书稿终于完成，并获得1978年卫生部全国科学大会奖，于1980年6月由人民卫生出版社正式出版发行，成为我国第一部口腔颌面外科手术学专著。就这样，前后历时6年，中国首部《口腔颌面外科手术学》在"文革大革命"后期酝酿、在改革开放之初诞生了。这也是在备受磨难的十年"文革大革命"期间，王翰章主编的第二种专业图书，它蕴含着王翰章执着一生的从医理念，展现了他坚韧的精神和坦荡的胸怀，体现了他作为口腔颌面外科学学科创始人强烈的事业心和使命感，实在难能可贵。

此后的30年间，该书一直深受读者欢迎，成为口腔颌面外科手术学的经典著作和青年医生学习口腔颌面外科的必读书籍。因读者多次要求再版，30年后，年届九旬的王翰章又亲自对该书进行增删修订，于纪念改革开放30年之际由科学技术文献出版社重新出版，书名更改为《王翰章口腔颌面外科手术学》。

第八章
重任再肩

国际交流的拓荒者

图 8-1　1978年王翰章晋升为教授
（时年59岁）

"文革大革命"十年，教育卫生系统遭受重创，拨乱反正的工作千头万绪。落实政策、平反昭雪、调整班子、整顿秩序、抓师资培养、改善医疗环境、充实办学条件、开展对外交流，身兼口腔系主任和学校教务处长的王翰章忙碌异常。在心情振奋的广大教职工共同努力下，口腔医学系和口腔医院的工作很快走入正轨，重点逐步转移到教学、医疗、科研等方面。

1977年，由于"文化大革命"的冲击而中断了十年的中国高考制度得以恢复，中国庄此重新迎来了尊重知识、尊重人才的春天。它不仅改变了几代人的命运，尤为重要的是为我国在新时期及其后的发展和腾飞奠定了良好的基础。因此，在今天看来，怎么褒奖当年的恢复高考之举，都不为过。这次有 570 多万人参加的考试之所以在当年冬天举行，其中既有政策出台的曲折因素，更体现了中国高等教育制度亟待修复的迫切性。

因为时间紧、任务重，为了把即将于次年春季学期进校的 77 级学生的教学计划安排妥当，王翰章花费了很多时间和精力。但是与他刚接任教务处长就遇上招收工农兵大学生不同，这一次，他的心情显得格外愉快。按照学校办学条件和上级有关政策，当年四川医学院共招收 440 名 77 级学生，其中口腔系招收了五年制本科生 90 名，并且于次年开始恢复招收研究生，首批招收的研究生共 53 名。

自院校调整以来，四川医学院由卫生部直接领导，"文革大革命"期间改为由四川省领导。1978 年 2 月，国务院转发教育部《关于恢复和办好全国重点高等学校的报告》，四川医学院被列为全国重点高校之一。6 月，卫生部派出接收小组到校与四川省高教局进行交接工作，从此恢复了学校接受卫生部和四川省双重领导、以卫生部为主的领导体制。

1978 年 3—4 月，全国科学大会和全国教育工作会议相继召开，全校师生深受鼓舞，决心认真贯彻这两个大会的精神，为振兴科教卫生事业贡献力量。同年 10 月，学校对领导班子进行调整，王翰章被任命为四川医学院副院长，不再兼任口腔系系主任，这一职务由他在牙学院的同班同学陈安玉接任。这意味着王翰章将离开主持工作长达 18 年的口腔医学系的行政管

图 8-2　四川医学院新班子成员（左起：曹钟梁、马俊之、吴和光、王翰章，1978 年）

理岗位。为此，学校同意他可以有一半的时间做业务，主要是口腔临床医疗、科研和教学工作。事实上，在担任学校领导的几年时间里，王翰章也的确是始终心系口腔特别是颌面外科的业务。邓典智举例说：

> 虽然他担任四川医学院副院长，行政工作很重，任务很重，但是他都不忘颌面外科以及真正的学术的发展，不忘对下级医生的孜孜不倦的教诲。有什么机会、有什么信息都要给我们传达。[①]

王翰章勉强同意了这种安排，但是对于能否完成好新的使命，他仍然忐忑不安。

同一年，国家恢复了技术职称评定制度，59 岁的王翰章被晋升为教授。

美国中华医学基金会项目肇始

近年来，国际化渐已成为中国高校最热门的话题和办学方向之一。然而在 30 多年前，对外交流这一领域几乎是一片空白。王翰章无疑是四川医学院、华西医科大学乃至今天新的四川大学外事工作的奠基者。

作为四川医学院副院长，当时王翰章分工负责管理教学、科研、图书馆、教学科研设备、教材供应、印刷厂等众多业务和部门，此外还要协助校长管理外事工作，同时又要兼顾自己在口腔专业的医、教、研工作，真是忙得不可开交。不久，他又被邀请参加《中国医学百科全书》的编写工作，并担任《口腔医学》卷主编。一个人要同时承担如此纷繁复杂的工作，实在令人难以想象。怎样处理好各种不同性质的工作之间的关系，王翰章在回忆中透露出一个"秘诀"：

> 我的想法一直就这样，到了办公楼是一个世界，我把那些事都忘

---

① 邓典智访谈，2014 年 4 月 25 日，成都。资料存于采集工程数据库。

了，就完全处理这个；我到手术室，任何人不能打扰我，那时候电话也没那么方便，不许打电话，不许找我，我就完全是一个普通的外科医生在那儿做手术，不受任何的干扰，就这样。回家就是回家，回家把这些都忘了，就是回家。反正家庭是家庭，办公室是办公室，医院是医院，到哪儿去就做哪儿的工作，不要搅在一起，要不然脑子是乱的，那绝对是不成的①。

前几项管理工作，相关部门早有成规，工作人员都很专业，通常情况下不用王翰章耗费太多的时间精力。外事工作却不一样，几乎是空白，凡事都要"摸着石头过河"。此前，王翰章曾经协助校长刘承钊处理过零星的外事信函，几乎谈不上外事工作；1978年以后，随着我国实行对外开放政策，高等院校同国外的学术交流活动迅速发展起来，外事工作不再是零星琐事，而是成为了学校改革发展的一个重要领域。在这方面，王翰章所做的对学校发展影响深远的奠基性工作有两项：一是为了适应对外交流日益增多的客观形势，成立外事处（国际交流处），进而规范全校外事工作的管理；二是与美国中华医学基金会（China Medical Board，CMB）建立起良好的合作开端。

始创于1914年，最初是美国洛克菲勒基金会派出的中国医学小组，负责建造和运营北平协和医院（现为北京协和医学院）。1928年，在最后一次接受洛克菲勒基金的捐赠后，从洛克菲勒基金会独立出来，在纽约改组，取名为China Medical Board of New York，正式发展成独立的美国私立基金会。追根溯源，美国中华医学基金会实为美国洛克菲勒基金会的分支。1928—1951年，CMB主要资助北京协和医学院；1951—1980年，中断了与中国的交往而资助其他东南亚国家。1980年开始，受中国政府邀请回到中国，其资助范围扩大到当时的8所卫生部属医科院校。四川医学院就是较早与之开展合作的院校之一。

王翰章在担任四川医学院副院长期间，先后接待过2000多名海外来

_____

① 王翰章访谈，2014年4月8日，成都。资料存于采集工程数据库。

访人士，尤为印象深刻且影响深远者当属 1980 年到访的哈佛大学代表团。引起王翰章特别注意的是随团来访的 CMB 主席翁格来（Omgly）。在交谈中，翁格来询问王翰章，"和中国商谈有关问题，是找卫生部长钱信忠呢？还是找中国医学科学院院长黄家驷？"王翰章回答说这要看谈什么问题了。于是翁格来向他介绍了 CMB 的历史和自己重返中国之行的目的。王翰章敏感地意识到，这是一个对学校发展有着积极影响的事件。他首先向翁格来介绍了卫生部所属 5 所重点医学院（上海第一医学院、北京医学院、四川医学院、中山医学院、北京中医学院）的情况，重点介绍了其中的上海第一医学院、北京医学院和四川医学院，并详述了有关四川医学院——华西协合大学的历史，然后一一简要介绍了卫生部直管的 13 所医学院的情况。翁格来对王翰章惊人的记忆力和热诚的态度表示出充分的好感，双方相谈甚欢。此后，翁氏多次访问川医和更名后的华西医大，都受到王翰章等学校领导的热情接待，双方签订了多个资助项目，包括师资培养、实验仪器、图书设备及科研课题协作等。通过 CMB 项目资助，学校先后派出赴美进修的青年教师达数十人。《四川大学史稿》称，"CMB 项目正式引入以来，在很大程度上改善了学校在教学、医疗、科研方面经费不足的状况。"据统计，1981—2000 年，四川医学院共获资助项目 35 个，经费达 1000 多万美元，其中 1981—1991 年获资助项目 8 项，获得实际经费 205 万美元 [①]。作为最早促成华西医学 CMB 项目的奠基者，王翰章功不可没。

在哈佛访问团中，王翰章还结识了美国著名口腔颌面外科专家、麻省总医院门诊部主任 Dr.W.Guranlnik 教授，彼此由同行而成为朋友。Dr.W.Guranlnik 曾帮助华西口腔的数名教师到哈佛大学进修，并多次来校讲学、作示范手术、进行学术交流，对华西口腔颌面外科业务水平的提高起到了很好的作用。

在任期间，作为分管外事工作的校领导，王翰章还与美国洛克菲勒基金会、世界卫生组织、美洲中华医学会、加拿大多伦多大学等众多机构、院校的代表团进行了广泛深入的接触，对方均"热情地表示愿意以一定的

① 《四川大学史稿》编审委员会：《四川大学史稿》（第五卷）。成都：四川大学出版社，2006 年，第 185 页。

图 8-3　王翰章陪同多伦多医学院院长托马斯博士参观校园

图 8-4　王翰章陪同会见多伦多大学牙学院院长 Dr.TenCade 夫妇（1981 年）

经费和物质条件资助我校开展国际间院校的交流以及培训人才，以后逐步付诸了实施"①，从而为学校派出大批教师出国留学创造了条件。

频繁出访开展国际交流

在接待大批海外人士、高等院校与学术团体来访的同时，从 1979 年起，四川医学院开始派出领导干部或组织代表团出国考察访问。就王翰章而言，这既是分内的工作，也是开阔学术视野、更新教育理念的机会。

1979 年 2—3 月，经卫生部安排，王翰章和湖南医学院副院长王鹏程赴澳大利亚参加世界卫生组织西太平洋地区教师培训中心召开的医学教育研讨会。会议研讨的中心问题是有关医学教育改革、教学方法改革、教学计划制定原则、师资培养等。王翰章在会上发表了题为 Staff Development at Sichuan Medical College 的报告。

1981 年 6 月，王翰章参加成都市友好代表团访问了法国蒙彼利埃市。访问团的主要目的是参加两市缔结为友好城市的签字仪式。王翰章参观考察了蒙彼利埃城市大学的医学院和口腔医院，并在医院整形外科作了"关于中国颌面部整形外科的进展"的演讲，并在演讲过程中放映了所治疗病例的幻灯片，引起听众的极大兴趣。其间，王翰章还结识了欧洲著名的口腔颌面整形外科教授 Dr.Souyrin，参观了其手术室和专科病房并进行学术交流。

回到成都不久，王翰章又接到卫生部通知，参加卫生部组织的中国高等

图 8-5　王翰章访问法国蒙彼利埃大学医学院（1981 年 6 月）

---

① 《四川大学史稿》编审委员会：《四川大学史稿》（第五卷）。成都：四川大学出版社，2006 年，第 101 页。

医学教育考察团访问香港大学。8 月 24 日，考察团抵达香港，对香港大学医学院进行了为期一周的访问。在那里，他们参观考察了香港大学医学院基础与临床各科室，座谈了有关的管理办法和制度，还拜访了侯宝璋教授以前在香港大学病理系创建的实验室。当时，香港大学附属菲腊牙科医院正在兴建中，王翰章还特意参观了那里的建设工地，查看了设计图纸，以为学习借鉴。

1981 年是王翰章又一个倍感忙碌的年份。接下来，他所经历的这一事件虽然与外事工作无关，但却足以被视为口腔颌面外科发展史上的里程碑。从未放下业务的王翰章自然再忙也要参加。

出国考察访问才告一段落，10 月，王翰章又赶到杭州参加《中华口腔杂志》编委会及中华医学会口腔分会口腔颌面外科专题学术会议，即全国首届口腔颌面外科学术会议。这次会议是新中国成立以来举行的第一次口腔颌面外科专题学术会议，参加会议的有来自全国 29 个省、市、自治区的 138 名代表以及来自意大利的专家代表团。会议历时 6 天，共选出 90 篇论文进行广泛交流，王翰章在会上汇报了访问香港大学、法国蒙彼利埃大学的情况。这次会议是一次内容极为丰富的学术盛会，是一次检阅我国口腔

图 8-6　全国赴美高等教育考察团参观联合国大厦（1983 年）

颔面外科学水平的会议，也是和国外专家进行学术交流的会议，在中国口腔颌面外科学的发展历史上具有显著意义。5 年后的 1986 年，该学科的全国性学术组织——中华医学会口腔分会口腔颌面外科学组在上海正式建立。

王翰章作为学校行政领导的最后一次出访是在 1983 年。这一年的秋天，他参加中国高等教育考察团，对美国的高等教育情况进行了为期 23 天的考察。这个庞大的官方考察团由来自北京大学、清华大学、复旦大学、安徽农学院、四川医学院、中山医学院等院校的 11 人组成。9 月 14 日，考察团飞抵华盛顿，首先访问了美国教育部，了解美国对各级教育的管理制度与办法以及美国各类主要学校的管理概况。此后，他们先后访问了纽约州立大学、纽约市立大学、哥伦比亚大学、亨特学院、密歇根大学、南加州大学等一系列高等院校以及社区大学。在纽约州立大学，曾获该校医学博士学位的王翰章还特意了解了 20 世纪三四十年代该校向华西协合大学毕业生颁发学位证书的情况，算是回到"母校"的纪念。回国后，考察团一行专门向时任教育部部长何东昌、副部长彭佩云作了总结汇报。

通过此次访问，王翰章对美国的教育体系和实际状况有了一个总体印

图 8-7 高等教育考察团参观密歇根大学校园（1983 年）

象，并为四川医学院自身的教育改革提供了颇有参考价值的第一手材料。而 6 年的外事工作经历，也使王翰章对中国高等医学教育，特别是口腔医学教育的改革发展方向有了更为宏观、更加科学的思考和认识。

教育理念　人才培养

几乎在恢复高考的同时，1977 年 10 月，国务院批转了教育部《关于高等学校招收研究生的意见》。1978 年 2 月，我国研究生教育得以正式恢复，并实行学位制度。四川医学院当年招收研究生 53 人，其中口腔系 3 人。

1981 年 11 月 30 日，国务院学位委员会以增刊的形式发布公报，公布了经国务院批准的我国首批博士和硕士学位授予单位和导师名单。四川医学院口腔系的口腔内科学、口腔颌面外科学、口腔修复学和口腔正畸学获批成为博士学位授权点，肖卓然[①]、魏治统[②]两位20世纪30年代毕业于华西牙学院的老教授被国务院学位委员会批准为首批博士生导师。两年后的 1984 年 1 月，1949 年毕业留校的王翰章成为第二批博士生导师。同时也是华西口腔颌面外科学的第一位博士生导师。这是恢复学位制后，华西口腔最早的博士点和博士生导师。从某种意义上讲，这次博士点和博士生导师的认定，也是对王翰章作为口腔颌面外科学的创始人地位的肯定。

王翰章的医学教育理念

作为口腔颌面外科学乃至口腔医学的开创性人物和四川医学院长期分管教学科研的行政领导，新中国成立以来，王翰章参加了历次我国口腔医

---

① 肖卓然（1908-1998），四川新都人，我国著名口腔医学家，口腔牙周病学主要创始人之一，华西口腔第三任院长。1932 年毕业于华西协合大学牙学院并留校任教，历任口腔内科学系主任、教授。

② 魏治统（1912-1997），四川资中人，我国著名口腔修复学专家，华西医科大学口腔修复学创始人。1938 年毕业于华西协合大学牙学院，历任四川医学院教授、口腔修复学教研室主任。

学教育的方案修订、课程设置、学制与专业编定等具体内容的制订工作，尤其是我国医学教育 3 年、5 年、7 年学制的规划工作，并且往往是其中的重要成员。1976 年以后，他又对我国高等医学教育改革提出了不少建议，发表过多篇有关医学教育改革的论文，对我国口腔教育体制、体系的形成与发展作出过很大贡献。邱蔚六对王翰章有这样的评价："王老是一个名符其实的教育家，在口腔医学方面、在教育方面他是做得非常突出的。"①

中国现代牙医学之父、华西口腔的创始人林则博士在人才培养理念上提出的"选英才，高起点，严要求，淘汰制"十二字方针，至今仍是四川大学华西口腔医学院（医院）标秉的院训。作为华西口腔重要的薪火传承者和第五任院长，王翰章在领悟、贯彻林则理念的基础上，也创造性地提出了培养人才的十二字方针，这就是"强素质、宽基础、重实践、求创新"。

王翰章是一位典型的领导型学者和学者型领导，他所拥有的丰富的口腔颌面外科临床实践经验和医学教育管理经验，使他在教学、科研以及研究生培养领域都有着更为宽广的视野和更为长远的目光。从培养学生专业与技能方面，他所言的"宽基础"完全秉承了林则的大医学口腔医学观，也就是要求口腔学生首先是一名全科医生，然后才是专科医生，决不能成为一名只会拔牙、镶牙的匠人。他曾在不同场合反复强调，我国的口腔医学是大医学的一部分，是与大医学密不可分、紧密相关的。这一观点与近年来流行并广泛实验的医学生全科教育理念是完全一致的。

王翰章是一个务实而不尚空谈的人，是一位崇尚"做事"与"做人"并重这一教育理念的医学教育家。在教学实践和人才培养的过程中，他始终遵循言传身教的原则，以自己的行为方式去影响学生，使他们理解一个人要有德行、有能力、有智慧，要不断去认识自己、认识专业乃至认识社会、认识世界。王翰章常说：世间最难事，莫过管自己。一个人定下目标容易，关键在于怎样去实现，那就需要严于律己、竭尽全力。他也总是以自己严格自律的一贯作风感染、熏陶学生，使他们逐渐理解和践行这一格言。

王翰章自己是一位人文修养深厚的医学专家和医学教育家，他从不会让

---

①　邱蔚六访谈，2014 年 5 月 14 日，上海。资料存于采集工程数据库。

学生仅仅埋头于口腔医学专业，他认为，高等教育应当重视引导和启发，而非专业知识的单一传授；应当教会学生怎样学习，而非仅仅告诉他们学习的内容与答案。王翰章常常鼓励学生广泛认真地读书，以思考的态度去读书：

> 要明白我们是生活在前人的创造中，除了感谢前人，我们要做些什么？要留给人们些什么？要学生明白读书常是再思考、再创作的过程，读书时要专注、要品位，它是一种深沉的劳动，对于增加知识、扩展心灵视野是绝好的方法[1]。

倡导学生重视人格素质与人文素养即是"强素质"的重要内涵。

王翰章也是一位善于学习他人和总结经验的口腔医学教育家，而且对新事物特别敏感和易于接受，加之文笔便给，曾写过许多关于口腔医学教育方面的文字，其中最为集中体现其思想理念者是他与陈安玉合写的《关于当前我国口腔医学教育中若干问题的管见》[2]。这篇文章最早是1984年口腔医学教育研讨会上的发言稿。文中提到的某些观点颇具超前思维。

> 现行的考试制度和选拔人才的方法也有碍于学生自学，因为他们不得不向高分看齐、不得不死背教材，不考的、未讲过的内容就不会去看。现行的评教质量的办法也不鼓励发展个人兴趣，使学生的学习积极性受到了束缚。因此，要加强学生学习的主动性和积极性，必须提高教师的认识，调整课程设置，减少必修课的门数，精选教学内容，并改进选拔人才的方法，改进图书资料的管理办法，避免教学上的绝对化和刻板化，还可以让学生参加力所能及的教研活动。
>
> ……
>
> 此外，口腔是一门实践性特别强的学科，要求学生在掌握基础知识的同时，还要掌握基本技能。一定要改变现在的口腔专业的专业课

---

[1]　王翰章：《翰墨荃馨——一个医生的历程》。北京：人民卫生出版社，2013年，第351页。
[2]　《中国口腔医学年鉴》编辑委员会：《中国口腔医学年鉴》（1984）。北京：人民卫生出版社，1986年，第206-211页。

程实施上的理论讲授与实验、实习的比例不合理的现象。

上述观点中不乏"重实践"的思想，而在另一篇两年前撰写的文章中，王翰章的医学教育视野之宽广深邃，更是体现出了一个教育家的深谋远虑。1982 年年底，王翰章赴广州中山医学院参加卫生部部属高等医学院校工作会议，在会上的发言中，他对"终身性的继续教育"提出了一系列建设性意见，对"加强医学与自然科学相互配合和渗透"的学科交叉问题提出了非常详细的论述，同时还提出"卫生部应该成立全国性考试委员会"，对本科生、研究生的毕业考试以及住院医生、专科医生的培训期满考试等进行统一规范[①]。

最难得的是，王翰章始终非常重视本科教学，甚至在退休多年后，他还亲自为本科生上课。今天的大学教授提到自己的学生，往往指的是硕士或博士研究生。实际上，就一般大学而言，本科教学的重要性应当是超越研究生教育的。忽视本科教学的后果，其实就会直接导致研究生质量水平的下降。无论是在 1978 年招收研究生以前，还是此后，王翰章对本科教学都是格外重视并且身体力行，他曾为本科生上过口腔颌面外科学概论、整形外科总论、正颌外科基础、唇腭裂、颌面部损伤、科技英语等多门课程，至今仍保存着当年他亲手制作的精美的示教幻灯片。外科总论是他讲授的最后一门专业课，一直讲到 88 岁那年。更为难得的是，王翰章精通英语、俄语，有些课程完全用英语讲授。只不过后来因为时间精力所限，他越来越难以完整地给本科生上一门课。中国医学科学院整形外科医院唇腭裂中心主任、博士研究生导师尹宁北那时还只是华西口腔医学院的一名本科生，他还清楚地记得，"1986 年我进入华西医科大学口腔医学院口腔颌面外科，开始接触唇腭裂的临床工作，我的前两堂唇裂课程是口腔界老前辈王翰章和邓典智教授讲授的。"

王翰章一直很重视本科生的教学，多年来，虽然身兼数职、工作繁忙，但是他总要挤出时间给本科生授课，哪怕只讲"概论"——其实概论是最不

---

① 王翰章：对高等医学教育改革问题的一点看法。未刊稿。资料存于采集工程数据库。

容易讲好的。他希望自己能告诉年轻的本科生怎样学习、怎样做人、怎样做一名医生。因为在 20 世纪 80 年代乃至 90 年代，研究生的招生比例一直很低，绝大多数本科生毕业后就直接进入社会参加工作。

2009 年，年届 90 的王翰章"再度出山"，以自己的绘画特长为本科生开设了一门口腔素描学，一时引起不小的轰动。

弟子不在多，成器则行

"求创新"的教育理念在王翰章的研究生教育培养实践中体现得更集中、更突出。

王翰章开始招收研究生时已经年逾花甲。1981—1994 年，本着选英才、严要求的原则，优中选优，他一共招收培养了 9 名硕士、12 名博士，其中 5 人为硕博连读，实际上他的弟子总共只有 16 人。这从一个侧面反映了当时研究生培养的严格和高水准。与此同时，这"区区十几名"门生弟子也都经过艰苦的努力，出色地完成了各自的课题且皆具创新性，毕业后分别到海内外工作，如今早已成为知名学者和专业领军人物。

图 8-8　王翰章九十岁生日和弟子们合影（后排左起：毛驰、魏奉才、石冰、王慧明、黄盛兴、魏世成、许彪、郑谦，摄于 2009 年 4 月）

　　在研究生的培养上，王翰章很善于因材施教，特别重视青年人敏锐的思维，在课题选定、实验方法选择上总是耐心听取学生们的观点想法，以充分发挥他们独立思考和独立工作的能力。他不仅自己敏感于新鲜事物，更希望学生能够超越自己，在口腔颌面外科领域甚至跨学科领域不断发展创新。"计算机应用于口腔疾病专家系统以及口腔医学信息学""口腔生物材料""人工骨的生物学基础"等科研课题的开展即是明证。

　　王翰章老师治学非常严谨，他对问题的看法非常深入，无论是研究方案的制定还是实验当中碰到的困难，我都去向他请教，他都是很好地给我指导。当时我们采用一些生物材料来做颌骨的重建。当时没有组织工程的这样一个概念，实际上后来就是把它作为组织工程的一个技术。我们通过细胞的培养，包括骨头、骨髓、前体细胞的培养，然后把材料复合，再做组织的重建。那个时候我们就在做这个方面的工作，说明当时华西口腔的研究水平是比较高的，相对来说比较超前，因为当时还没有组织工程这个概念。但是我们所做的工作，现在回过来看，实际上就是一个组织工程的器官和组织再造这样一个过程[1]。

　　王慧明所说的"组织工程"项目，就是"人工骨的生物学基础"研究。实际上，王翰章一直很重视"口腔生物材料"和"人工骨的生物学基础"这两个创新性课题的研究，从1985年起，他就带领和指导博士生闵维宪、王慧明、魏世成、郑谦等人持续开展相关研究，并携手中科院成都分院与迪康药业合作开展了产业化研发工作。

　　早已成为国内著名唇腭裂外科专家的四川大学华西口腔医学院（医院）副院长石冰对导师王翰章有着异常深厚的感情。

　　王翰章教授是我最崇敬、最亲近，也是最尊敬、无法用言语来表达的老师、导师，是我人生当中最感到自豪和骄傲的一位老师，能够

---

[1]　王慧明访谈，2014年5月16日，杭州。资料存于采集工程数据库。

成为他的学生是我人生、事业发展的一个重要的基础支撑。现在回想起来，当年我报考华西口腔颌面外科硕士研究生的时候，虽然有王翰章老师的名字在招生的行列上，但是我觉得那太遥远、太伟岸，觉得自己好像根本没有能力、没有胆量去报考。所以当时我并没有报考王翰章教授的硕士研究生。但是走入华西校园以后，耳闻目睹王老师的音容笑貌、他的为人风采、他的学术造诣，使我越来越强烈地想在研究生的后期，就是读博士期间能够有机会再读他的研究生。我先跟王老师接触了一下，王老师非常和蔼可亲，不仅完全没有一点拒绝我的意思，而且鼓励我去报考（他的）博士研究生，还给我拿了参考书。这点我记忆特别深刻，当时在他的书房里有一个很大的书柜，我一看，那些书都是他主编的著作。后来很荣幸，经过努力我考取了他的博士研究生。这后头三年的博士研究生生涯，我跟他亲如父子，经常到他的身边聆听他的教诲。王老师不管再忙再累，或者心情好或者不好，对待学生都是一如既往，每次（谈话）都是短则二三十分钟，长则几个小时[①]。

石冰身上有不少王翰章的影子，比如也喜爱绘画、擅长文字和口头表达、习惯总结经验、气质温文儒雅，等等，足见其深受老师人格魅力之影响。对于 20 年前自己在导师王翰章指导下攻读博士学位的情形，石冰的回忆依然清晰如昨，集中体现了王翰章务实严谨、循循善诱的育人风尚。

王老师建议我选择腭裂的生长发育方面的一些研究，他说，这个病对患者的影响比较大，患者的痛苦又比较多，而当前治疗上又没有很好的办法去克服，亟待解决。他又给我拿了参考文献，我按照他的要求设计了一个用狗做模型的动物实验，因为用犬的体积更大，实验结果表现得更突出一些。我前前后后用了将近 100 多只犬做实验模型，中间经历了很多困难，每次遇到不解的地方，他都给我鼓励，使我能够坚持下来。比如动物得了传染病，成批量的死亡，前期实验前功尽

---

① 石冰访谈，2014 年 5 月 8 日，成都。资料存于采集工程数据库。

弃，他说："科学都是这样子，一帆风顺的科学研究结果往往并不显得那么有价值，你必须克服困难，做出人家做不出来的成果，那么才更有价值。"在这种鼓励下，我又鼓起干劲，重新开始。

当时我们对腭裂进行了一个新的研究方法，全裂隙植骨、不植骨和正常对照组以及常规手术方法，四组进行比较。初期分析发现，实际上很多问题并不像预期的那样，比较以后的结果解释不了临床现象。眼看着毕业时间又比较近了，我还是很着急，于是带着这些结果又去找王老师。王老师当时年事已经比较高了，但他还是仔细地对结果进行了梳理分析，他毕竟经验丰富，让我换一个思维角度来分析——看似无用的结果、矛盾的结果，可能恰恰是一种新发现、一种新的认识。又指点我读了一些有代表性的文献，最后终于找到了问题的答案。

当时国际上公认腭裂植骨有优点、有缺点。优点是什么？它能够增加额部的宽度，克服患者的一些面部塌陷。但它的缺点是面部中线要发生异常扭转，这对患者的面形是有很大影响的，所以这样一个优点、缺点皆有的手术方法在临床使用上就要非常谨慎、非常有选择性，而不能简单地说好或者不好。于是，我们在这个实验工作的基础上开展了新的术式研究，后来又发展了一个新的腭裂手术方法，牙槽突裂植骨的新的入路。所以说他像引路人和舵手一样，总能在你最困难的时候给你摆正航向，使你不至于在黑暗当中走更长的时间，或者做很多无用功。这样的事例，还有很多[1]。

实际上，王翰章对年轻人的成长一直特别关心，总是利用各种机会积极锻炼和扶持他们，即使自己的学生已经完成课题获得学位毕业工作、已经能够独当一面，他也仍然不断地给他们以指点、帮助与提携。

我记得最清楚的是 1998 年到 1999 年，我去日本留学前，他把一个很重要的工作交给我，他说他要主编《中华口腔科学》，这是口

---

[1] 石冰访谈，2014 年 5 月 8 日，成都。资料存于采集工程数据库。

腔医学史上，目前为止，规模最宏大的一本巨著，上中下三卷接近一千万字。按要求，至少都是教授以上的专家才能纳入编委，当时我还只是副教授。但是他为了鼓励我，说唇腭裂这一章，这一篇份量很大的，我先交给你，你写一个初样出来，如果好的话，我希望你能够成为编委之一。被老师如此肯定、重用，当时那种心情，真是难以言表。因为当时写书是非常困难的，要出一本书，首先你书号都很难申请到，不像现在出书比较普及一些，写书的途径相对多一些①。

石冰教授曾担任华西口腔颌面外科副主任、唇腭裂外科主任，现在是新世纪百千万人才工程国家级人选，四川省科学与技术带头人，中华口腔医学会口腔颌面外科专业委员会常委，全国唇腭裂学组组长，"中华慈善总会微笑列车"西南西北专家组组长，是名副其实的唇腭裂外科国家级专业技术领军人物。

在华西口腔颌面外科唇腭裂外科学组，郑谦与石冰是一对默契的组合。二人深受导师王翰章"深若其身"做人原则的影响熏陶，严于律己，宽以待人，其谦谦君子之气质，显然是对老师的人格精神的崇尚与效仿。郑谦教授1981年考入四川医学院口腔医学系，从本科生到博士生，在华西坝度过了13载寒窗，1994年获博士学位，毕业后留校工作，今天已是四川大学华西口腔医学院（医院）口腔颌面外科教授、博士研究生导师，曾任口腔颌面外科副主任、主任，现任唇腭裂外科主任，与老师王翰章的感情也非常深厚。王翰章的儿女均在国外定居，老师家里有事，郑谦每每"弟子服其劳"，多年来一直尽力照顾王翰章夫妇，情同家人。在回忆老师当年对自己的教诲时，郑谦教授对王翰章注重培养学生实践能力与综合素质的印象尤为深刻：

在我读本科的时候，老院长就是一位知名教授，因此，1987年本科毕业后，我就直接报考了老院长的硕士研究生。当时，在王翰章教授的倡导下，学校的研究生教学进行了一项改革，我们这一届的研究

---

① 石冰访谈，2014年5月8日，成都。资料存于采集工程数据库。

生被要求先到医院临床先干一段时间，然后再正式读研究生。我考取后，老院长还亲自找我谈话，告诉我想搞这个改革，以便选拔和培养实践能力强的研究生。他招研究生的要求是比较严格的，不论是品行上、学习能力上还是动手能力方面，总之要具备较高的综合素质。他说，"我们口腔外科的医生一定要有大医学的知识能力背景"，因此，考取后要求我先到临床医学院工作两年。国外的口腔不称为口腔而称为牙科，我们的则称为口腔，差别就在这里，因为我们更注重牙医学人才知识的全面性、完整性。今天中国的口腔医学培养模式都是以全面的大医学为背景，王老在其中起了很大的作用 ①。

王翰章的门生中有两位早已是北京大学口腔医学院（口腔医院）口腔颌面外科的业务骨干，他们可能也是王翰章培养的研究生当中最有特点的两位。

毛驰，1987 年考取华西医科大学口腔医学院口腔颌面外科硕士研究生，1989 年转为博士研究生，1992 年毕业获博士学位，同年分配至中国医学科学院北京协和医院口腔科。现任北京大学口腔医学院教授、主任医师、硕士研究生导师，近年来被视为华北地区最具手术操作能力的口腔颌面外科专家，主要从事口腔颌面部肿瘤的诊治、显微外科及修复与重建外科的临床和科研工作。自 1999 年以来，已完成游离组织瓣移植超过 1200 例，是该领域最具权威性的临床专家。毛驰因为手术量大，出诊地域广泛，被师兄弟们称为"最难找到的人"。

在王翰章的回忆录中，唯一被指名道姓提及的学生只有今天任职于北京大学的魏世成。魏世成当属王翰章众弟子中研究领域最宽广者，同时也最有可能成为极具创新性与开拓性的重要科学家。

魏世成，四川乐山人，1991 年获华西医科大学口腔颌面外科学博士，毕业后留校工作，曾任华西医科大学口腔医学院口腔颌面外科学教授、博士研究生导师；现任北京大学口腔医学院教授、主任医师、博士研究生导

---

① 郑谦访谈，2014 年 1 月 17 日，成都。资料存于采集工程数据库。

师，北京大学前沿交叉学科研究院学术委员会委员、生物医用材料与组织工程研究中心常务副主任、博士研究生导师。2010 年 3 月兼任海南医学院口腔医学院院长、教授。

在北大官方网站上对魏世成有这样的介绍：

> 临床专长：口腔颌面外科、口腔种植。
>
> 研究方向及专长：口腔医学中的生物材料、生物技术研究（纳米生物材料、干细胞、再生医学）。研究工作主要集中在：①口腔颌面外科学临床技术，包括口腔颌面种植修复技术、骨修复及组织引导再生技术等相关材料、技术的研究；②生物医用材料与组织工程，包括可吸收生物材料、纳米生物材料及与生物材料相关的组织工程研究；③蛋白质科学，包括蛋白质组学、结构生物学等在口腔微生物、唇腭裂等方面的基础研究。

从中不难看出，魏世成所涉及的工作和科究领域已远远超越口腔颌面外科范畴。

魏世成左华西坝学习工作的时间长达 23 年，跨越了四川医学院、华西医科大学和四川大学三个历史阶段，2003 年 10 月加盟北大时，已经是华西口腔医学院的教授、博导，可谓感情深厚，事业有成。但是他还是做出了一个人生的重大选择：举家搬迁到北京，进入一个新的生活地域和一个新的研究领域。虽然至今他仍然保留着口腔医学的临床、教学工作，但是这方面的工作量仅仅是其业务总量的一小部分。

魏世成回忆当年离开华西的情形时说："说实话，王老师是非常不希望我离开的，这个事怎么讲呢？但是最后他还是支持我的决定。"魏世成没有讲出来的事很简单：王翰章的确不希望魏世成离开华西，因为他对这个学生寄予厚望——传续自己的理想，继承和发展华西口腔颌面外科事业。

魏世成于 1980 年考入四川医学院口腔医学系，从那个时候起就开始认识王翰章，因为当时王翰章还要给本科生上课。回首与老师相识的 30 多年，魏世成动情地说："准确的讲，实际上到现在王老师一直在影响我，而不是说仅仅只是在华西求学和工作那个阶段才跟王老师有接触。在我到北京以后，都跟王老师保持密切的联系，王老师一直在关注着我们的成长和指导我们的成长。"而在谈到对老师印象最为深刻这一话题时，魏世成认为，"在求学这个阶段，王老师给我最大的影响、印象最深的东西是他的思维是非常开拓的，而且敢于让我们去创新，就是敢于给我们一些创新的机会。"[①] 具体而言，魏世成的博士研究课题"电子计算机在颞颌关节病诊断中的应用"这一跨学科创新性课题就是一个很好的例证。在回忆录中，王翰章有这样的描写：

> 魏世成同学勤奋、好学，思路敏锐，当时我对电脑是陌生的，本着教学相长的原则，通过5年的艰辛努力，圆满地完成了此项研究工作，魏世成同学获得了医学博士学位，我也从中学会了使用电脑的基本知识[②]。

魏世成说，"我这个人有一个什么特点，也许叫毛病。有些东西我可能做到一定的时候，觉得没有太多的挑战的时候，我就会放弃，然后会去找一些具有挑战的东西去做。"对魏世成来说，选择北京大学就是选择有挑战性的机会。特别是2006年4月北京大学前沿交叉学科研究院成立，更是给魏世成带来了广阔的发展空间。正如时任北京大学校长的许智宏院士在研究院成立大会上的讲话中所指出的，"前沿交叉学科研究院的成立将是北京大学历史上十分重要的一笔，对北京大学的学科建设、科学研究发展和综合素质人才的培养等都具有十分重要的意义。"假以时日，相信魏世成教授的科研工作也将取得非常有价值的成果。

此外，广东省口腔医院副院长周磊教授、昆明医学院附属口腔医院副院长许彪教授、深圳市人民医院口腔医学中心颌面外科主任黄盛兴教授、深圳市华侨城医院院长罗良教授等王翰章的学生，也都早已成为当地口腔医学界的知名专家和口腔颌面外科学术带头人。就是王翰章与李声伟教授

---

① 魏世成访谈，2014年7月8日，北京。资料存于采集工程数据库。
② 王翰章:《翰墨荟馨——一个医生的历程》。北京：人民卫生出版社，2013年，第350页。

合作培养的最年轻的一位博士研究生——2000 年毕业留校的刘磊，也已经是华西口腔颌面外科教授、博士生导师，并于 2006 年入选四川省杰出青年学科带头人培养计划及四川省卫生厅学术技术带头人后备人选，2007年入选教育部新世纪优秀人才支持计划。

以科研促学科发展

改革开放前，由于种种原因的限制，中国口腔医学的科研工作发展相对较慢，有条件开展科研的机构很少，临床研究与基础理论性研究均开展得不多。改革开放后，作为国内最具实力的口腔教学、医疗单位，华西口腔科研工作的开展是相对较早的。

20 世纪 80 年代初，伴随着改革开放、经济发展，华西口腔的临床业务呈现出快速发展态势，医院的就诊患者持续增多，诊疗业务范围也不断拓宽，口腔颌面外科住院病房第一次进行亚专业细分，即成立了口腔颌面损伤整形和口腔颌面肿瘤两个病区，各有 50 张床位。王翰章负责口腔颌面损伤整形部分，主要成员有姚恒瑞、邓典智、徐惠芬和廖小宜，他的大学同班同学王模堂负责口腔颌面肿瘤部分，遇到疑难重症则由全科会诊解决。这次专业细分和规模扩张不仅体现了华西口腔颌面外科伴随着时代进步所取得的发展成就，更重要的是它开启了中国口腔颌面外科亚专业发展的进程。在此基础上，今天的华西口

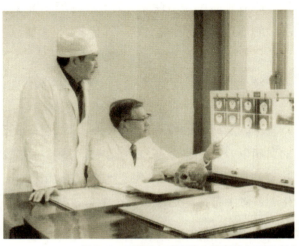

图 8-9　王翰章与李声伟分析病案（1995 年）

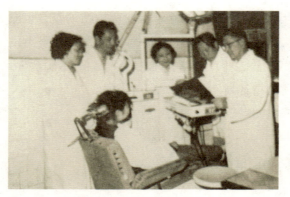

图 8-10　口腔颌面损伤与整形组会诊患者（左起：徐惠芬、邓典智、廖小宜、姚恒瑞、王翰章，1983 年）

腔颌面外科更进一步细分为齿槽外科、唇腭裂外科、创伤整形外科、颌面部头颈肿瘤、正颌与颞下颌关节外科五大亚专业，这一口腔颌面外科的亚专业细分模式——"华西模式"得到了国内口腔界的认同和效法，华西口腔颌面外科再一次引领了学科发展的方向。王翰章参与了此中过程及决策，并始终提出和坚持了自己细分深耕的观点。

自 20 世纪 50 年代初期即致力于口腔颌面损伤与畸形整复的研究，并在 1951 年在援朝救治伤员中荣立战功，半个多世纪以来，王翰章对颌面损伤与畸形整复外科学、颌骨血供动力学、皮肤组织血供、人工骨生物学基础、口腔医学信息学的研究做了突出工作。[①]

1986 年夏天，王翰章被世界牙医学最高荣誉机构——国际牙医师学院授予国际牙医师学院院士。这是国际牙医学界对王翰章的事业成就与学术地位的肯定。

结合临床医疗的科研

从医学研究的特点出发，王翰章的科研工作可以被分为结合临床医疗的科研以及跨学科创新型科研两大领域。在结合临床医疗的科研部分，王翰章的研究主要集中在先天性唇腭裂病因与治疗、皮肤及颌骨的血供变化、颞颌关节病的治疗等几个主要方向。

---

① 邱蔚六访谈，2014 年 5 月 14 日，上海。资料存于采集工程数据库。

先天性唇腭裂病因与治疗

唇腭裂是口腔颌面最常见的先天性畸形，中国每500—600个新生儿中就有一个唇腭裂患者，由于其可以引起颌面部多器官形态和功能的障碍而备受关注。虽然唇腭裂的发病率并不太高（约0.18%），但是在我国每年还是有新生唇腭裂患儿25000人左右。严格地讲，唇腭裂治疗是一个复杂的过程，需要口腔颌面外科、整形外科、口腔正畸科、语音训练科、精神及心理科等多方面专家的共同协作。但是从治疗程序的角度看，口腔颌面外科无疑是唇腭裂治疗最基础、最重要的一个环节。

王翰章曾长期追随中国整形外科之父宋儒耀以及口腔颌面外科鼻祖夏良才，在参与中国颌面外科创建的工作过程中，学习和继承了两位老师多方面的临床技术与经验，具有非常深厚的颌面损伤整形实践经历。石冰认为自己的老师"在唇腭裂的治疗上，应该说是走在当时那个时代的前列，他是实践者和传播者。"并且"做了很多操作上的改进，切口的设计上、缝合的方法上、（疗效）评价上，他都做了很多创新。"邱蔚六更是高度评价王翰章称，"王老师在唇腭裂这方面，可以说是中国的领军人物。"具体而言，早在20世纪50年代末期，王翰章开展的唇裂手术就由简单的三角瓣法逐步改进发展为矩形瓣法、下三角瓣法，至60年代初又改用三角瓣旋转推进法。腭裂手术采用两大瓣和四瓣法，为唇腭裂治疗技术的推广提高做了大量临床工作。

作为老一辈的口腔颌面外科专家，一方面，王翰章具有博学通才的特点；另一方面，囿于时代因素的制约，在其手术工作的黄金时期，唇腭裂还没有被单独地列为一个亚专业学科开展临床及科研。不过，早在1976年王翰章主编《口腔颌面外科手术学》一书时，先天性唇裂、腭裂的外科治疗就已是该书的主要内容，可见他对这一病种的重视，同时也体现了他对唇腭裂手术治疗的系统性认识与总结。改革开放后，随着人们经济条件的不断改善，唇腭裂患儿的治疗得到极大重视，与此相应，其临床及理论工作也得到极大促进。以华西口腔而论，2003年对口腔颌面外科进行了亚专业细分，唇腭裂外科即是从此成为一个相对独立的临床科室。而王翰章的两位"关门弟子"——石冰和郑谦亦由此专注于唇腭裂的临床治疗与理论研究，进而成为闻名全国的唇腭裂外科专家。

王翰章对石冰和郑谦在唇腭裂病因与治疗的研究上一直给予积极指导。他虽然不能再亲手做手术和实验，但总是言无不尽地向年轻的石冰、郑谦传授自己的思想和经验。1997—2002年，他们先后在《华西口腔医学杂志》《中华口腔医学杂志》和《暨南大学学报》（自然科学与医学版）上发表《腭裂及其修复术后上颌骨生长变化规律及机制的实验研究》《腭裂及其修复术对牙及牙弓生长变化影响及机制的实验研究》《腭裂植骨对上颌骨生长发育的影响》（动物实验研究）、《可降解 Hr-BMP 复合胶原膜修复腭部骨缺损的实验研究》等论文，体现了王翰章的长期临床实践的经验、思考与探索。

石冰回忆了自己在受命负责编撰《中华口腔科学》唇腭裂一章时的一个细节：

> 他（王翰章）让我系统地把唇腭裂专业从基础到理论到临床，包括国际上最先进的发展方式、模式技术都梳理一遍，我也发现了很多不足的地方。书稿完成后，我又继续在他指导下发展，我们又发展了八到九个手术方法。他每一个都审阅，其中有一个手术方法——关于单侧唇裂的修复手术，在国际上最权威的手术方法，我们发现很多在几何学上设计不科学的地方。发现这些问题后，我们进行了改进，然后设计了一个新的方法，我起了一个名字叫"华西法"，就是华西的方法，这个后来全国也都认可。但是王老师读了文章以后，反反复复地思考，过了一段时间，他就找我谈，他说方法很好，但是"华西法"只是一个俗称，一个科学的方法一定要有个科学的名字，这样才能够符合国际惯例、才能传承。我觉得王老师提得很好，后来我又回去继续钻研，把这个方法的核心找出来，最后提出"梯式旋转下降法"。这个方法现在正在教科书上和其他书籍上推广使用，这个名字的来源如果没有王老师的助推和点拨，可能还是一个俗称。通过这件事情就能看出来王老师对专业的发展是如何细致入微的[1]。

---

[1]　石冰访谈，2014年5月8日，成都。资料存于采集工程数据库。

作为一名科技工作者，王翰章有这样一个理念，就是要不断总结经验、传播知识。2001 年 5 月，为了提高我国对先天性唇腭裂的整体治疗水平，促进各定点医院相互间的学术交流，由美国"微笑列车"唇腭裂慈善基金会主办的第二届国际唇腭裂治疗学术研讨会在成都召开。来自中华慈善总会、美国"微笑列车"基金会及各执行治疗唇腭裂项目定点医院的200 余名代表参加了会议。82 岁的王翰章应邀在会上作了题为"我国对先天性唇腭裂手术治疗的发展历程与展望"的专题报告。2008 年，89 岁的王翰章还应邀在《口腔颌面外科杂志》上撰文，对如何发展我国特色的唇腭裂治疗方法提出自己独到的见解。关于此事，石冰对王翰章严谨务实的治学态度印象非常深刻，因为那又是一个令人肃然起敬的故事。

> 他（王翰章）专门找了我。他说："石冰，你看这个杂志社请我写一篇稿子，我多年没有亲临临床一线了，虽然了解，但是为了对读者负责，所以这篇稿子你给我出出主意，给我提供提供素材。"我非常受感动，老师能够主动找到我，让我提供素材，所以我就帮他查文献，然后给他提供一些基本素材。后来，他在这个素材的基础上写成了这篇文章，反响很好，至今仍被很多人引用。我觉得王老师德高望重，能够这样子，这对学生是两种教育，一个是肯定，一个是示范。所以，我现在有些不懂的问题就问学生，我觉得毫无不好意思的感觉。我的老师这么德高望重了，都能够对他的学生不耻下问，我有什么？所以现在我对学生讲，我只知道一点，如果说这一点之外我还号称老师的话，那是我对自己、对你们的不负责任，我只在我有所长的一点可以成为你们的老师，除此之外我还需要向你们学习。我觉得这些品质都是王老师言传身教教给我的①。

皮肤及颌骨的血供变化

王翰章及其学生所研究的血供问题是颌面部的血液流变，尤其是颌骨

---

① 石冰访谈，2014 年 5 月 8 日，成都。资料存于采集工程数据库。

的血液流变以及皮肤的血液流变问题，这是正颌外科及整形外科手术的基础性问题。有着多年丰富临床经验的王翰章深知这一问题对临床手术的重要性，因此在这一课题上花费了极大的心血。就其开展的所有科研项目而言，皮肤及颌骨的血供课题是王翰章和他的学生从事研究时间最长的一个科研课题，也是最具临床实际应用价值的科研课题，它直接关系到颌面外科手术治疗的成功率，亦即颌面部皮肤与骨的成活率。整个课题开始于1985年，到1995年完成，10年之中，包括闵维宪、彭继跃这两位最早招收的研究生和毛驰、郑谦等最后的及门弟子均参与了这一大型课题的系列研究工作并发表了数十篇论文，取得了大量研究成果，其中"颌骨血供形式、变化规律的定量研究"先后获得四川省科技进步二等奖（1996年）和卫生部科技进步三等奖（1999年）。

纵观正颌外科的发展，最先有临床手术的尝试，然后进行相关的基础研究；基础研究的成果又反过来指导临床设计，使之更符合颌骨生物学基础和血流动力学规律。随着对颌骨血流动力学研究的深化，研究手段也在不断发展和完善，逐渐从定性研究发展到定量研究，从单一、粗略的血管形态研究发展到多种手段相结合，进行精确的血流定量。定性研究是早期血供研究的主要手段，主要是从形态学的角度研究血管的分支、分布、吻合及构型。采用的方法是：将充填剂在一定压力下注入血管系统内，用X光片、组织学切片或腐蚀法使组织内的血管系统清晰地显示其分支、走行及相互关系。所获结果只能作描述性资料，带有很强的主观性；灌注性充盈所显示的血管系统不一定是生理状态下有血流的血管，它不能准确反映器官血流量，只能在一定程度上反映血供状况；微血管在灌注时的逆行充盈现象也是微血管造影不可避免的缺陷。只有定量地研究颌骨血流量，血供研究才更客观、更精确。

为了获得皮肤及颌骨血供的定量数据，王翰章带领、指导学生弟子开展了大量的实验工作，其中包括对任意皮瓣的存活长度与蒂宽的关系的实验研究与规律分析、采用血管造影研究方法揭示下颌体血供不均分布的规律及其结构基础、对下颌升支斜行骨切开术后血供代偿的定量研究及最低血流量的分析等多方面内容。同时以不同的实验手段和实验对象对颌面外科手术中的皮肤与颌骨血供问题进行反复研究，以求得到更加客观、精准的数据。如用核素测定下颌升支血供的实验研究，用放射性生物微球技术测定狗下颌骨区域血流量，用血管造影技术观察研究下颌体的血供，使用兔、猪、狗甚至现在禁用的猕猴等体量大小不同的动物开展相关研究，等等。此外，还对药物（如丹参）对颌面部骨折后血供的影响进行了对比研究。

王翰章自己对此项研究的评价是这样的：

> 血供研究我们做了好多年，里头有大概三个硕士生、两三个博士生都做这个血供研究，一直做到90年代中期才结束。可以说，血供这个课题我交了较好的答卷，因为什么呢？在我们的基础上，其他的临床工作，正颌外科也好，整形外科也好，都用了我们的材料，都用了我们研究的成果，这就是我们做的贡献。有的科研研究了半天，没有实际意义，这（血供）是一个实用性较强的研究课题[①]。

颞颌关节病的治疗

颞颌关节病的治疗与研究本是王翰章与姚恒瑞长期合作的重点业务之一。1981年，姚恒瑞曾在我国率先引进颞颌关节内窥镜检查。1986年，姚恒瑞去世后，该病种的科研工作主要由王翰章指导其研究生开展。

颞颌关节病又称颞下颌关节病，指累及颞下颌关节和（或）咀嚼肌系统，引起关节疼痛、弹响及张口受限等一组疾病的总称。王翰章在该病种的临床治疗上经验丰富，曾撰写发表《颞颌关节紊乱疾病的临床诊断指标及其应用》《关于建立与测试颞颌关节紊乱病临床预示分类指标的研究》等相关论文。在此基础上，其博士研究生魏世成完成了集临床、教学、科研为一体的计算机辅助诊断软件，即多功能医学专家系统——"颞颌关节紊乱综合征专家系统"。由于该病易于复发，王翰章从改进临床治疗手段和效果的角度出发，指导许彪、樊瑞彤、黄盛兴等研究生重点开

---

① 王翰章访谈，2014年4月8日，成都。资料存于采集工程数据库。

展了"自体肋骨肋软骨移植颞颌关节成形术"这一临床实用技术课题的实验研究。

　　研究工作主要以普通家猪为实验动物，进行自体肋骨肋软骨移植颞颌关节成形术的实验研究，对肋骨肋软骨移植物植入下颌升支后的骨愈合情况及胸部供区的再生修复情况进行观察研究。结果显示，自体肋骨肋软骨移植后能与受植骨发生良好的骨性愈合，而不是爬行替代。胸部供区可再生修复，不造成供区残缺及功能障碍，而且能提供多个移植物供体。另外，实验还为手术后是否需颌间结扎提供了科学依据。综合多方面的研究成果，课题组认为，肋骨和肋骨肋软骨不失为颌面外科修复重建良好的移植物供体。

　　而后，课题组又对自体肋骨肋软骨移植颞颌关节成形术的临床应用进行了跟踪观察，以确认该术式应用于人体的可靠性。在全方位、多角度的长期研究过程中，课题参研人员先后发表了《自体肋骨肋软骨移植颞颌关节成形术实验研究》《自体肋骨肋软骨移植颞颌关节成形术临床应用与实验研究》《自体肋骨肋软骨移植后的骨愈合及再生修复实验研究》《自体肋骨—肋软骨移植颞下颌关节成形术后下颌骨的生长发育》等一系列论文，最终为该病的手术治疗提供了一种优良的方法及理论支撑。1995 年，该项目获得云南省科技进步三等奖。

　　此外，王翰章等还对髁突高位切除术这一治疗颞下颌关节内紊乱的实用性手术方法开展了系统研究与动物实验。

跨学科创新型的科研

　　王翰章认为，学科的发展不能囿于学科自身体系，而应当同时实现纵向横向的交叉、融合、发展、突破。在跨学科创新型科研领域，王翰章的研究主要涉及计算机应用于口腔疾病专家系统以及口腔医学信息学、口腔生物材料、人工骨的生物学基础等几个主要方向。

计算机辅助诊断系统与口腔医学信息学

　　国家教委基金资助博士点课题"电子计算机在颞颌关节病诊断中的应

用"由博士研究生魏世成在导师王翰章和四川大学人工智能专家张一立的联合指导下，经过两年多的努力，在华西医科大学口腔医学院研制出集临床、教学、科研为一体的多功能医学专家系统——"颞颌关节紊乱综合征专家系统"。该项研究成果经过半年多的临床试用，于1991年2月28日在成都通过鉴定。与会专家认为：

> 该系统面向该领域非专家级医生，对颞颌关节紊乱综合征的临床、教学、科研均有明显的辅助作用，其诞生填补了该领域应用人工智能技术的空白，达到国际先进水平，其应用具有较大的社会、经济效益。

上述文字源于《临床口腔医学杂志》《华西口腔医学杂志》1991年2期的报道，它反映了王翰章最早涉足的学科交叉研究项目。在采访中，每一位当事人对20多年前的情形都记忆深刻，因为在那个所谓"086时代"，个人计算机的确是一个非常新颖的事物。王翰章回忆说，"我把我的科研经费几乎都投入到这上面了，现在说你肯定觉得好笑，那时候买一个286的那么一个计算机，花了35000块钱。"

的确，今天的年轻人对个人电脑的概念完全无法对接当年的情景，即使一台价值35000元的286电脑，其功能尚且远远不如现在的一部智能手机。何况如此昂贵的价格，使得一般人包括科技工作者和研究生很难拥有和使用。

魏世成与王翰章的师生情就结缘于该课题。这个课题本来是姚恒瑞于1985年申请获得立项的国家教委基金资助项目，由于姚恒瑞英年早逝，课题转到了教研组负责人王翰章名下。为了完成同事、好友遗留下来的课题，王翰章特意招收了一名对电子计算机有兴趣的学生，这就是当时刚毕业的硕士研究生魏世成。

颞下颌关节病是一个非常复杂的疾病，它涉及很多因素，诊断非常复杂。课题设计的目的就是要把专家的经验编辑成一个计算机专家辅助诊断系统，然后让年轻医生通过该系统去学习提高诊断水平。师生二人，一个几乎完全不懂计算机，一个也只是略知一二，就这样边学边做，开始了这项对医学工作者来说具有挑战性的课题研究工作。为了学习应用编程，魏世成走访了国内多家高等院校，最后得到四川大学计算机系张一立副教授的帮助和支持。经过两年多的艰辛努力，在口腔医学与计算机两位老师的共同指导下，魏世成终于完成了这个相对超前的学科交叉课题。王翰章也很满意，觉得这个课题"对我很有好处，为什么呢？我懂电脑了。"

说这个课题是相对超前的学科交叉课题，有个细节可为佐证。王翰章回忆说：

> 课题完成以后，魏世成要进行博士论文答辩，我给当时的北京医科大学口腔医学院等院校的同行寄去论文。结果怎么寄去、怎么给退了回来，都说不懂这个，没法担任评委。最后还是找到几位数学系的老师，答辩才得以进行。

围绕课题研究，魏世成、王翰章先后发表了《多模分级医学专家系统知识库设计与实现》《颞颌关节紊乱综合征专家系统的设计与实现》《医学专家思维的计算机模拟——诊断类医学专家系统的设计与实现》《电子计算机在颞颌关节病中的应用研究》等多篇论文，不仅完成了"颞颌关节紊乱综合征专家系统"的设计，而且进一步探讨了计算机在临床诊断中的应用范畴、可行性与效果、价值。1992年，该课题获得四川省科技进步三等奖。魏世成也因此一度成为华西口腔医学院的计算机专业人才。对于当年醉心于计算机应用及口腔医学信息学的经历，魏世成感触颇深：

> 有了这么一个基础，就等于说我们对计算机怎样帮助医学发展有了基本的了解，这对后来我们发展口腔医学信息学奠定了一个很好的基础。所以在后来的工作中，我们依靠做过的这些基本工作以及在计算机方面取得的一些经验，不断拓展计算机在口腔医学的应用。这些应用包括从管理到医疗、科研数据处理，最后形成一个叫口腔医学信息学的东西。也就是说，我们通过这么一个工作，建立起了这么一个

学科。当然，现在这个学科发展得更快、内容更广，涉及包括远程、网络等系统，这样计算机在医学领域的应用就更丰富、更完善了①。

口腔生物材料与人工骨生物学基础

生物医学材料是用于诊断、治疗修复或替换人体组织、器官或增进其功能的非药物材料，它是当今世界重要的高新技术材料之一。生物医学材料科学和工程技术作为一个新兴学科得到飞速发展。研究能够适应人体生理环境、参与生命活动的具有特殊功能和作用的人工合成材料是对人类的更深认识和科学技术发展的一次具有跨越性的挑战。

2013 年 2 月，四川大学华西口腔医学院创办的第二本英文国际学术刊物《Bone Research》（骨研究）正式出版发行。该刊主要报道骨发育生物学与矿化、牙发育与矿化、疾病与硬组织代谢等基础和临床的多学科交叉领域的进展前沿和重大发现。该学术刊物的创刊，标志着华西口腔再一次走在了学科发展的前端。然而回溯历史可以发现，早在 20 世纪 80 年代，华西口腔就已经在口腔生物材料与人工骨生物学基础等跨学科领域开展了卓有成效的研究，其中尤以王翰章、陈安玉等老一辈科学家开展的研究课题最具代表性。

王翰章曾经于 1978—1984 年担任四川医学院副院长，分管科研、教学、外事等工作，期间曾经多次出国考察，最早接触到当时国际医学发展的最新动态，包括各类新技术、新材料。长期以来，虽然频繁担任多个行政职务，但是王翰章一直坚持开展业务工作，并且对学科的发展趋势始终保持着敏锐的感知能力。在这样的背景下，早在 1985 年招收研究生时，他就把重点研究方向之一投向了口腔生物材料，并与中国科学院成都有机化学研究所、四川大学、成都科技大学等单位合作开展该方面研究。

关于口腔生物材料与人工骨生物学基础的研究完全是一个方向性的课题系列，在这一方向上，王翰章所投注的时间精力甚至超过了他非常看重的血供研究。从 1985 年开始到 2004 年，整整 20 年的时间里，他所指导的

---

① 魏世成访谈，2014 年 7 月 8 日，北京。资料存于采集工程数据库。

各个课题组一直有研究成果陆续发表。

在早期研究中，王翰章带领博士研究生闵维宪主要对口腔生物材料（骨代用材料，主要是羟基磷灰石和磷酸三钙）的骨生成作用及其植入后的效应进行一系列基础性研究。研究表明，磷酸钙骨代用材料在修复骨缺损应用中的明显优点是骨生长引导作用，并与骨形成直接骨性界面结合，这种结合被认为是化学性结合，结合机制与材料植入后其表面沉积的生物性钙磷结晶层形成有关。此外，他们还对影响骨性界面的材料化学构成和结构、金属掺杂物、植入体移动等因素进行了研究探讨。在此基础上，进一步就致密多晶羟基磷灰石微粒人工骨材料的临床应用开展研究观察，如该材料对人体淋巴细胞的影响（细胞相容性）、以该材料填塞修复骨腔的疗效反应等，均取得预期效果。

随着时代与技术的发展进步，在研究的中后期，王翰章开始将对医用生物材料的研究转向更具临床价值的医用高分子可吸收材料的应用研究方向。其代表性研究项目主要有"可吸收 DL—聚乳酸夹板""超高分子量聚DL乳酸（PDLLA）螺钉"，通俗地讲，就是以可吸收高分子材料研发实用型的口腔医用器械。聚乳酸类材料即是医用高分子可吸收材料中最具代表性并在骨科、口腔临床实际使用者之一。

身为口腔医学专家的王翰章始终紧盯着生物材料学家的学术视线，当时的主要研究人员包括完成"颞颌关节紊乱综合征专家系统"设计后毕业留校的魏世成和王慧明、郑谦等王翰章的研究生以及中国科学院成都分院化学所高分子材料室的邓先模教授及其研究生熊成东等人。通过大量动物实验和材料学实验，他们一方面深入了解掌握了该材料的生物相容性和降解性及其对成骨细胞活性及新骨生成的影响关系，一方面根据实验结果不断改进和提高聚乳酸的制备方法与分子量水平。随后，在此基础上开始了应用其制备骨折内固定系统的研究。

产业化合作研发是由四川大学华西口腔医学院口腔颌面外科、中国科学院成都有机化学研究所和成都迪康中科生物医学材料有限公司三家进行的。1997 年，"超高分子量聚 DL—乳酸及骨折内固定系统研究"课题被正式列入国家"863"计划。通过整个课题组的不懈努力，2000 年 8 月，用超高分子量 PDLLA 材料制造的 DIKFIX（迪康）可吸收内固定螺钉（在制造时使用特殊的加工工艺进行分子结构的取向）获得国家药品监督局的三类医疗器械注册证。同年 12 月，课题通过"863"国家高技术新材料领域专家委员会的验收。在 2003 年 9 月举行的第三届全国口腔颌面部创伤暨修复重建学术研讨会上，魏世成、熊成东、郑谦向会议作了题为"国产可吸收骨内固定小夹板螺钉系统的研究与开发"的联合报告，并提交了同课题论文《聚 DL 乳酸可吸收颅颌面骨内固定夹板螺钉系统的临床应用研究》。同年，"聚 DL 乳酸可吸收颅颌面骨内固定夹板螺钉系统的基础与临床应用研究"成果获成都市科学技术进步三等奖。

2004 年，《上海口腔医学》刊载了《n-HA/PA66 人工骨板引导修复腭部软组织缺损的动物实验研究》，这是王翰章署名的最后一篇关于口腔生物材料与人工骨生物学的论文。至此，该研究方向的工作画上了句号。

需要赘述的是，在该方向上述长达 20 年的研究过程中，王翰章还指导博士研究生王慧明进行了相对特殊的科学探索，这就是前文曾简单表述过的"组织工程"项目。研究工作主要是颌骨重建，其方法是通过细胞的培养包括骨髓前体细胞的培养，将其与生物材料复合进行组织的重建。研究先后尝试采用人胚颅骨在体外进行成骨细胞分离及连续传代培养，以初步建立人胚骨细胞体外传代培养的方法；将人胚成骨细胞与包括生物活性玻璃陶瓷、羟基磷灰石、钛合金和玻璃共同进行培养，以观察优选骨替代材料；用脱矿骨基质明胶复合块状生物活性陶瓷人工骨进行下颌骨缺损修复，以观察验证生物活性陶瓷人工骨的临床应用效果。其中，人胚骨细胞体外传代培养及其与生物材料的复合在当时是属于比较超前的技术和概念，这已经远远超越口腔颌面外科传统的临床及科研范畴，体现出王翰章长远的学术眼光。

华西口腔颌面外科办公室挂着一幅王翰章的墨迹，上面的四个大字就是科室的科训——"研究为先"。石冰解释说：

　　所谓研究，就是不断地去比较，不断比较你的治疗方法，不断比较你的护理方法，不断比较你每一个工作的内容，比较之后推陈出新，比较之后去完善改进。只有比较才能有追求，只有比较才能有发展，这就是王老师写这句话的真正内涵。一句话，"研究为先"就是要鼓励我们在工作当中去不断地追求卓越、追求更好。所以，王翰章老师的这种影响不是教你一招一式、一个手术、一个具体的东西，他是教你一种建学科与做事业的思维习惯，一种办学与做人的人生观、价值观。

重要著述　学术刊物

王翰章一生有大量的著述，以出版时间为坐标，大致可以划分为三个阶段：第一个阶段是改革开放前，他参与编写和主编了三部教材、教辅专业图书——《口腔颌面外科学》（1959）；《口腔医学丛书》（1974）和《口腔颌面外科手术学》（1980）；第二个阶段是从改革开放到1989年他正式退休前，主编了两部"关系我国口腔医学事业的大事"的书籍——《中国医学百科全书·口腔医学》（1986）和《中国口腔医学年鉴》（1984—2001），同时还创办、主编了《华西口腔医学杂志》（1984—1990）；第三个阶段是正式退休以后，也是收获最为丰硕的一个阶段，编著出版了多达10种各类专著、图书。用著作等身来形容王翰章的笔耕成就，实在毫不为过。

主编《中国医学百科全书》口腔医学卷

担任四川医学院副院长的近6年时间，是王翰章一生中最忙碌的时段之一，也是他肩负行政管理责任的最后阶段。履任不久，王翰章就收到参加《中国医学百科全书》编写工作的聘书，聘书上注明请他主持口腔医学卷的编撰任务。当时，四川医学院参加此项工作并担任分卷主编的还有《传染病学》曹钟梁、《人体解剖学》王永贵、《流行病学》盖宝璜、《卫生统计学》杨树勤。

在我国科学文化发展史上，历来就有编纂类书和丛书的优良传统，但编纂现代形式的医学百科全书还是从未有过之事。20 世纪 60 年代初期，毛泽东看到上海第一医学院主编、上海科技出版社出版的《医学卫生普及全书》后，曾向卫生部门提出在此基础上编写我国的医学百科全书。卫生部把这一任务交给上海进行筹备。由于"文革大革命"，此事被迫中止。1978 年，在中央有关部门的重视和支持下，《中国医学百科全书》正式上马。是年 4 月，卫生部邀集全国 40 多个医药院校和科研机构在北京召开筹备会议，商议编纂出版方案。11 月在武汉成立编委会，由包括王翰章在内的国内中西医药专家 159 人组成，卫生部原部长钱信忠为主任。在这次会议上，确定了《中国医学百科全书》的编写方针、读者对象、性质、规模、出版规划和组织领导等事项，[①]并决定仍然由上海第一医学院承担具体编务工作，上海科技出版社为出版方。全书包括中、西、蒙、藏等医学，划分为若干分卷并各设主编，共有约 4000 名医药学专家参与了具体编写。1979 年，《中国医学百科全书》第一次编委会在北京京西宾馆隆重召开，此后又在武汉、厦门等处开了几次编委会，以统筹协调各分卷的内容、框架、体例和编写出版进度。

王翰章负责主编口腔医学分卷。他积极动员全国各重点口腔院校的专家学者，迅速组织起编写队伍，成立了由陈华、张锡泽、郑麟蕃、朱希涛、肖卓然、陈安玉、徐君伍等 15 位知名专家组成的编委会。同时结合口腔医学的学科分类，制定出该分卷具体的编写体例和规范，写作工作很快就铺开了。《中国医学百科全书·口腔医学》的编写工作分为口腔内科学、口腔矫形学和口腔颌面外科学三个学科组进行，王翰章除了总揽全局，还具体负责主持口腔颌面外科组的编审。1980 年暑假，口腔医学分卷的初稿即告完成，并进行了一个多月的分组审定，又由王翰章对审定稿逐条校阅，然后向《中国医学百科全书》编委会交稿。1984 年 9 月，王翰章、李秉琦[②]、余淑尧三人又专程赴上海对口腔医学分卷进行排印前的最后一次审校。1986 年 7 月，《中国医学百科全书·口腔医学》卷正式出版。

---

① 俞克忠《中国医学百科全书》的编纂。《辞书研究》，1983 年第 6 期，第 130-135 页。

② 李秉琦，1933 年 8 月出生，河南开封人。四川大学华西口腔医学院教授、博士生导师。长期致力于口腔黏膜病学的研究，是我国该领域的首席科学家。

　　从上述概述性质的文字中，似乎很难看出编撰工作的艰辛和难度，时为主编助理之一的李秉琦的回忆或能使人管中窥豹地了解个中细节：

　　　　我们去了上海，工作任务非常艰巨，责任编辑告诉王老，弄好以后才能回成都，不然不能回成都。我们住在留学生招待所，其实就是筒子房，寝室里没有厕所，只有公共厕所、公共浴室。王老说："我们就住这儿，这儿有个好处，离食堂公共食堂、学生食堂"比较近。我就想，华西的副校长住筒子间，没有厕所，没有洗手间，没有电扇也没有空调，什么都没有，实在有点不像样。我就对王老说："要不要找一个小一点儿的房间你单独住。"他说不用，还说我们住在一起好商量事。在这期间，王老跟我们一起和学生排队打饭，一起去公共浴室洗澡，王老性子很好，从来也没说哪儿不方便。
　　　　……
　　　　我不太会画插图，所以内科方面的图、修复科的图都由王老画，他除了看他自己口腔外科颌面外科的内容，还要替我们（内科、修复科）在文字上把关，亲自具体审核每一个词条，甚至每一个字、每一个标点符号的校对，非常辛苦。那次对我的教育很大 [①]。

　　1993 年 9 月，这部共计 93 册分卷的医学百科全书得以出齐。至此，我国第一部《中国医学百科全书》正式问世。由于全书规模宏大、卷帙浩繁，身为分卷主编之一的王翰章至今也未能睹其全貌。

创办《中国口腔医学年鉴》

　　《中国医学百科全书·口腔医学》脱稿后不久，1984 年 3 月，王翰章又有了新的重要任务——卫生部办公厅下发公函，要求四川医学院负责主编《中国口腔医学年鉴》，并且指定由人民卫生出版社负责出版事宜。这

---

① 李秉琦访谈，2014 年 12 月 18 日，成都。资料存于采集工程数据库。

体现了国家医疗卫生管理最高机构对华西口腔的器重。有着多年行政管理经验的王翰章认识到，这是一项和《中国医学百科全书》一样关系我国医学发展，特别是关系中国口腔医学事业的大事。他决心本着求实、团结、公正、合理、透明、专家把关的原则，把这项口腔医学界的开创性、全局性工作做好，使其成为团结全国口腔医学工作者的重要阵地和口腔医学事业发展中的镜鉴。依靠广泛而良好的人脉关系，王翰章很快启动了这项创新性工作。

1984年4月，《中国口腔医学年鉴》首届编委会在四川乐山召开。会议决定，《中国口腔医学年鉴》每两年编写出版一卷，按以史为鉴的原则，设专家论坛、文选述评、大事纪要、教育、人物等栏目。年鉴的第一卷，即《中国口腔医学年鉴》1984年卷于1986年1月出版问世，王翰章担任了第一卷至第九卷的主编。从此，以王翰章为主任的《中国口腔医学年鉴》编委会每两年举行一次审稿会，编委们总是如期相聚在一起，除审订稿件外，大家还借此机会交流工作经验和办学设想，促进了全国口腔医学界的相互交流与学习。

图 8-11 《中国口腔医学年鉴》首届编委会（1984年秋，乐山）

2001年，年逾八旬的王翰章不再担任主编，由华西口腔学院院长周学东接任编委会主任兼主编。从2003年出版的第十卷起，《中国口腔医学年鉴》改为年卷，每年出版一卷，从而更具时效性与实用性。

《中国口腔医学年鉴》是中国口腔医学发展的一部史记性、综合性、实用性和资料密集型的连续出版物。编写出版本书旨在全面、客观、及时、准确地记载，并向国内外读者介绍中国口腔医学在学科建设、人才培养、科学研究、国内外学术交流、医疗技术、医院建设、社会服务等各个领域取得的成就和经验。《中国口腔医学年鉴》自1984年创刊至今已连续出版29卷，受到全国口腔医学界的欢迎与支持，它既是了解和研究中国口腔医学发展史的珍贵资料，也是中国口腔医学与国际口腔医学广泛交流的重要平台。

作为开创者，首任主编王翰章为之付出了无数心血和汗水。写作、征稿、定稿之类的案头工作就不用说了，最头疼的是经费问题。1990年，《中国口腔医学年鉴》出版到第四卷时，由于出版方人民卫生出版社改制的原因，编委会遭遇了失去出版经费来源的困境。没钱，刊物办还是不办？王翰章感到非常为难，但是他始终没有放弃。开始到处想办法"化缘"，既费劲，效果又差。幸亏后来华西口腔接办了刊物，承担了全部出版经费，王翰章才结束了那样的尴尬。

《华西口腔医学杂志》创刊

中国最早的口腔医学学术期刊是由林则博士于1946亲自创办的，名为《华大牙医学杂志》。1948年该刊改名为《华西牙医》，1950年改名为《中华口腔科杂志》，由宋儒耀任主编。1953年12月，北京中华医学会正式出版《中华口腔科杂志》，为避免重复，根据上级指示，华西口腔主办的《中华口腔医学杂志》停刊。此后30年，华西口腔没有主办任何学术刊物。

改革开放开启了科学的春天。1983年8月，在主持编写《中国医学百科全书·口腔医学》和创办《中国口腔医学年鉴》期间，中华医学会四川分会和四川医学院重新创办《华西口腔医学杂志》（季刊），王翰章任第一届编委会主编。王翰章是个很细致的人，虽然期刊有编辑部的专职人员负责具体事务，但是他总是要亲自审阅待发的文章，以保证刊物的质量和学术水平。《华西口腔医学杂志》由此秉承了《华大牙医学杂志》的优良传统，成为中国最具影响力的口腔医学专业杂志之一。

在王翰章任主编期间，《华西口腔医学杂志》先后获得四川省科协系统优秀期刊奖（1988）、四川省第一届和第二届优秀科技期刊一等奖（1990、1992）、全国优秀科技期刊二等奖（1992）等众多奖项和荣誉。1994年，编委会换届，75岁的王翰章卸下肩上的这副担子。

顾问华西　回归口腔

1984年5月，王翰章从学校领导岗位上退下来，被任命为华西医科大学顾问。从大量行政管理工作中解脱出来的王翰章感到轻松了许多，他更加专注于科研、教学、临床和研究生培养及学术总结等工作，同时为学校事业和口腔的发展献计出力。

1986年4月，卫生部为贯彻"中央关于教育体制改革的决定"精神，在北京首都医学院（今首都医科大学）召开修订普通高等学校医药本科口腔医学类专业目录会议，更名不久的华西医科大学与会代表中就有已经退休的王翰章，另外两位代表是学校教务处长和口腔医学院副院长邓典智。会议决定对口腔医学各个专业进行调查论证，并在此基础上提出调整意见。7月底，王翰章又参加了在四川乐山召开的口腔医学院专业目录修订工作会议。此后，卫生部根据这次会议上报的总结，将口腔医学类专业目录从原来的7个专业调整为口腔内科学、口腔颌面外科学、口腔修复学和口腔正畸学。这是王翰章作为资深口腔医学教育家，为我国口腔医学教育体系历次调整所作的最后一次贡献。其实，即使在30多年后的今天，王翰章还在思考着中国口腔医学教育的学制、学位问题，他在回忆录中写道：

> 最近20年，我国口腔医学教育的学制和学位较乱。如学制有5年制本科生，7年制本、硕连读生，8年制本、硕、博连读生，3年制硕士研究生，5年制硕、博研究生，3年制博士研究生；在学位上

有口腔医学学士、口腔医学硕士、口腔医学博士。这都还需要进一步研讨。

　　我个人的意见：口腔医学的学位制分医学学士、医学硕士、医学博士，可以注明口腔医学类。不可用 D.D.S、D.M.D 之类的，因为国外，尤以美国，医学和牙医学是两个完全不同的系统，两者之间的职业界限非常严格。我国的口腔医学是大医学的一部分，可以对口于国际上的医学，也可以对口国际上的牙医学，要回避那些矛盾导致学习和就业上的障碍。口腔医学研究生的培养应以临床技能为主，个别人才作研究型培养[①]。

创建深圳华西口腔医疗中心

　　很少有人知道，今天广东省综合医院中最大的口腔医学中心——深圳市人民医院口腔医学中心曾与华西口腔有过十年"联姻"的往事。当年，"深圳速度"造就了一个特区飞速发展的神话，但是很难想象 1984 年的深圳市人民医院口腔科仅有 5 张病床。

　　这一年秋天的一个下午，王翰章应约来到华西医科大学校长曹泽毅[②]的办公室。交谈中，曹泽毅希望王翰章去一趟深圳，考察学校能否在那里与当地合作设立华西医学中心。那时，深圳的建设刚刚开始几年，医疗卫生这样的公共事业还没有被纳入重点发展目标，为此，当时的深圳市卫生局长（也是华西校友）向母校伸出合作之手。除了学校顾问的身份，王翰章当时还是华西医科大学校友总会会长，且深圳紧邻香港，那里有不少他熟识的老校友和老同学，曹泽毅认为请他去开展工作再合适不过了。

　　王翰章欣然接受了任务。他组织了一个阵容庞大的考察团，成员包括附属医院院长唐孝达、内科主任王增礼、儿科教授廖清奎、妇产科教授李

---

　　① 王翰章：《翰墨荟馨——一个医生的历程》。北京：人民卫生出版社，2013 年，第 345-346 页。

　　② 曹泽毅，四川江津人。中国妇产科界的领军人物。1956 年毕业于四川医学院，1968 年于北京医学院研究生毕业，1982 年获瑞士巴塞尔大学医学博士学位。曾任华西医科大学校长、卫生部副部长。

维敏、口腔医院副院长蔡绍敏、口腔颌面外科主任毛祖彝、口腔修复科主任杜传诗等 11 人。这样的人选安排完全是出于办一家综合医院的考虑。10 月的深圳仍很闷热，当时机场还没建好，考察团先飞往广州，再乘火车到达深圳。深圳市卫生局长接待了来自母校的考察团，亲自陪同他们参观那里所有的医疗设施，并会同有关专家就合作事宜进行座谈。

　　经过一年时间的反复协商，双方最后达成的意向完全出乎王翰章的预料——合作仅限于口腔医学专业。原来，深圳方面看重的还是华西口腔这块金字招牌。1986 年 1 月，深圳市人民医院与华西医科大学正式签订合作协定，由深圳市人民医院提供场地和资金，由华西医科大学选派口腔内科、口腔修复科和护理人员，在原深圳市人民医院二门诊口腔科的基础上联合组建经营型医疗单位——华西口腔医疗中心。4 月，中心正式挂牌开诊，王翰章专程赴深圳参加开诊仪式。十年后的 1996 年 6 月，随着深圳医疗卫生事业体制改革，为了医院口腔医学科、教、研的深入发展，深圳市人民医院与华西医科大学经过友好协商，正式撤销华西口腔医疗中心，恢复了深圳市人民医院口腔科的建制。

　　当年，王翰章和华西口腔以特殊的方式为深圳特区的建设作出了自己的贡献。今天，他的弟子、1988 级硕士研究生黄盛兴已成为深圳市人民医

图 8-12　深圳华西口腔医学中心开诊仪式（1986 年）

院口腔医学中心颌面外科主任，传承着老师的事业与精神。

华西医科大学口腔医学院成立

1985 年 5 月 14 日，经卫生部批准，四川医学院更名为华西医科大学。"川医"这个存在了 33 年、至今仍为众多四川人特别是成都人呼之的称谓，终于合上了它的历史册页。时间恰巧是王翰章从四川医学院副院长的行政职务上退下来的 1 年后。

这一年，学校经研究并得到卫生部同意，决定建立和恢复大学设立学院的建制，松绑放权，把教学业务管理工作的重点落实到学院一级。口腔医学系率先提出了建立口腔医学院的申请报告。学校认真研究分析后认为，口腔医学系具备成立学院的条件——经过 70 多年的建设和发展，特别是新中国成立后 30 多年来，口腔医学教育科研发展很快，师资力量雄厚，设备先进，为国家培养了一批又一批高水平的人才，取得了一批重大科研成果，为国内兄弟院校创建了口腔医学系（院），为各省市建立口腔专科医院输送和培养了大批口腔医疗教学科研骨干，在国内外享有较好的声誉。

1985 年 11 月 5 日，华西医科大学口腔医学院正式成立，成为华西医科大学成立的第一个学院，也是全国高等医学院校成立最早的口腔医学院。这是华西口腔医学教育事业发展史上一个新的里程碑。

12 月 28 日，学校隆重举行口腔医学院成立大会。新中国成立后担任口腔医学系系主任长达 18 年、担任校领导后依然情系口腔的王翰章心里百感交集。他无疑也为造就这一里程碑付出了无数心血、做出了巨大贡献。

口腔颌面外科学组的建立

20 世纪 80 年代中期以前，我国口腔医学的学术组织只有中华医学会下属的口腔科学二级分会，口腔颌面外科学没有单独的学术组织，这是不利于促进学科发展的。作为中国口腔颌面外科学的创建者之一，王翰章对此有着深刻的认识和深切的愿望。1986 年，在包括王翰章在内的有志于中国口腔颌面外科事业发展的先驱者们的不断倡议下，我国第一个口腔颌面外科学学术组织——中华医学会口腔科分会口腔颌面外科学学组终于成立。

> 自此，中国的口腔颌面外科医师第一次有了自己的学术组织，开始独立开展学术活动。这个从无到有的事件，既可以看作是一次飞跃，也可以定性为具有里程碑式的历史事件。将其定为第一个里程碑，似不为过。[1]

王翰章和丁鸿才[2]、张锡泽[3]、邹兆菊[4]被推选为第一届口腔颌面外科学学组名誉顾问，王翰章为四人中最年轻者。直到1998年中华口腔医学会口腔颌面外科专业委员会成立之前，王翰章一直是口腔颌面外科学学组的名誉顾问。

同年12月，第二次全国口腔颌面外科学术交流会议在上海召开。出席这次会议的有来自全国29个省、市、自治区的代表262人，会议共收到稿件375篇，进行交流的论文158篇。参会人数和提交、交流论文数量均比5年前在杭州召开的第一届大幅度增加。

1996年11月，中华口腔医学会成立，并在北京隆重召开中华口腔医学会成立大会，出席会议的正式代表520人、特邀代表60人，王翰章作为特邀代表出席。中华口腔医学会成立两年后，1998年11月，在上海举行的第五次全国暨第二次国际口腔颌面外科学术会议期间，中华口腔医学会

---

① 邱蔚六：中国口腔颌面外科学发展的第三个里程碑——评第19届国际口腔颌面外科学术大会.《中华口腔医学杂志》，2009年第44卷第11期，第641-644页。

② 丁鸿才（1914-），江苏涟水人，著名口腔颌面外科学家、口腔医学教育家和低温医学专家。1941年毕业于中央大学医学院，后任该校讲师。新中国成立后，任第四军医大学口腔医院口腔颌面外科首任主任。

③ 张锡泽（1911-2004），四川仁寿人，著名口腔颌面外科学家，我国口腔颌面外科学创始人之一。1939年毕业于华西协合大学牙学院。历任上海第二医学院教授、口腔系主任、附属第九人民医院口腔颌面外科主任，上海市口腔医学研究所所长。

④ 邹兆菊（1918-1999），女，江西南昌人，著名口腔颌面外科学家，我国口腔颌面医学影像学科创始人。1943年毕业于中央大学医学院牙医学系。新中国成立后历任北京医学院讲师、副教授、教授，北京医科大学口腔医学院教授。

图 8-13　首届中华医学会口腔颌面外科学组成员（前排左起：王大章、王翰章、张锡泽、丁鸿才、张震康，后排左起：李金荣、袁文化、邱蔚六、周树夏、刘世勋，1986 年摄于上海）

口腔颌面外科专业委员会宣布成立，其前身即中华医学会口腔科分会口腔颌面外科学学组。

第九章
老骥伏枥

1989 年 12 月的一天上午，70 岁的王翰章应约来到华西医科大学校领导的办公室，落座后，书记和校长告诉他，从那天起他就正式退休了。就在 3 个月前的教师节，王翰章刚刚获得全国优秀教师的荣誉。那一刻，王翰章想了很多，但就是几乎没想过怎样安享退休后的晚年生活。对他来说，这一刻只是一个记号，标志着他已经走进夕阳人生，而手头的工作—— 10 余名研究生的培养、两个国家科研课题尚需数年才能完成，此外，还有各种写作计划，还需要去查病房、会诊、做手术、讲课，这些工作将会延续很长时间。

70 岁，对普通人而言，工作早已结束；对王翰章来说，新的事业才刚刚开始。

退而不休　情系口腔

1989 年 12 月的那一天上午就像一个逗号，除了办理退休手续，王翰章的工作没有丝毫停顿。此后的 10 年，他把主要精力放在培养人才、总结科研成果和著书办刊的工作上。

王翰章退休时曾经有过一段小插曲，从中可以一窥他淡泊名利、执著事业的气质胸襟。那是退休后几天，学校人事部门给他发退休证，上面写有参加工作时间、每月应领取的退休金金额等内容。王翰章的学生看见了，觉得证件上所写的内容不符合实际——老师明明1949年就参加工作了，却写成1951年，这样退休金自然也少很多，将来怎样维持生活？太不公平了！于是准备替老师打抱不平。王翰章心平气和地制止了学生，他说："你们不要管这类事，我已步入老年，要把有限的时间和精力放在尚未完成的工作上，对于生活待遇不能看得太重，不要把宝贵的时间纠缠在这些事情中，这类事有时很难弄清楚。"

图9-1　退休后的王翰章

在王翰章看来，"公平"是人为的规范，对这些人公平了，对另一些人可能会很不公平。他说，"那么多人为了共和国的建立牺牲了生命，他们又得到了些什么呢？"他深深地感到，自己能生长在中国大变革的伟大时代，亲身经历国家由贫穷、苦难、落后到繁荣、富强、昌盛的变革历程，同时为新中国医学教育事业的发展奉献自己的毕生精力，这足以令他感到欣慰与自豪。

我作为一名救死扶伤的医生，履行了奶奶的"助人为乐"的教导，实现了我青年时代理想的宏愿，这是我一生最大的成功[1]。

---

[1]　王翰章：《翰墨荃馨——一个医生的历程》。北京：人民卫生出版社，2013年，第358页。

关注口腔颌面外科的学科发展

退休后，王翰章始终关心关注着华西口腔特别是口腔颌面外科的发展。他经常参加各类学术会议，参与科室的各种活动，人虽然已经退休，可是心里却始终没有退休。1996—2004 年，他还担任了 8 年中华口腔医学会顾问。

在 90 岁以前，王翰章不仅都要参加科室的会诊、查房，而且查房是用英语进行，因为他觉得这有助于训练学生的英语水平，提高他们的国际交流能力。他建立的英语查房制度，口腔颌面外科延用至今。他还一直参加每年的研究生答辩，每次来他都很高兴，每次来都当答辩主席，一直延续到他 95 岁。王翰章很高兴看到一代代的新人后辈传承和超越自己毕生为之奉献的事业。

不仅如此，在有关学科发展的重大问题上，王翰章更是知无不言、言无不尽，尽心尽力为华西口腔颌面外科的发展创新出谋划策，尤其在口腔颌面外科分亚专业这个具有学科发展战略意义的问题上。当时有两派观点，到底是分亚专科越细越利于华西口腔颌面外科的发展，还是一个大外科融在一起更利于颌面外科发展。就这件事情，颌面外科教研室开过几次会，王翰章的观点始终是坚持分得细一点。他认为，华西口腔的历史地位和学科引领作用不等同于其他学院、不等同于其他学校，只有分得细、术业有专攻，才能走入"高精尖"，才能追赶国际先进水平，才能在全国起引领的作用。否则做一个全科性为主的口腔颌面外科，怎么能去引领别人？哪有优势[1]？2003 年，华西口腔医学院（医院）院长周学东[2]根据国内外口腔学科发展的形势，就此问题组织全院进行论证，并征求老教授们的意见，其中特别重要的就是征求王翰章的意见。最后决定，将口腔颌面

---

[1] 石冰访谈，2014 年 5 月 8 日，成都。资料存于采集工程数据库。

[2] 周学东，1957 年 4 月出生，四川南充人。我国著名口腔医学专家、口腔医学教育家。1987 年获华西医科大学口腔医学博士后并留校任教。现任四川大学党委副书记、华西口腔医学院（口腔医院）院长、卫生部口腔疾病研究国家重点实验室主任、国际牙医师学院院士、中华口腔医学会副会长。

第九章　老骥伏枥　**225**

外科分为齿槽外科、唇腭裂外科、创伤整形外科、颌面部头颈肿瘤、正颌与颞下颌关节外科五大亚专业。因为论证科学严谨，华西口腔颌面外科的分科、分专业非常成功，就诊量、医疗业务量、科研论文发表数、基金项目数都稳步增长，在国内外的影响与时俱进。现在，华西口腔颌面外科已成为全国颌面外科的样板，上海交通大学第九人民医院、北京大学口腔医院、西安第四军医大学口腔医院等单位的颌面外科纷纷效仿华西模式。

90 岁为本科生开设口腔素描学

王翰章是华西口腔辛勤的耕作者和实践者，而他在美术上的造诣同样蜚声全国，在绘画领域中独树一帜。

图 9-2　90 岁的王翰章为本科生开设口腔素描学

2009 年 4 月 28 日，2008 级口腔医学七、八年制口腔素描开课，德高望重的王翰章亲临课堂，为同学们讲授了第一课。老教授站上讲台的那一刻，便得到了 08 级学生的热烈掌声。这位两鬓斑白却精神矍铄的九十高龄老人，以饱满的热情开始了这样特殊的一课。一段英文开场白后，他带领大家走进了速写的概述中。

在课堂上，王翰章给大家传阅自己的部分作品。一本风景国画册，一叠精致的速写卡片，数量不多，却让大家领略到他的绘画底蕴。而让大家无比敬仰的是他 54 年前在北京医学院学习时留下的一个笔记本。泛黄的纸页上，满满的全是王翰章对一丝不苟的精神的见证和对患者、手术的速写图画。隔着 70 年的岁月间隔，同学们看到的是他心中对绘画不曾褪色的热爱。

在近两个小时的授课中，王翰章一直站立着，在讲台上神采飞扬地讲演着，不显倦意。这位 90 高龄的老人让一群 20 来岁的年轻人明白：青春，与年龄无关，只要心怀热爱，灵魂不会老去。而华西口腔，就在这样一代一代的传承中永葆创新与活力。

这是摘自四川大学华西口腔医学院网站上的一条新闻，从中不难感受到年轻学子们对"古董级"的老教授王翰章的崇敬之情，更不难体会王翰章对口腔医学教育事业的热爱和对中国口腔未来人才的关爱。

口腔素描学是一门很少有人开过的课程，因为它要求授课教师兼具口腔医学和美术学两方面的知识和能力。开设这门课的目的是为了加深学生对人体头面部结构的直观认识，有助于那些未来的口腔颌面外科医生对颌面部手术建立细致感性的了解。

王翰章 89 岁那年，学院找到他，希望他负责把这门课开起来。王翰章爽快地答应了。实际上，负责讲授这门课的是王翰章和弟子石冰两人——石冰深受老师影响，也是一位丹青高手，其学术专著的插图常常自己画。"自己画的好处是可以表达自己想表达的东西，表达得更准确。"[1] 于是，师徒二人分工合作，王翰章主要讲导论，讲整个素描的比例、透视等特点和基本用笔、色调的表达等；石冰具体讲五官的画法、立体感的表达及眼耳鼻的区分等内容。

为了给学生们上好这门课，从写大纲、写讲义到绘制范图，又写又画，王翰章花费了不少功夫。就这样，在 90 岁那年，王翰章再次"轰动地"出现在本科生的课堂上。因为在当今中国高校，一般的教授给本科生上课，几乎都是为行政命令所迫不得已而为之的，十几、二十岁的年轻学子哪里有机会聆听比他们的爷爷还年长的"古董级"专家讲课？第二年 91 岁，老人家又讲了一次。等到 92 岁那年，学院出于对王翰章身体健康的慎重考虑，没有再给他排课。

---

① 石冰访谈，2014 年 5 月 8 日，成都。资料存于采集工程数据库。

著作等身　荣誉等身

迄今为止，王翰章出版的著述有 16 种，其中 80—94 岁这 15 年间，年逾耄耋的王翰章就有 10 部各类著述陆续问世，这不能不说是一个令人惊叹的成就，也是他老骥伏枥的实在体现。实际上，王翰章在几十年的工作中一直有着多重身份，其一是中国口腔颌面外科学的创始人之一、华西口腔颌面外科的学科领军人物，其二是肩负华西口腔承前启后、续写辉煌的第五任院长，第三是参与管理全校教学、科研、国际交流等方面工作的四川医学院副院长。但是不论处于何种身份、兼任了哪些行政工作，王翰章一直没有放松自己对口腔医学教育事业、口腔颌面外科学科发展的关注和着力。"文革大革命"期间，他曾在备受折磨的情况下，仍忍辱负重，积极工作，并且奇迹般地主编出版了两种口腔颌面外科学专业图书。加上他曾参与我国最早的口腔颌面外科学统编教材的编写，这些经历为他晚年的厚积薄发奠定了坚实的技术基础。

王翰章待人诚恳，为人谦和，这种人格魅力及其带来的广泛的人脉关系，为他主持编撰大型口腔医学专业图书积累了丰富的人才资源。同时，王翰章一生为口腔医学与口腔医学教育事业所作的巨大贡献，也为他赢得了众多的荣誉。

　　老院长在人格魅力上最大的特点就是谦和宽容。他就是批评人都很委婉，循循善诱，从不发脾气，我们当学生的感触很深。因为谦和，所以善于学习借鉴他人的长处，进而形成风格，这是他之所以成为大家的重要原因之一。

跨世纪巨著《中华口腔科学》

在王翰章的众多著述中，最为卷帙浩繁、规模宏大的当属《中华口腔科学》。全书分上、中、下三卷，内容包括口腔医学专业基础理论与临床实践两大部分，共43篇366章800余万字，包括手绘在内的各类插图2800余幅。

1998年，在即将步入新千年之际，人民卫生

图9-3 王翰章主编跨世纪巨著《中华口腔科学》（2001年）

出版社规划出版大型"中华临床系列参考书"，《中华口腔医学》即是其中之一。另外两部书，一部是《中华内科学》，主编是卫生部前部长陈敏章，一部是《中华妇产科学》，主编是卫生部前副部长曹泽毅。当时，王翰章已是79岁高龄，人民卫生出版社找到他，希望借助他在中国口腔医学界的影响力完成这个任务。

　　太辛苦了，在我工作的时候，是费尽脑子全部的精力，昼夜不停地工作，可以说这部书费了我一生的心血[1]。

李秉琦是《中华口腔科学》的副主编之一，在其回忆录《秉烛琦谈》中讲述了一个鲜为人知的故事，从中可以想象这部跨世纪口腔医学巨著编撰工作的繁杂与艰难。

　　这本书（指《中国医学百科全书·口腔医学卷》）好不容易编完后，我长长地舒了口气，并暗地里感叹编这种大部头的书太劳神，以后应该尽量避免。孰料，我感叹的话音未落，《中华口腔科学》——被称为21世纪第一本口腔科学跨世纪著作、比前者更困难的超大部头书籍的编写工作又来了。这本书的主编是老院长王翰章教授，之前他

---

① 王翰章访谈，2014年4月3日，成都。资料存于采集工程数据库。

主编《中国医学百科全书·口腔医学卷》《中国口腔医学年鉴》《口腔医学词典》等几本书时，我是编委，所以彼此一直都有合作的关系。这次他让我担任这本书的副主编，因为前面所说的原因，起初我竭力推辞，但老院长语重心长地说道："这次困难是很大，但国家花如此大的代价让我们华西主持编写，不仅是对我们成绩的肯定，也是华西莫大的荣誉。你要是实在不愿任副主编的话，那我们只好搁置不做了。"见老院长如此说，再想想他已经是80多岁的高龄，尚壮志不已地主动承担起这一本800多万字巨著的主编职务，令人由衷起敬之余，我也深为自己的推脱之念感到惭愧，因而也就硬着头皮接了下来。这本书编成后由人民卫生出版社出版发行，而它也是我参与编写的最后一套大部头著作①。

当时，石冰晋升副教授不久，正在日本进修，接到老师让其主编唇腭裂一章的任务，既感激，又紧张，生怕自己功底不够、有负老师的期望，加班加点地写稿，然后把将近15万字的手稿包括所有的插图工工整整地寄给王翰章。后来他才知道，老师不仅非常认真仔细地校改了自己的文字，还把全部几百幅插图重新画了一遍，因为那时出书要用硫酸纸制图，而石冰是用铅笔在普通纸上画的。

"如果不是他的这种严谨的治学态度、诚恳和谐的为人精神，这本书要组织编辑是很困难的。"②当年作为老院长王翰章的助手参与该书编撰、组织工作的周学东如是说。

据确切的数字，编写这部跨世纪口腔医学巨著总共聘请了211位海内外专家学者，仅是组织约稿工作就非常不容易。王翰章的法宝是：

> 第一件事是团结大家，第二个一定要使大家很高兴，做事儿很高兴，变成一个很愉快的整体③。

---

① 李秉琦：《秉烛琦谭》。2008年，第95页。

② 周学东访谈，2014年11月19日，成都。资料存于采集工程数据库。

③ 王翰章访谈，2014年4月3日，成都。存地同②。

211 位作者在十分繁忙的日常工作中抽出大量时间，不辞辛劳，倾注全部精力，夜以继日，为该书的编写工作做出了巨大努力，使这部巨著在两年时间里即顺利脱稿。当然，这与王翰章主编《中国医学百科全书》口腔医学卷以及做了多年的《中国口腔医学年鉴》工作打下的基础密不可分。

曾连任三届中华口腔医学会会长的朱希涛在为该书作序时评价：

> 《中华口腔科学》是一部跨世纪的学术专著，她的出版不仅是中国口腔医学发展史上的一件大事，也是以王翰章教授领衔的我国几代知名老中青专家智慧和心血的结晶。该书内容丰富详尽，篇章结构的编排匠心独运，一方面以口腔器官和疾病的发生发展为主线，使全书浑然一体，易于读者循序渐进、全面掌握口腔医学的现状；另一方面各个章节又相对独立，便于专业人员知识的更新和补充。该书是一部集权威性、系统忙、科学性、实用性和可读性为一体的高质量专著[①]。

进入 21 世纪后，随着口腔科学的继续发展，新的研究进展不断问世，《中华口腔科学》（第 2 版）的编撰工作再次开展。王翰章当时已近鲐背之年，仍继续担任主编工作，为这部传世佳作的顺利再版做出了不可磨灭的贡献。该书于 2009 年出版，这一年王翰章刚好 90 岁。

耗时 18 年的《口腔医学辞典》

1988 年，《中国医学百科全书》口腔医学分卷编委会在成都召开总结会，原本《中国医学百科全书》这项工作到此就圆满结束了。没想到在会上"节外生枝"，上海科技出版社方面希望在《中国医学百科全书·口腔医学》的基础上，由王翰章牵头再主编一部《口腔医学辞典》。与会的编委们均表示赞同，王翰章也只好再次接受了这项很棘手的任务。辞书的编

---

① 王翰章，周学东：《中华口腔科学》。北京：人民卫生出版社，2001 年。

写，特别是专业性很强的辞书的编写，是一项相当复杂、繁琐的工作。为此，王翰章"前前后后、反反复复用了 18 年时间才完成"。2005 年 9 月，当这部我国第一部口腔医学辞典正式出版时，参与编写工作的数位编委皆已辞世。《口腔医学辞典》一书虽然仅有 80 余万字，但它却凝聚着我国老一代口腔医学专家们的心血。

时隔多年，谈起这部辞典曲折的编写过程，王翰章仍百感交集。

医学百科全书我交了卷，1988 年做了总结，在这会议上，他们又给了一个编辞典的任务。这更是没谱儿了，这跟编字典不一样，不是把词汇解释清楚就完了，你得要说出整个道理来。这文稿就更难，非常难……排序怎么排也很难。最早的时候采取什么办法？我把多少条目写出来，（一条）一个卡片。那时候我们儿媳妇还在家，她是北京大学信息专业毕业的，她帮我忙。反正全家总动员，弄一张卡片，吃完饭就围桌子坐，这个说是 A 给我打出来，这第一是 A，谁负责 A，A 里面有多少编号，怎么怎么样……哎呀，弄了好久啊，弄了一年多，弄不出来。家里说算了算了，一天到晚纠缠你这个，你这工作我们家里受不了。弄得我没办法。最后多亏魏世成用电脑给我排好了，这才交了卷。后来又这不成那不成，来回折腾，折腾到 2005 年才出版。这是 1988 年我接受的任务，到 2005 年才出版，这算一个全国的创举[①]。

王翰章的讲述，让人回想起当年老一辈学者著书立说的严谨艰辛，也让人对王翰章不为名、不为利献身中国口腔医学事业的精神肃然起敬。后来，在《口腔医学辞典》的基础上，王翰章又与周学东合作完成了《中华口腔医学词典》的编撰出版工作。新词典共收录汉语词条约 4500 个（相对英语词约 4100 条）以及英汉缩略词 2200 多条，所收录的条目以口腔医学常用名词、术语为主，并注意保持一定覆盖面和全、新、精的内容。为了发挥余热，给口腔医学工作者奉献一部高水平的工具书，王翰章参阅了

---

① 王翰章访谈，2014 年 4 月 8 日，成都。资料存于采集工程数据库。

大量海内外有关文献书籍，制定辞书的规范框架，筛选词条，联系组织编写人员，耗费了大量时间和心血。两年后，100 余万字的书稿圆满完成。2012 年 7 月，《中华口腔医学词典》由人民卫生出版社正式出版发行。那一年，王翰章已是 93 岁高龄。

华西口腔医学丛书与《华西口腔百年史话》

"华西口腔医学丛书"是四川大学华西口腔医学院规划编写出版的一套规模宏大的学术专著丛书，德高望重的王翰章应邀主编了具有总论性质的一部——《口腔医学基础》。根据丛书的编写要求，该书全面系统地概述了现代口腔基础医学的建设、发展及其学术研究的结果与未来，其中包括口腔颌面种系演化、口腔解剖学、口腔颌面发育、口腔组织胚胎学、口腔生理学、口腔微生物学、口腔生态学、口腔生物化学、口腔免疫学、口腔分子生物学、口腔生物力学、口腔医学美学、口腔材料学、口腔医学信息学和口腔设备学 15 章内容，全面系统地概括了口腔医学的基础与专业

图 9-4 《华西口腔百年史话》主编王翰章、周学东与责编刘红霞（右）在首发仪式上合影
（2006 年 11 月）

理论。该书内容取材以国内资料为主，辅以国外资料，力求反映新中国成立 50 年以来口腔基础医学的新成就。从接受委托到 2002 年 4 月该书正式出版，王翰章仅用了不到两年时间，足见其口腔医学学术修养之宏博渊深、文笔功力之精警深厚。

王翰章不仅长于归纳写作，其对华西口腔发展历史之熟悉、研究之深透，也是不作第二人想的。2007 年 8 月 27 日上午，记录华西口腔百年历程的书籍《华西口腔百年史话》首发仪式在华西口腔医院办公楼前隆重举行。《华西口腔百年史话》的成书耗时近两年，56 万字的文史资料和 200 多张珍贵图片真实而生动地记录了华西口腔的创立、发展、传承和创新，具有很强的可读性、工具性和参考性。该书的主编正是王翰章，这是他为华西口腔百年华诞奉献的最有价值的礼物。

主持首发仪式的口腔医学院副院长石冰透露了当时策划编撰该书的"内幕"：为迎接和庆祝华西口腔百年华诞，2005 年，学院（医院）准备整理华西口腔 100 年的历史，撰写《华西口腔百年史话》。当时，周学东院长委托其组织百年史话的初期筹备工作，石冰首先就想到了老师王翰章，随即请他出任主编。因为在石冰看来，一方面，王翰章可以说浓缩了整个华西口腔近百年的历史，无论教育方针还是为人师表，他都能够作为一个非常典型的代表；另一方面，迄今为止，转移对华西口腔百年历史进行如实、原貌提炼性概括和总结的，除了老师王翰章，没有第二个人[①]。事实也是这样，年逾 85 岁的王翰章不仅亲自写稿、约稿、审稿，还为该书的编撰提供了许多非常珍贵的原始材料，包括英文版的原始材料，以其对华西口腔的深厚感情和强烈责任感，倾力投入《华西口腔百年史话》的编写工作，为该书的顺利出版付出了辛勤劳动，做出了巨大贡献。

《华西口腔百年史话》的编撰出版非常成功，受到国内外口腔医学界的高度重视和广大读者的热烈欢迎。在 2007 年初版的基础上，该书迄今已进行了两次修订再版，作为一部院校史图书，这样的出版发行效果是不多见的。

---

① 石冰访谈，2014 年 5 月 8 日，成都。资料存于采集工程数据库。

王翰章是一位医学界罕见的高龄笔耕者，在 2009 年以后年逾九旬的几年时间里，他竟然连续出版了《王翰章口腔颌面外科手术学》（1980 年《口腔颌面外科手术学》的修订本）、《中华口腔科学》第 2 版、《口腔颌面外科学》（口腔医学精品课程丛书）、《中华口腔医学词典》和回忆录《翰墨荃馨——一个医生的历程》5 种图书，藉此即可想见其纯粹的人生追求与崇高的精神境界。

淡泊名利话荣誉

王慧明对老师王翰章的深刻印象之一是："他的人生非常豁达，他从不会计较名利，而且甘为人梯。"的确，从医执教 60 余载，王翰章的价值标准始终在于奉献，他在回忆录中的语言是深情而动人的：

> 我入华西口腔医学之门至今整 70 年，我视其为亲人，她教育了我做人的理念，成全了我作为一名医生的愿望，教会了我为社会服务的技能，她给了我表演人生的舞台，她那母亲般的恩情，我永志不忘[1]。

淡泊名利是王翰章的领导、同事、同行、学生对他的一致评价，在任时如此，退休后更是如此。然而，学校、国内外口腔医学界乃至国家却给予了王翰章众多的荣誉，以评价和褒奖他对我国口腔颌面外科学以及口腔医学教育事业所作出的卓越贡献：

1991 年，获国务院颁发的医疗卫生事业作出突出贡献者荣誉证书，并于同年起享受国务院政府特殊津贴待遇。

1998 年，获登士柏伯乐奖。

2000 年，获四川省跨世纪杰出老人荣誉证书。

2005 年，获中国口腔颌面外科华佗奖。

2006 年，获中国口腔颌面外科建设与发展杰出贡献奖。

2007 年，获首届中国医师协会口腔医师分会"杰出口腔医师奖"，该

---

[1] 王翰章：《翰墨荃馨——一个医生的历程》。北京：人民卫生出版社，2013 年，第 395 页。

图9-5　王翰章被授予国际牙医师学院杰出院士（2011年）

奖项是我国口腔医学设立的行业最高奖。

2007年，获第四届中国医师奖，此奖是经卫生部批准设立的我国医师行业最高奖。

2011年，当选为国际牙医师学院（中国区）杰出院士。

德艺双馨　翰墨华章

2007年，王翰章88岁那一年，主编出版了画册《墨彩华西坝》。王翰章对绘画艺术的追求，其时间甚至远比他从事口腔医学为长，但是他始终没有考虑过将绘画作为自己的主要事业，因为他更希望去做一件可以帮助需要帮助的人的事情，以实现青年时代的理想和愿望。但是，他不仅没有放弃绘画这个爱好，相反，还把绘画技巧成功地运用在口腔医学事业中。以《口腔颌面外科手术学》为代表的专业著述即是明证。在王翰章等很多外科专家看来，医学是关乎人体的科学，而手术学则是其中的一门艺术，给患者做手术是很精细、精心的医疗方式，既要具仁心，也要具巧技，绘画艺术无疑有助于此二者的培养熏陶。中华口腔医学会会长王兴就盛赞"王老是中国口腔医学界难得的书画大家，他的多才多艺也是我们后辈人学习的榜样。"

王翰章对绘画艺术的爱好只是一个典型代表，事实上，在医学教育理念和师生的学习工作实践中，注重人文素质与人文精神的培养一直是华西口腔的优良传统，爱好并擅长于艺术、文学乃至体育的人比比皆是。

翰林书画学院圆了绘画梦

医生本就与画家有着千丝万缕的关系。画家和医生研究的对象都离不开人，画家是通过精美的艺术愉悦人的精神情感、内心世界；医生是通过精湛的医术让人的身体康复，通过躯体的康复让人的心灵创伤抚平。

1989年年底退休后，王翰章终于有了属于自己的"业余时间"，这给他提供了系统学习绘画和进行写生创作的机会。此前，酷爱绘画艺术的他只能利用节假日过画瘾。不过，数十年如一日的工作生活方式突然中断，整天都成了"业余时间"，刚开始王翰章多少觉得有些不习惯。盛尔荃说，"你这么磨皮擦痒的，你也去学一点画画吧。"恰巧老同事来访，谈起中国函授大学成都翰林书画学院，王翰章很感兴趣，于是一起带着作品去报考。结果两人都被录取了。70岁而成"老学童"，王翰章很开心，特制闲章一枚——"白发学童"以自娱自乐。老伴也特意为他这个"老学童"细致地准备了"书包"，里面一应俱全地装着小画毯、笔、墨、颜料和洗笔的瓶子等物。回首当年翰林书画学院的求学经历，王翰章仍兴致盎然：

> 去了以后，先上了三年的书画班，什么画画、人物、山水、花鸟都得学，写字也得学，书法也得学。基本的雕刻、篆刻，你有兴趣也得学，没兴趣你得听课，也得学诗词。还有学什么东西呢？还有学这个裱画，去博物馆实习参观，待了一个礼拜。三年以后毕业了，毕业以后觉得还有一点儿收获，再怎么办呢？翰林书画学院有个大画家叫黄纯尧[1]，他是专门画山水的，以画三峡著名，他有一个山水研究生班。于是我又读了研究生。这山水研究生班就更辛苦一点，必定要到大山里头去写生，要到各地方去写生，到三峡里头去写生。我去了好多地方写生，然后在他们那儿又待了大概两年到三年，读了两个证书，正式证书[2]。

---

[1] 黄纯尧（1925–2007），四川成都人。我国著名画家，师承徐悲鸿、谢稚柳、傅抱石诸先生，1947年毕业于国立中央大学艺术系，曾任南京师范大学教授。

[2] 王翰章访谈，2014年4月8日，成都。资料存于采集工程数据库。

图9-6　王翰章向老画家吴一峰介绍自己的作品（1992年）

与黄纯尧的相识对王翰章绘画水平和艺术修养的提高有很大帮助，由此，他还结识了吴一峰、岑学恭、李仲海等众多四川老一代著名书画家。王翰章认为，"和他们交往，提高了我的文化素质，丰富了我的文化生活。"后来，王翰章还被接收为成都美术家协会会员，并担任卫生书画协会华西分会会长。20多年来，王翰章秉承师从造化的理念，只要有机会，就尽量去接触大自然，外出写生，周游蜀中名山大川，甚至出国时也随时随地写生作画。

2007年，作为卫生书画协会华西分会会长，王翰章集会员和自己的作品主编出版了画册《墨彩华西坝》。2009年3月，在他90岁生日前夕，又从多年来创作的大量作品中精选了一百幅佳作汇集成《王翰章画集》，由中国文化出版社出版发行。其画艺融中国画与西画技法于一炉，颇有自成一家之风范。华西口腔医学院（医院）院长周学东在画集序言中赞誉道：

画作饱含着他对华西口腔的真与诚，浸透了他对口腔事业的情与爱。
他的丹青不仅使华西口腔的大堂小轩雅趣横生，也成为兄弟院校的挚爱珍藏。高雅的国画艺术与舶来的口腔科学交相辉映，成就中国口腔的佳话，成为华西口腔百年深厚文化底蕴的重要组成部分。

难忘的华西口腔百年庆典

王翰章主编的《华西口腔百年史话》一书是华西口腔百年庆典的一个重要内容。经过一个世纪的发展，经过包括王翰章在内的一代又一代华西口腔人的继承与创新，华西口腔医学院（医院）已经成为国内最具规模及影响力、国际知名的口腔医学重镇，其医院与学科排名已连续多年位居全国第一。

2007 年 3 月 31 日，华西口腔医院建院 100 周年庆典在四川省人大礼堂隆重举行，海内外校友 1400 余人汇聚一堂，盛况空前。华西口腔百年华诞，是华西口腔发展史上的一件盛事，也是中国口腔医学事业的一件喜事。作为中国现代口腔医学的发源地和摇篮，华西口腔走过了百年辉煌历程，承载着中国口腔医学的发展精髓。阅尽沧桑，躬逢盛事，王翰章感想万千，欣慰已极。20 世纪 40 年代，他曾参加华西口腔创建 40 周年庆祝会的筹备工作，那时他还是一名行将毕业的学生。转眼间 60 年过去了，华西口腔迎来了百年大庆，而他也从一名青年变成一位老者。

庆典的一个环节是口腔医学院历届领导向来宾敬酒。作为华西口腔第五任院长，德高望重的王翰章又一次站在主席台的正中，与来宾和校友们共同举杯，祝福华西口腔更加美好的未来。

庆典上还特别举行了华西口腔杰出校友奖以及华西口腔医学杰出贡献奖颁奖仪式，王翰章与 34 位辛勤耕耘、默默奉献的老教授一同被授予"杰出贡献奖"。

这一切似乎足以告慰退休多年的王翰章，然而真正令他备感欣慰的是，就在 2007 年，华西口腔取得了四个新的重大突破：全国一级学科整体水平、科学研究及人才培养排名居全国第一；被评为首批一级重点学科；获得口腔医学唯一的国家重点实验室；获得教育部口腔医学领域唯一的创新团队。这才是百年庆典上绽放的最绚烂的礼花，也是作为华西口腔薪火传承者的王翰章心中最大的自豪与荣光。

生命不息　工作不止

2009 年 4 月 17 日，来自全国各地口腔医学界的专家学者齐聚春意盎然的成都华西坝，为王翰章庆祝 90 华诞暨从医执教 60 周年。这次破天荒的

图 9-7　王翰章 90 华诞暨从医执教 60 年庆典（2009 年 4 月）

生日庆典的由来是这样的：《中华口腔科学》于 2009 年再版之际正值王翰章 90 岁，华西口腔医学院院长周学东提议"庆祝庆祝"。王翰章说他从不做生，更不愿意给大家添麻烦。周学东说："既然如此，那就待开《中国口腔医学年鉴》第 12 届编委会时吃顿饭，总可以吧？"王翰章只好却之不恭地答应了，于是才有了下文的盛况。

图 9-8　邱蔚六夫妇拜访王翰章夫妇（2005 年 10 月）

当时，中华口腔医学会会长王兴，中国工程院院士、上海交通大学口腔医学院名誉院长邱蔚六，第四军医大学专家组成员、国家一级教授史俊南，中华口腔医学会副会长、上海交通大学口腔研究所所长刘正，武汉大学口腔医学院名誉院长樊明文，中华口腔医学会副会长、上海交通大学口腔医学院院长张志愿，北京大学口腔医学院党委书记李铁军，中华口腔医学会副会长、第四军医大学口腔医学院院长赵铱民、中华口腔医学会副会长、武汉大学口腔医学院院长边专，中山大学光华口腔医学院院长凌均棨等全国口腔医学界的杰出人物几乎悉数到会。

华西口腔医学院院长周学东在会上深情致辞：

> 王翰章教授作为中国口腔颌面外科创建人之一，长期从事口腔颌面外科医疗、教学和科研工作，为中国口腔医学事业作出了巨大贡献。他不但是时代的见证者、社会进步的贡献者，也是这个时代中国老知识分子的典型代表。今天，看到他精神矍铄、身体健康、思维敏捷，我们感到十分高兴，这是我们华西的福气，也是整个口腔界的幸事。

王兴、邱蔚六等纷纷表达了对王翰章事业成就的高度赞誉和健康长寿的美好祝愿。大家共同祝福王翰章，相约重聚在老人的百岁寿辰。

凑巧的是，此前一天，由四川大学华西口腔医学院筹建的中国口腔医学博物馆新馆开馆。对王翰章来说，这是一份最珍贵的生日礼物，它饱含着王翰章一生的心血、无数的回忆，馆藏珍品中有不少他捐赠的物品。

这一天，王翰章格外开心，他非常高兴见到许多老朋友和昔日的学生，并为他们所取得的成就感到自豪。他还特意将自己新近出版的《王翰章画集》和《王翰章口腔颌面外科手术学》作为礼物答谢各方友人。令人感佩的是，在寓意"功德圆满"的九十寿诞庆典上，王翰章却许下了"生命不息、工作不止，为发展我国口腔医学事业作更多贡献"的诺言，并且不久就与出版社签订了编撰《中华口腔医学辞典》的合同，更在当月开始为口腔 7 年制、8 年制的学生讲授口腔素描学。

两获全国健康老人——对科技工作者的启示

2009 年和 2013 年，王翰章先后两次获得全国健康老人荣誉称号。

如果王翰章不懂得科学养生，他可能不会为自己赢得退休后 20 多年的工作时间与精力；如果王翰章没有这 20 多年的时间与精力，他也就不可能在晚年还能去完成那么繁杂的工作，取得一般人在青壮年都难以企及的事业成就。因此，对普通人而言，身体健康、寿比南山是一种完满的人生追求；对科技工作者而言，这意味着能够为国家、为社会作出更多的贡献，从而最大限度地实现自己的人生价值。

王翰章的老有所为不是偶然的，正如他的健康长寿也不是偶然的。事实上，他的两个弟弟都先他而去多年，享寿都不过 60 多岁，他自己也并非那种具有长寿基因的、没有任何基础疾病的人。他的长寿与身体的自我保养、心理的自我调节有直接、重要的关系，他是一个自我控制力极强的人。石冰对老师王翰章的健康状况比较了解：

> 大家觉得王老师好像一帆风顺，其实王老师的人生是非常曲折的，而且他的身体状况也不像大家想象的好像没有任何疾病、身体很健康。他非常注意保养，非常注意科学养生或者对待疾病。我举个例子，其实他很早就患有高血压，然后血糖也高、血脂也高，大概十多年前，前列腺也不太好。他这些"三高"都是四五十岁的时候出现的，但是他能科学对待。比如在饮食上他控制得很好，我很注意观察我的老师，因为很崇拜，你看他饮食绝不暴饮暴食，我们就做不到。这是一种品质，能够管好自己。还有在家庭问题上，他也讲夫妻关系也好、子女关系也好，能容忍的就容忍，不要去争强好胜。他说，往往很多事情，退后几年看，都会觉得是一个很普通的事情，但在当时，往往人们都会为一些名和利去争，这既伤了同事之间的和气，也伤身体①。

王翰章的学生、同事，多年担任口腔颌面外科主任的刘松筠则从另一个角度诠释了"老院长"长寿的道理：

> 以前我不了解，作为他的学生以后，才觉得他很善良、正直、正

---

① 石冰访谈，2014 年 5 月 8 日，成都。资料存于采集工程数据库。

派，我很佩服老院长。我觉得这个人在艰难的情况下，都非常能够控制自己，能够很正确地对待。如"文化大革命"期间，他也受到了一些冲击，但是他非常坚强，一直挺过来了。我觉得老院长心态很好，他遇到很多困难，但是他从不心胸狭窄、斤斤计较，所以他长寿。

另外，我觉得这个人很廉洁、生活非常简朴。他当党总支书记的时候，已经是领导了，但是住家的房子非常小，就和我们年轻的老师一起，楼上楼下。一直到后来那个房子成了危房、不能住了，他才搬到南园的教授楼，也并不是很宽裕。后来川大江安校区分了新房，他的条件才有了改善。但他告诉我说，他当时还是没有条件，没钱买那个房子，是他在美国的儿女资助买的。①

周学东在回顾总结老院长王翰章事业成功与健康长寿的经验时也特别强调：老院长的心态非常平和，这是他成功的非常重要的要素——"无论你的意见与他一致或是不一致，他都以一种包容的心态来接纳所有人，无论对教师还是学生，无论对支持他的人还是反对他的人。"②

淡泊名利，宁静致远，这是人尽皆知而人难为之的行为操守。唯其知易行难，王翰章每每在谈及养身之道时，总是言简意赅。兹将其在 2013 年第八届全国健康老人颁奖大会上的发言摘录如下，或望有所启发助益于读者诸君。

我每天早晨起床后先喝一杯水，很重要，它可以有助于稀释一夜浓缩的血液，然后作自编的健身操。早饭后，走进书房做自己想做的事情。午睡后慢步锻炼、和朋友聊天……仍将更多的时光放在书房里。

对自己身体健康情况，有如对待一部精密机器，要定期检查，发现问题及早解决，不可拖延，以免造成无可挽回的后果。

唯宁静、致远、平淡、自如是老人拥有健康、幸福的规则，所以

---

① 刘松筠访谈，2014 年 1 月 21 日，成都。资料存于采集工程数据库。
② 周学东访谈，2014 年 11 月 19 日，成都。存地同①。

要保持乐观的心态和达观的情绪。对青年朋友还加一句：管好自己，世上最难事莫过管好自己。

可见，王翰章的养生之道其实没有什么秘诀，"科学、自律"四字足矣。

8 年成书的回忆录：《翰墨荃馨 —— 一个医生的历程》

《翰墨荃馨——一个医生的历程》是截至目前王翰章最新出版的一部书，全书 30 万字，图片 200 余幅。这部回忆录性质的作品实际上包含了大量史料性质的文字，几乎完整地梳理了华西口腔医学以及中国口腔颌面外科学诞生发展的脉络，从这个角度看，该书已经完全超越了个人回忆录的范畴。2013 年 6 月该书出版发行时，王翰章已年逾 94 岁。

王翰章在《翰墨荃馨——一个医生的历程》一书的自序中写道：

> 朋友鼓励我写回忆录，认为我所处的时代和经历很有代表性，记录下来可以留下一点时代的痕迹。我说好，90 岁时交卷。那时我 85 岁，其实我很忙，正在审订《中华口腔科学》第二版。同时编撰《口腔颌面外科手术学》、画集、精品教材（《口腔颌面外科学》《中华口腔医学辞典》），还有手头上的文稿。我想反正还有 5 年呢，没想到写回忆录是如此艰辛，和写一本业务专著大不一样，要挖空心思地去想、去追忆、去查找、去提炼、去评价、去核实……不由得惋惜"文化大革命"中失去的资料，用了 4 年时间才写了个初稿，没有按时交卷，甚歉。又用了 3 年多时间，前后 8 年多才算完稿。

这段文字透露出写作的艰难，更透露出作者在 85 岁高龄时仍负担着大量的工作任务。王翰章的记忆力固然是惊人的，同时，他的执着精神、他对口腔医学的热爱，也由于该书的写作问世而彰显无遗。

该书结尾的文字充分表达了王翰章对华西的眷恋之情：

我用了大约 8 年的时间回顾 80 多年的往事，回忆起我的童年、少年、青年，流亡、艰辛、成长、奉献和我们国家及人民贫困、苦难的日子，富强、兴旺的历程。我回忆起谆谆教导过我的老师们、亲如手足的朋友们、朝夕相处的同窗们和并肩战斗在门诊、病房、手术室的同事们。绿草如茵的广场、潺潺不停的溪水、飘荡的柳丝、荫荫的竹林、歇山顶附有巍峨的塔楼、文化的殿堂、悠扬的钟声，这些和华西的一人、一事、一景、一物，都永远印在我的心中①。

许多读过该书的老华西都认为，这本书是迄今为止内容最详实、文笔最生动、感情最深挚的关于华西的回忆。

《翰墨荃馨——一个医生的历程》一书既是王翰章对自己一生的回顾，也是他送给夫人盛尔荃的珍贵礼物。书名当中的"翰"和"荃"就是分指他们夫妇二人。王翰章的书法、绘画为人称道，文章诗词也是举重若轻。在盛尔荃 80 岁生日时，他画了一幅墨竹并题诗一首以表心意：

> 山盟海誓无尽头，卜居蜀中必清幽。
> 春风秋雨时时过，相依为命度春秋。

王翰章夫妇的儿女均已定居海外多年，人生夕阳，只有两位老人相扶相依度时光。其间，他们曾两次赴美与儿孙们团聚，儿女们也时常回国看望二老，退休后的 20 多个春秋，更多的时间，他们就这样牵手走过。如今，虽然王翰章、盛尔荃都已是 90 多岁的高龄，但是依然生活得很充实、很健康、很快乐。年逾 95 岁的王翰章更是"耳未聋，眼未花，尚未用拐杖，一次可步行两三里路。"日常生活是如此的平淡。

在采访的过程中，我们一直想了解王翰章关于未来的计划。他说，他的确还打算做好些事情，只是因为年岁大了，做起来会比较慢一些、吃力一些。但是他一定会做下去，因为他不曾忘记自己许下的承诺——生命不息，工作不止，为发展我国口腔医学事业做更多贡献。

---

① 王翰章：《翰墨荃馨——一个医生的历程》。北京：人民卫生出版社，2013 年，第 395 页。

结　语
相同与不同的科学家长成之路

一个人之所以能成为深具影响力的科学家，肯定要具备科学家这个群体共同的人格要素和精神因素以及必不可少的环境因素——诸如名师、名校和社会时代背景等；与此同时，我们更为看重一位科学家身上所具有的个性化成功要素以及由此可能带给今天和未来的科学工作者的现实关照。

我们认为，作为"老科学家学术成长资料采集工程"研究传记的结论性部分，认识并发掘该科学家的个性化学术成长要素，揭示与宣扬该科学家最具借鉴价值的成功要素，既是对老科学家学术成长经历与经验的客观总结，也是使课题价值得以真正体现的差异化研究。毕竟，我们是在为人作传，而非为神画像。

王翰章是一位年逾95岁的老科学家。钱钟书在《围城》里曾对"老科学家"四个字做过一番有趣的调侃，当然调侃的对象是小说中的虚构人物。钱先生说，"将来国语文法发展完备，总有一天可以明白地分开'老的科学家'和'老科学的家'，或者说'科学老家'和'老科学家'。"之所以在这样严肃的文字里引入小说家言，实在是因为即使到了今天，现代汉语还是无法实现钱先生的这个愿望。更为重要的是，即使在当今学术界，仍然还存在着对老科学家以调侃或误解的一部分人和某些现象。

因此，我们在此首先要班门弄斧特别定义的是，老科学家当然是年老的科学家，至于是否仅仅因为"生得早，活得老"而浪得虚名，那要通过客观调查研究才能下结论，岂能轻浮草率言之？！一位科学工作者，到了八九十岁还在搞学术研究，还在著书立说，还在为科学事业出谋划策发挥余热，这样的人是值得科学界敬仰的人，这样的人具有最纯粹的科学精神。

我们同时认为，成为一名优秀的科学家需要具备的条件可分为必要条件与充分条件，其中又体现出可复制性与不可复制性，亦即共性条件与个性条件。所谓伟大的时代造就伟大的人物，这句话其实强调的就是社会时代背景的不可复制性，但它只是必要条件，而非充分条件。一个人身处伟大的时代、经历重大的社会变革，这些都可能为其成长、成才提供难得的机遇；但是这个人是否能成就一番事业，具体对科技工作者而言，是否能成为一名优秀的科学家，时代和社会背景本身的影响是远远不够的。

王翰章是一位很谦和的科学家，每当谈及自己之所以成为中国口腔颌面外科的创建者之一的因素，他总是归因于"我赶上了我国口腔医学的创建时代"。事实上，赶上这样那样的时代机遇的人很多很多，但是能够抓住这样那样的机遇脱颖而出的人总是很少很少。是什么样的差异化因素使王翰章能够抓住机遇、取得成功，这就是我们研究其学术成长的重要关注点。

通过对王翰章学术成长经历的资料采集与分析研究，我们认为除了科学家成长的共性要素以外，有两个颇具个性特征的重要因素是值得专门指出并予以肯定的：其一是中国传统家庭教育模式对王翰章整个人生特别是立志与践行的影响；其二是包括书画在内的中国传统文化对王翰章渡厄延寿，特别是晚年取得著述等身成就的影响。这两个特点具有很强的现实性，前者对今天地球村模式下的中国青少年教育有积极的借鉴意义，后者对今天的科技工作者乃至普通知识分子保持健康并延长其工作时间与创造力具有极大的启发性。另外，我们也对王翰章自己总结归纳的人生经验进行了梳理和剖析。

中国传统家庭教育模式的影响

在中国传统家庭教育中，德育职能至上，重视个体自我教育和少儿良好行为习惯的养成；而在现代家庭教育中，德育职能则逐渐弱化，甚至出现家庭道德教育空白的现象，进而导致个体人格的缺失和个体成长的扭曲。王翰章在其幼年所受的家庭教育无疑是非常传统的，虽然他的母亲去世很早、他的父亲长期在外经商——他所受家庭教育的主要教育者由其祖母、祖父承担，其中，祖母的角色更为突出和重要。而这样的家庭教育对王翰章一生的成长发展无疑起着潜移默化的基础性作用。

在王翰章的回忆录《翰墨荃馨———一个医生的历程》一书中，不仅多处忆及祖母，甚至有两个章节专门描写祖母对其的教育和影响，并深切表达对祖母的感激与告慰之情。第一处见《翰墨荃馨———一个医生的历程》第一章"槐树的回忆"之 4 "奶奶的教诲"，另一处见该书第五章"求学艰辛"之 69 "奶奶一定高兴"，这在全书关于亲人的回忆中是仅有的。王翰章走出顺义县胡各庄村到通州就读正规小学的决定，就很可能是由其祖母做出的。在《翰墨荃馨———一个医生的历程》第二章"运河哺育"之 9 "通州，天禄斋"一节，王翰章写道，"一天奶奶对我说，你一天比一天大了，只在村子里读书不成"，并"抚摸着我的头说：'好孩子，将来你要做个大男人，就应该有大的理想，首先不能太恋家'。"此时，王翰章的祖父去世不久，父亲接替祖父的工作在北京通州经营糕点店"天禄斋"。

对王翰章的学术成长而言，"祖母的影响"有两大重要因子。其一是影响了他人生道路的选择，兹列举部分具体情节如下：

1935 年，王翰章因感冒发烧住院，生平第一次接触西医，他就萌发了从医的理想，他写道，"我思索着，医生的工作是那样的伟大和神圣""将来去做医生，我想一定会符合奶奶的心愿，我默默地记在心中。"[1]

1942 年，回京借读辅仁大学期间，父母跟他商量是否拜师学画一事时，他否定了这个选项，理由是"我答应过奶奶，要做有爱心的人、助人

---

[1]　王翰章：《翰墨荃馨———一个医生的历程》。北京：人民卫生出版社，2013 年，第 40 页。

为乐的人，所以把未来的追求一心放在学医上。"①

1949 年，王翰章从华西协合大学牙学院毕业之际，心情激动，想得很多，他"想起了奶奶的叮嘱，我没有辜负奶奶的期望，她要是能够看到我这一刻，一定是非常高兴的。"②

甚至到了 1989 年退休时，70 岁的王翰章还念念不忘"奶奶的教导"。他写道，"我作为一名救死扶伤的医生，履行了奶奶的'助人为乐'的教导，实现了我青年时代理想的宏愿，这是我一生最大的成功。"

可见，祖母的教导不仅促使和坚定了王翰章从医的信念，进而成就了他一生事业的成功。

其二是影响了他为人处事的原则。童年时，王翰章有一次偷偷地跟着一群大孩子去了汹涌的潮白河。祖母知道后既后怕又生气，对他说："要你做一个诚实的孩子，你不和家里人说就偷偷地到潮白河去游水，你明明知道不该去，才偷偷地去，知道不该做的还要去做，你连自己都管不了自己，将来你要变成一个什么样的人呀？"③ 王翰章将祖母的教诲铭记在心里，始终坚持着做人要自律、做事要三思而后行的理念，并且在过了许多年以后，他将这教诲提炼成"世间最难事，莫过管自己"。

一言以蔽之，王翰章的祖母无疑是其人生与学术成长永恒的精神导师。

王翰章关于祖父的回忆也是与其童年教育直接相关的，比如爷爷曾经教他背诵《三字经》，带他去看"窦燕山故里"石碑，并告诉他窦燕山的传说典故，还带他"去逛北京故宫和景山"。

在王翰章的回忆中，父亲王寿彭虽然是严肃少语的，但是对王翰章的成长，他不仅没有横加干涉或限制，相反颇有眼光，而且不遗余力。他虽然"没有什么高深的文化"，可是"具有经营事业的高超才能"，特别是在对子女的教育上，王寿彭具有一种生意人一般的长远眼光——很难想象在20 世纪三四十年代，作为一个小民族工商业者，他没有要求膝下的三子

---

① 王翰章：《翰墨荃馨——一个医生的历程》。北京：人民卫生出版社，2013 年，第 89 页。
② 同①，第 185 页。
③ 同①，第 8 页。

结语 相同与不同的科学家长成之路 **249**

二女中的任何一人承继自己的事业，而是耗费极大的资金供其读书求学。正因父亲的开明远见，王翰章和他的四个弟弟妹妹才得以接受高等教育。

因为战乱的缘故，王翰章高中毕业时已年满 21 岁，无论从生理还是心理的角度看，在那个历史年代，这个年龄的男性都算得上是足够成熟了。在王翰章保存了 70 多年的北京育英中学毕业年刊上，有当年同学相互写赠的评语，一位名叫刘德芳的同学给王翰章写的评语是这样的："君燕人也，性温柔直爽，且甚笃实，待人以礼，和善可亲，故人皆乐与之交。君癖好绘事，尤善田径，课余以足球为趣。发奋攻读，久而不怠，此即成功之先兆也。"我们认为，爱好广泛、待人友善、做事勤恳这样的品行特征正是王翰章所受中国传统家庭教育模式影响持续发酵的效果，至少这种来自于家庭的影响是决定王翰章人生成长发展重要的基础性因素之一。

长寿高产得益于科学养身

科学家出成果的时间可以有早晚，做出成就与贡献的形式也可以有异同。特别是像王翰章这样的科学家，本身具有口腔颌面外科学家、口腔医学教育家和口腔医学管理专家三重身份，其贡献大小也绝非单纯的学术创新、科研成果可以衡量。客观地讲，王翰章对于中国口腔颌面外科的创建与发展，对于中国口腔医学人才的教育与培养，对于华西口腔医学事业的继承与发扬都做出了非常突出的贡献。特别是他在退休之后的 20 多年里继续辛勤工作，无论在临床科研还是著书育人方面都取得了巨大的成就，从科学工作者的社会价值角度分析，这无疑具有超高的"投入产出比"。今天的人们或许早已淡忘 20 世纪 80 年代由蒋筑英等科学家的英年早逝而引发的社会大讨论，但是却不应忘记两年前为中国第一代航母舰载机而过早献出生命的罗阳。两者相隔 30 年，同样都引起了党和政府对科学家健康问题的高度重视。科学技术是第一生产力，科学家的健康长寿无疑就是这个第一生产力的倍增器。因此，无论从微观或宏观的角度考量，分析研究进而宣传王翰章的科学养身之道都具有非常积极的现实意义。

从遗传学的角度看，王翰章家族似乎并不具备长寿基因，分析王翰章的回忆录及其提供的家世资料可以发现，他的母亲在他年仅 8 岁时就已去世，父亲也只享寿 70 岁，两个弟弟辞世的年龄分别是 64 岁和 66 岁。据王翰章回忆，他在 20 世纪 70 年代初 50 多岁的时候就被查出血压偏高，给他做检查的是当时与他一起在四川三台等地"开门办学"的心血管专家郎恩普。虽然郎恩普比王翰章年轻 10 岁，但是从那时起，王翰章就一直请郎恩普为其诊治处方，直到现在，从不轻易变换医生和治疗方案。可见王翰章的确在身体保健方面有着科学的态度，用他的话说就是对待疾病要做到"早发现、早诊断、早治疗"，绝不讳疾忌医。同时，他认为每个医生都有自己的诊疗思路，长期保持固定的医生就诊有利于医生充分了解患者的身体状况，也就有利于医生更加准确的诊断与治疗。

此外，王翰章很注重生活起居的规律性。他认为一个希望获得健康的人特别是中老年人，必须要了解自己身体的需要和适应能力，要给自己安排节奏适当的、有规律的生活时间表和科学适量的饮食清单。

如果说上述思想得益于王翰章所具备的医学职业背景的话，那么他从小所接受的谦和恬淡的传统文化以及毕生热爱的书画艺术对他的人格与心态的调适和完善，进而助益身体健康，则体现出与职业背景毫无关联的精深的个人修养。

王翰章把自己的一生奉献给中国口腔颌面外科发展与口腔医学教育事业，虽获奖无数，却无心插柳。1989 年正式退休后，除了厚积薄发地编著大量口腔医学专业教材和工具书，他终于有了相对充裕的时间潜修自己从小喜爱的书画艺术，进一步陶冶性情、修养身心，并从中获益匪浅。王翰章自幼受国画的熏陶，曾自学素描、粉笔画及油画。退休前，他只有利用每年国庆节假期的短短几天闭门作画"解解馋"；退休后，"考"入成都翰林书画学院学习，由普通班至研究班，当了 6 年学生，在著名画家黄纯尧指教下学习山水画，特别注重外出写生。70 岁到 95 岁，25 年弹指间，王翰章不仅画艺大进、佳作频出，更让人称奇的是，在这 25 年间他完成了超过 2000 万字的口腔医学专业著作的编撰工作。从这个意义上讲，王翰章堪称一位大器晚成而集大成的科学家。无疑，支撑他晚年取得累累硕果的核心要素首先是健康，而助益他晚年健康的重要因素绝对少不了绘画，因为绘画使人心静、气和、神凝、意专，其功效不亚于太极、气功。王翰章的健康长寿不仅仅是他个人的圆满、家庭的幸事，正如四川大学华西口腔医学院院长周学东在庆祝王翰章九十华诞暨从医执教 60 周年庆典上的致辞中所说，王翰章的健康长寿"是我们华西的福气，也是整个口腔界的幸事"。

"世间最难事，莫过管自己"

王翰章在回顾自己一生的成长时，有这样的心得："世间最难事，莫过管自己"。这让笔者在感同身受之时联想到毛泽东说过的那句话："一个人做一件好事并不难，难的是一辈子只做好事、不做坏事。"

人性本身并非单一纯粹的，先天的性格遗传基因中不会注入善恶好坏这样的标记，一个人优秀品质的养成几乎完全取决于其后天所受的教育影响和自觉自省。王翰章所受的教育影响无疑是很正面的，从最早接受祖母、祖父、父亲的家庭教育影响，到后来师从林则、宋儒耀、夏良才等大师的耳濡目染。但是外因要通过内因才能起作用，王翰章能够一生坚持做人要自律、做事要三思而后行的信念，与他的自觉自省有关。禅家讲究所谓悟性，对王翰章来说，他对人生价值是有觉悟的，而不是浑浑噩噩地生存在这个世界。他悟到的真理进而秉持的信念就是：尽量去帮助那些最需要你帮助的人。所以，他最终选择了从医，而不是他从小喜欢和练习的绘画艺术。他的觉悟已经完全可以被看成是一种广义的宗教信仰。孙思邈《大医精诚》一文有言："医乃仁人之术，必具仁人之心。"我国著名医学家、现代外科之父裘法祖也曾说过："德不近佛者不可以为医！才不近仙者不可以为医！"可见古今一理、中西同德。作为一名医者，王翰章庶几近之。

而当今医疗卫生界最为诟病的现象即是医德与医学技术的背离。试想，若医者以"仁者爱人"之心面对患者，岂能导致医患纠纷的层出不穷？人们不可以将今天的社会背景作为医德缺失的解释和理由，若是以这样的眼光看问题，那只能得出今天的中国尚不如军阀混战时期的谬论。我们只能客观地认为，医者也是人，要做到"具仁人之心"是很不容易的，因为"世间最难事，莫过管自己"。王翰章说："几十年来，我不仅把医生当成一种职业，更多的是把它当成一种信念，为患者解除病痛是一件让我由衷感到快乐和充实的事情。"从中我们可以清楚地看到，一个人特别是一个医生，是否把自己所从事的工作当成一种信仰，这才是决定其医德高下的核心要素。至于其他，无非借口而已。

王翰章的一生经历过许多艰难困苦，经历过几次大的时代变迁，但他始终不改初衷，不计得失，为中国的口腔颌面外科事业和口腔医学教育事业默默奉献，即使年逾耄耋，仍然笔耕不辍、著述累累；而今年近期颐，仍然为之做着力所能及的工作，这样近乎虔诚的自律是其成为口腔医学界楷模的精神基础。

王翰章是一位长期从事口腔医学教育和口腔医学管理工作的科学家，他不仅具备严格的自律能力，同时更具有善于团结人的人格魅力。分析他的著述可以发现，诸如《中国医学百科全书》《中华医学年鉴》《中华口腔科学》这样的鸿篇巨制，无不是通过上百位专家学者的通力合作而问世的，即使像《口腔颌面外科手术学》《口腔医学丛书》这些参与者较少的专业图书，也离不开每一位编写者的积极努力。王翰章是个谦和恬退的人，他深知"一己之力有限，众人之力无穷"的道理。在他主持修建口腔大楼时，在他组织各类全国性学术会议时，在他竭力拓展口腔颌面外科的学科发展空间时，他总是善于调动大家的积极性，发挥大家的能力，共同完成好所作的工作。他出众的亲和力早在高中时就被同学精确定义："君燕人也，性温柔、直爽，且甚笃实，待人以礼，和善可亲，故人皆乐与之交。"在他一生所接触的无数师长、领导、同学、同事、学生、患者眼里，他都始终是上述定义的躬行者。这里仅引述其中最具代表性的几位人物对他的评价为证：

原四川医学院院长马俊之："他生性憨厚正直，为人真诚谦和，对专业执著追求，对管理工作勤于实干。"①

口腔医学界唯一的工程院院士邱蔚六："他还有一个特点，他为人特别好，能够使人亲近，不是像有的人不大容易亲近，还比较容易实事求是，

---

① 周学东，唐洁：《华西口腔百年史话》。北京：人民卫生出版社，1958年，第372页。

也不是像有的人盛气凌人，这些都是值得我很好学习的地方。"①

王翰章的"关门弟子"、华西口腔医学院教授郑谦："老院长在人格魅力上我觉得最大的特点就是谦和宽容。他就是批评人都很委婉，循循善诱，从不发脾气，我们当学生的感触很深。因为谦和，所以善于学习借鉴他人的长处，进而形成风格，这是他之所以成为大家的重要原因之一。"②

清华大学等诸多高等院校的校训都有"厚德载物"一语，然其能持者有几人？王翰章医德与师德兼备，待人如同待己，可谓厚德矣。

机遇、坚持、勤奋、责任、奉献

王翰章在许多不同的场合，或书面文字、或口头语言，都曾谈到过10个字用以归纳总结其一生的成功经验。虽然王翰章总是谦虚地表示自己"不是起到那样大作用的人，也没有什么突出的工作能力"，但是从人的潜意识反应角度分析，我们却不能不认为这10个字就是王翰章心中开启成功之门的钥匙。这10个字就是：机遇、坚持、勤奋、责任、奉献，以这10个字构成的5个词汇——衡量王翰章的学术成长经历与经验，实在无一字虚设。

机遇的相关因素包括社会时代背景、学科发展背景、师承门派背景等不可复制性条件。机遇虽然是不可复制的，但是机遇也是层出不穷的，因此我们总爱说"把握机遇""抓住机遇"，而能否真正抓住、把握机遇甚至认清机遇，这都需要一个人的勤奋努力和坚持不懈。因为还有一句话是这样说的：机遇总是留给有准备的人。王翰章无疑是一个抓住了机遇的人，从转学华西协合大学牙学院到师从中国整形外科、口腔颌面外科、显微外科创始人宋儒耀；从参加抗美援朝手术队到参加全面学习苏联的医学俄语师资班、口腔颌面外科高级师资班；从参与编写新中国第一部口腔颌面外科统编教材到创造性地主编中国第一部颌面外科手术学专著，王翰章总是积极主动地投入医、教、研乃至行政管理各项业务，并且始终有着勤奋的学习、工作习惯。为此，儿女出生时他都因公外出，未能在妻子身旁照

---

① 邱蔚六访谈，2014年5月14日，上海。资料存于采集工程数据库。

② 郑谦访谈，2014年1月17日，成都。存地同①。

料，这也成为王翰章对夫人盛尔荃一直感到愧疚的事情。不过，盛尔荃的理解和支持以及两人和谐美满的婚姻却是他事业的重要基础。对此，王翰章有这样一段评价：

> 她日常工作虽然繁忙，但理家、教子皆揽于一身，家中琐事，我从未操心。我有一个和谐美满的家庭，对我专心投入工作是一个坚强的支柱，也是我一生的幸福[①]。

在我们看来，王翰章这 10 个字的自我总结，机遇与坚持、勤奋是第一个组合，责任与奉献是第二个组合，前者助其成为中国口腔颌面外科的创建者之一和华西口腔医学的重要领导者、开拓者，后者成就了他退休后著作等身、硕果累累的绚丽晚景。

王翰章始终把自己看成是百年华西口腔医学事业的薪火传承者，而从不以专家、领导自居。因此，退休在他眼里只是一个逗号，绝不意味着工作事业的结束；即使到了 90 岁高龄，他仍在华西口腔为他举办的华丽庆典上许下诺言："生命不息工作不止，为发展我国口腔医学事业作更多贡献。"他是一个真王把华西口腔医学院（医院）当作自己的家的人，是一个真正把口腔医学事业当作自己毕生追求的人，正因如此，王翰章很自然地觉得为华西口腔和口腔医学事业奉献一生不过是自己应尽的责任而已。也唯有具备如此纯粹的精神境界的人，才可能在科学的道路上永无止境地前行。

老科学家老去的只不过是躯体，他们的思想与精神永远是年轻的。是为王翰章学术成长研究的一点感悟。

---

① 王翰章：《翰墨荃馨——一个医生的历程》。北京：人民卫生出版社，2013 年，第 247 页。

附录一　王翰章年表

1919 年

5 月 22 日，出生于"窦燕山故里"北京通州胡各庄村（原河北顺义县）。

1926 年

开始在村里上小学。

1927 年

冬季，母亲因病过世，开始由奶奶抚养。

1930 年

被父亲接到通州上小学，因为错过入学时间，在私塾学馆读过一段时间的书。

1931 年

9 月 1 日，以第一名的考试成绩正式进入私立河北通州潞河高等小学四年级学习。

军阀混战，祖宅被占，全家迁居北京，奶奶病逝。

1932 年

9 月，升入小学五年级。

1934 年

6 月，于私立河北通州潞河高等小学毕业。

9 月 1 日，以优异成绩升入潞河中学。

1935 年

参加潞河中学书画艺术团体春雷艺文社，在社团学习了油画、粉笔画和水彩画的基本方法。

1937 年

6 月，于私立河北通州潞河中学初中毕业。

7 月，离开通州，来到北京家中。

9 月 1 日，考入北京私立育英中学高中部。

1939 年

寒假开始，在叔叔王寿龄的陪同下去医院行扁桃体切除手术。

在旧书摊上，淘出 20 世纪初中国大画家金北楼先生主编的《湖社》月刊。

1940 年

6 月底，于私立北京育英中学高中毕业。

报考济南齐鲁大学医学预科，三周后收到录取通知书。

9 月 1 日，正式进入齐鲁大学医学预科学习。

1941 年

12 月 8 日，日本突袭珍珠港，美日开战。齐鲁大学关闭，返回北京家中。

1942 年

春季，借读于北京辅仁大学生物学系。

9 月 29 日，与友人李梦鱼商定前往成都齐鲁医学院继续读书。

11 月 5 日，抵达成都齐鲁大学医学院，插班到二年级。

寒假，经同学沈元津介绍加入华西坝五大学学生团体边疆服务团野猿队。

1943 年

春假，参观新落成的华西口腔医院和牙学院标本陈列室及实验室，萌生转入牙学院的想法。

春，为救济河南灾民，随野猿队到街头募捐赈灾。

暑假，收到华西协合大学牙学院转学通知。

9 月 1 日，正式进入华西协合大学牙学院三年级学习。

1944 年

秋季，升入华西口腔医院牙学院四年级。

1945 年

秋季开学，因为过多从事公益事务，生理学和微生物学成绩没有达到 C（70 分），重读四年级。

8 月，华西坝五大学师生职工庆祝抗战胜利。

1946 年

秋季，升入牙学院五年级。经吉士道教授介绍，协助美国海军陆战队医院制作义眼。

与盛尔荃相识，坠入爱河。

1948 年

任华西协合大学口腔医院院长兼外科主任宋儒耀的助手，参与开颅切断从半月节分出的三叉神经下颌支、双侧颈外动脉结扎术及双侧下颌骨次全切除术、上颌骨切除术、植皮术、先天性唇腭裂整复术以及切取自体肋软骨鞍鼻整复术、新生儿唇腭裂整复术等。

年底，毕业论文《儿童奋森氏感染的研究》初稿完成，交由导师王巧璋修改。

1949 年

春，毕业论文交由林则夫人修改语法和词句。

被选为华西协合大学华英学生宿舍管理委员会主席。

5 月 4 日，与盛尔荃订婚。

7 月，获得华西协合大学大学毕业证书和美国纽约州立大学颁发的牙医学博士学位证书，被聘为华西协合大学牙学院口腔外科助教、住院医师。

讲授由宋儒耀指定的两学时冠周炎课程。

12 月 31 日，贺龙因前牙松动来华西协合大学口腔病院就诊，王翰章参与诊治工作。

1950 年

夏良才带回一套劈开牙冠取下颌阻生牙的器械，王翰章按其改进了术式并应用多年。

6 月 4 日，在华西坝赫斐院礼拜堂举行婚礼。

6 月，教育部在北京召开第一次全国教育工作会议。

8 月 7—19 日，卫生部召开全国卫生工作会议，会议决定将我国牙医学更名为口腔医学。

1951 年

中央军委令西南军区组建一支志愿援朝整形外科医疗队，由宋儒耀担任队长负责选择队员。

4 月 31 日，由宋儒耀、邓显昭、王翰章、吕培锟、侯竞存、曹振家等 10 人组成的西南整形外科援朝手术队从成都出发。

6 月 7 日，西南整形外科援朝手术队抵达北京。翌日去交道口胡同看望父母。

在北京经过近三周的培训、学习、参观、整编，最终被编为第五国际医防大队。

6 月 29 日，西南整形外科援朝手术队到达沈阳，宿于东北军区后勤卫生部招待所，与二弟王炳章见面。

10 月 6 日，华西协合大学正式由政府接管，更名为华西大学，牙学院更名为口腔医学院。

在《中华口腔医学杂志》上发表《急性齿槽脓肿》文章。

11 月 1 日，儿子蔚岷出生。

1952 年

2 月，西南整形外科援朝手术队完成任务，王翰章回到成都，任华西大学口腔医学院颌面外科助教。

秋冬，院系大调整，华西大学大部分文理科 70 多知名教授被调走。

10 月，正式加入中国共产党。

12 月，在《中华口腔医学杂志》上发表论文《舌下深层感染原因及治疗（脓性颌下炎）》。

1953 年

10 月 6 日，卫生部决定将华西大学更名四川医学院。

冬，为进一步向苏联学习，中央卫生部委托哈尔滨医科大学举办医学俄语培训班，与基础部戴保民、药学系赵同芳作为四川医学院代表参加学习。

口腔系正式迁入新落成的华西附属医院新门诊大楼三、四楼，口腔椅位增至 60 余台。

1954 年

夏，医学俄语培训班结业后返校，经过沈阳看望二弟炳章，到北京参加妻弟尔镇的婚礼。

参编军医参考丛书《口腔学》，并参与 1958 年、1959 年两次改版的编辑工作。

四川医学院开始招收研究生。

冬，父亲因病辞世。

1955 年

升为讲师，任口腔颌面外科主任。

8 月，在《中华口腔科杂志》上发表论文《颈部封闭疗法在面和外科临床应用的初步报告（附 100 病例分析）》。

秋，为进一步全面学习苏联，与周岳城、雷荀灌赴北京参加卫生部委托北京医学院口腔系主办的全国口腔颌面外科学高级师资班学习。

1956 年

春，参加高等教育部和卫生部在北京召开的高等医学教育和教学大纲等问题的研讨会。

3 月 24 日，女儿蔚薇出生。

夏，从全国口腔颌面外科学高级师资班毕业。

7 月，卫生部正式下达各学科的教学大纲，批准了教材的编写人员，口腔颌面外科学主编为夏良才，宋儒耀、张涤生为编审，编者有王翰章等七人。

1957 年

8 月，参加编写口腔颌面外科学教学大纲，由卫生部审订。

9 月，口控内科、口腔颌面外科、口腔矫形科开始招收研究生。

1958 年

对颌面恶性肿瘤开展颈部淋巴清扫术。

校对苏联专家柯绥赫的讲课记录《口腔颌面外科学》。

1959 年

任中国高等医药院校口腔专业教材编审委员会委员；任我国第一部高等医药院校统编教材《口腔颌面外科学》（1959）编委，为主要编写人之一。

华西附属医院外科大楼建成，口腔颌面外科迁入外科大楼四楼七病室，床位增至 50 张。

在《四川医学院学报》上发表论文《下颌前突的外科疗法（附病例报告）》（国内先例）。

10 月，口腔医学研究所建立，肖卓然任所长，王翰章任副所长，设有龋病研究室、牙周病研究室、高级神经活动研究室和实验动物观察室。

1960 年

口腔系成立党总支部委员会，兼任总支书记。

10 月，夏良才被调至武汉创办湖北医学院口腔系，王翰章继任四川医学院口腔系主任。

11 月 17 日，赴保加利亚进行文化交流，完成当年中保两国文化交流协定中最后一项内容——进行一个月的口腔医学考察。

12 月，在保加利亚索菲亚大学口腔医学院发表题为 "The development of stomatology in china" 的演讲。

在《中华口腔医学杂志》上发表论文《350 例口腔颌面部损伤的分析》。

1961 年

访问保加利亚普罗夫迪夫、黑海西岸的瓦尔纳和布鲁加斯等地，在莫斯科停留十天。

1 月 23 日，回到北京，向卫生部提交《赴保加利亚文化交流工作总结报告》后返回成都。

作为口腔系主任，为了做好口腔的整体工作，不断派出教师和技术人员到南京第四军医大学、北京市口腔医院、北京医学院、上海第二医学院、中国医学科学院整形外科等进修；先后申请进口了附有摄像系统的肌电仪、硬组织切片机、电动取皮机、涡轮牙钻机、电动铸造机、全景颌面部 X 线摄影机等先进设备。

1962 年

《口腔颌面外科学》第一版出版。

暑假，携全家回北探亲，9 月初回到成都。

初冬，在京参加卫生部召开的医学教育工作会，会上四川医学院执行的医疗、口腔、卫生 6 年制和药学 5 年制教学计划被作为样本讨论，王翰章为口腔组召集人。会议一致同意四川医学院口腔系的教学计划，此后口腔医学专业改为 6 年制。

卫生部原则上同意四川医学院修建一座口腔医学大楼。

1963 年

任卫生部医学科学研究委员会口腔科委委员。

10 月，由四川医学院口腔系筹办的首届全国口腔科学会议在成都新落成的锦江宾馆开幕，口腔系 100 篇论文结集出版，王翰章发表《颌面部骨折的临床分析（310 例病案分析）》、《下颌骨骨折的治疗（213 例病案分析）》两篇论文。

升为副教授，只提学术职称不涨工资。

修建口腔大楼的卫生部批文正式下达，经费 150 万元，开始选址和大楼的设计。

1964 年

春，四川医学院口腔大楼正式动工。

领导测量了 800 例正常唇部的长度、宽度和增长率。

6 月，任《中华口腔科杂志》新一届编委。

1965 年

年底，当时国内首座规模最大、设备最齐全的四川医学院口腔医学大楼落成。

1966 年

春季，继续深入进行教学改革，并抽调医务人员下农村参加"四清"工作。

组织口腔系人员搬入新落成的四川医学院口腔医学大楼。

5 月 1 日，四川医学院口腔医学大楼落成开幕。

5 月 2 日，四川医学院口腔医学大楼正式对外开放，接待患者。

5 月 16 日，被批为"修正主义和复辟资本主义"分子，大字报贴满了四川医学院口腔医学大楼的外墙和王翰章住家的墙和窗户。

6 月，被抄家。

10 月，口腔医学系的工作陷于瘫痪。

1967 年

1 月 20 日，不断被揪斗。

被迫离开口腔医院，到城内躲避。到附近军队医院做手术，有时也在成都市第三人民医院做医疗工作，过着流动的生活。

1968 年

9 月 8 日，口腔医学开诊，王翰章又回到华西口腔医院，却被隔离起来，之后被关押、批斗。

1969 年

继续被隔离、批斗。

1970 年

结束隔离、批斗，被安排打扫口腔医院的环境卫生，后又被分至手术室做勤杂工作。

6月，同大批师生被送到凉山彝族自治州军垦农场劳动，为学生、彝族同胞和修铁路的工人做了一些外科手术和其他医疗保健工作，在铁路工地医院做示范性鼻部损伤后的整形手术，为彝族同胞做面部损伤整形手术等。

冬，奉命和同学们去甘洛县斯足挖煤。

1971 年

3月，返回学校，做临床工作。

按照上级指示，先后三次去凉山。对农场劳动的学生进行毕业分配。

1972 年

春，口腔系开始准备恢复教学工作，并编写口腔内科学、口腔颌面外科学、口腔矫形学的教材，王翰章、李秉琦、杜传诗、雷荀灌分别主编《口腔颌面外科学》《口腔内科学》《口腔矫形学》《口腔颌面放射诊断学》等口腔医学丛书。

1973 年

年末，卫生部通知王翰章带上口腔医学院专业的教学计划到北京汇报工作，决定在成都召开全国口腔医学专业教育革命经验交流学习班。

1974 年

《口腔颌面外科学》《口腔内科学》《口腔矫形学》《口腔颌面放射诊断学》由四川科学技术出版社出版。

4月，全国口腔医学专业教育革命经验交流学习班如期举行，由四川医学院主持，王翰章负责组织执行。北京医学院、上海第二医学院、湖北医学院、第四军医大学等校的教授前来参会。

暑假，与医学系主任及两名教授参加卫生部在广州中山医学院召开的医学专业教学计划及教材编写工作会议。会议主要讨论医学专业的教学和教材问题。四川医学院承担了《眼科学》和《神经精神病学》等主编任务。

创办《口腔医学文摘》杂志。

12 月，参与编写由当时的四川医学院、北京医学院、上海第二医学院、湖北医学院共同编纂的《口腔科学》。

1975 年

8 月 16 日，松潘平武发生 7.2 级地震，王翰章前往德阳、绵阳教学点看望学生。

11 月 19 日—12 月 30 日，率领陈安玉、岳松龄、毛祖彝、周志瑜参观、调研北京医学院口腔系、湖北医学院口腔系和第二附属医院、南京市口腔医院、上海第二医学院口腔系、上海市牙病防治所、杭州市肿瘤医院和枝江医科大学口腔系等 12 个单位深入了解他们在教学尤其是"开门办学"、医院管理、新技术新疗法等方面的经验、教训。

1976 年

初夏，赴西安医学院、河北医学院、北京大学、清华大学考察，了解教学改革情况。顺便回北京家中看望母亲。

10 月 6 日，全校按上级安排，首先揭批 1971 年《全国教育工作会议纪要》，王翰章开始准备招收五年制本科生。

动员全教研室分工编写《口腔颌面外科手术学》，王翰章任主编。12 月，全书完稿。

1977 年

全国高等学校恢复统一招生，四川医学院招生 440 名，口腔医学系招收五年制本科生 90 名。

夏，赴武汉东湖参加卫生部召开的高等医药院校教材编写工作会议，用时一月余。

1978 年

《口腔颌面外科手术学》获全国卫生科学大会奖。

晋升为教授。

10 月，被任命为四川医学院副院长，分管教学管理、科研、图书馆、教学科研设备、教材供应、印刷厂等，协助校长管理外事工作。接待时任美国中国医学委员会主席翁格来并签订资助项目。

参加《中国医学百科全书》的编写工作，被聘为《口腔医学》卷主编。

领导的"对 500 个人颅骨测量"的研究获卫生部全国科学大会奖。

1979 年

2 月 3 日，与湖南医学院副院长王鹏程赴澳大利亚悉尼市参加世界卫生组织西太平洋地区教师培训中心召开的医学教育研讨会。会上，发表了题为 Staff Development at Sichuan Medical College 的论文。

2 月 17 日，离开悉尼。

6 月，参编的《口腔科学》出版发行。

11 月 20 日，中华医学会四川分会口腔科学会在成都正式成立，任主任委员。

1980 年

6 月，《口腔颌面外科手术学》由人民卫生出版社出版。

8 月初，参加《中国医学百科全书·口腔医学》口矫组在西安、口外组在青岛的初稿审定工作会议。

9 月初，离青岛返校，途径济南，受医学会邀请在山东医学院做单侧唇裂旋转推进法手术报告。

任我国第一部高等医药院校统编教材《口腔颌面外科学》编委，为主要编写人之一。

1981 年

6 月，访问法国蒙彼利埃市，参观蒙彼利埃大学医学院并做"关于中国颌面部整形外科的进展"的报告。

8 月 24 日，参加卫生部组织的赴香港医学教育考察团，参观考察了香港大学医学院基础与临床各科室，座谈了各级的管理办法和制度，停留一周，于 30 日返回成都。

9 月，招收第一名硕士研究生魏奉才。

10 月 17—25 日，在杭州参加《中华口腔科杂志》编委会及中华医学会全国首届口腔颌面外科学术会议，会上汇报了访问香港大学、法国蒙彼利埃大学的情况，主持播放了四川医学院进行颅颌手术的录像，发表论文《牙颌畸形外科矫治术的应用》并收录在《全国口腔颌面外科学术会议论文汇编》。

12 月 21—31 日，《中华医学百科全书·口腔医学》编委会在成都召开。

1982 年

赴昆明主持全国高等医药院校教材医学专业《口腔科学》审订会。

1983 年

获得"四川省科协先进工作者"称号。

2 月 14 日，获聘四川省高校高级职称评委会委员及临床医学学科评审组组长。

3 月，在山东医学院参加卫生部属医学院校工作会议。

7 月 1 日，创刊《华西口腔医学杂志》并担任主编。

9 月 14 日，随中国高等教育考察访问团飞抵华盛顿，访问美国教育部，了解美国各级教育的管理制度与办法和各类主要学校的管理概况。

9 月 19 日，到达纽约首府阿尔伯内，访问纽约州立大学本部，详细了解美国各州立大学的作用和教育体系，特意了解 20 世纪 20、30、40 年代，纽约州立大学颁发给华西协合大学毕业生学位证书的情况。

9 月 21 日，抵达纽约市，访问纽约市立大学、哥伦比亚大学、亨特学院等，参观联合国大厦。

9 月 25 日，抵达密歇根州安娜堡，访问密歇根大学，参观了医学院。

9 月 30 日，抵达加利福尼亚州贝克莱市，访问南加州大学，并参观内容齐全的社区大学。

9月26日，获聘四川省科技顾问团成员。

10月5日，离开伯克莱抵达旧金山，6日下午起飞回国。

从学校领导岗位上退下来，被任命为四川医学院顾问。

1月，国务院批准王翰章为口腔科学博士生导师。

因姚恒瑞因病去世，由其申请的教育部电子计算机用于诊断颞下颌关节病的研究课题改由王翰章承担，并为此招收博士研究生魏世成。

10月，受曹泽毅校长委托，组团考察于深圳设立华西医学中心事宜，率领团队与深圳卫生局对接考察。经过双方多次协商，同意只合作办口腔医学专业，定名为"华西口腔医学中心"。

2月，与姚恒瑞、徐慧芬、邓典智等在《华西口腔医学杂志》上发表论文《上颌前突畸形外科正畸术的设计与效果观察》。

3月，卫生部下发组织编写《中国口腔医学年鉴》函，指定王翰章为主编。

4月6—17日，作为编委会成员，参加在乐山日峰宾馆举行的《中国口腔医学年鉴》首届编委会，发表文章《关于当前我国口腔医学教育中若干问题的管见》。

7月，首批硕士研究生魏奉才毕业，论文题目为《环扎法改正腭裂语音的研究》。

9月，与李秉琦、余淑尧在上海对《中国医学百科全书·口腔医学》做最后的审校。

任原华西医科大学校友总会会长。

任《华西口腔医学杂志》主编。

10月，参加全国口腔医学教育研讨会。

9月，招收第一名博士研究生闵维宪。

10月，四川医学院更名为华西医科大学。

10 月 6—8 日，学校举行建校 75 周年庆祝大会。

与桑锡钧、宋宪民、陆洪飞在《国外医学·口腔医学分册》上发表文章《茎突舌骨综合征》。

12 月，赴深圳进行"华西口腔医学中心"准备工作。

12 月 28 日，口腔系召开更名为华西口腔医学院的大会。

撰写《中国现代医学》中英文版部分章节。

1986 年

1 月 7 日，深圳市"华西口腔医学中心"开诊试营业。

4 月 1 日，深圳市"华西口腔医学中心"正式挂牌开业。

4 月 14 日，参加卫生部在首都医学院召开的修订普通高校医药本科口腔医学类专业目录会议。会议决定：对口腔医学专业、口腔内科学专业、口腔颌面外科专业、口腔修复学专业、口腔正畸专业、口腔医学基础专业、口腔技术工艺学进行调查论证，分别提出调整意见，将调查情况与调整意见汇总。

参与编写全国高等医药院校教材《口腔颌面外科学》。

7 月下旬，参加在乐山举行的口腔医学院专业目录修订工作会议，会上决定口腔医学类专业目录为口腔内科学专业、口腔颌面外科学专业、口腔修复学专业、口腔正畸专业。

7 月，被授予国际牙医师学院院士，以表彰其在发展口腔事业中做出的杰出贡献。

10 月 10 日，获聘国家自然科学基金委员会学科评审组成员。

11 月，将学院三个专业7年制本科生的教学计划上报教育部并依其实施。

通过王巧璋邀请邓小平为华西医科大学题写校名。

任国家自然科学基金委员会临床学科评审委员。

主编《中国口腔医学年鉴》(1986)。

1987 年

5 月，与闵维宪在《华西口腔医学杂志》上发表论文《即刻任意皮瓣存活长度与蒂宽的关系的实验研究》。

7月，《中国医学百科全书·口腔医学》出版。

1988 年

2月，与姚恒瑞、林野、黄盛兴在《华西口腔医学杂志》上发表论文《下颌阻生第三磨牙拔除术中阻力分析及其临床应用》。

与彭继跃在《华西医科大学学报》上发表论文《用核素测定下颌升支血供的实验研究》。

主持在戎都召开的《中国医学百科全书·口腔医学》总结会议，接手在《中国医学百科全书·口腔医学》基础上编写《口腔医学辞典》的任务，该书反反复复 18 年才完成。

在《中国口腔医学年鉴》上发表文章《论羟基磷灰石在口腔颌面外科应用的前景》和《口腔医学教育》。

6月，赴济南参加国家自然科学基金委员会评审会议。

7月，首批博士生闵维宪毕业，论文题目为《致密多晶羟基磷灰石人工骨的研制及临床应用研究》。

8月，与闵维宪、王大章、李声伟等在《华西口腔医学杂志》上发表论文《致密多晶羟基磷灰石微粒人工骨材料填塞颌骨囊肿骨腔的初步观察》。

9月，与闵维宪、李声伟、彭泽勋在《临床口腔医学杂志》上发表论文《致密多晶羟基磷灰石微粒人工骨的细胞相容性——Ⅱ.对人体淋巴细胞的影响》。

获得四川省科学技术顾问团成员贡献荣誉表彰。

11月，与闵维宪在《国外医学·口腔医学分册》上发表论文《磷酸钙骨代用材料的骨生成作用及其与骨界面的关系》。

1989 年

2月，与彭继跃在《华西口腔医学杂志》上发表论文《用核素测定下颌体血供的实验研究》。

3 月，与黄盛兴在《国外医学·口腔医学分册》上发表论文《髁突高位切除术》。

5 月初，赴武汉参加湖北医科大学口腔医学院博士学位授予点的评估会。

与闵维宪在《中华口腔医学杂志》上发表论文《即刻任意皮瓣血流动力学变化及活力预测的实验研究》。

8 月，与林野、闵维宪、黄盛兴等在《华西口腔医学杂志》上发表论文《颌面外科实验动物猕猴研究方法的探讨》。

9 月，被授予"全国优秀教师"称号。

12 月，正式退休。

任《汉英医学电子计算机分类大词典》副主编及口腔医学卷主编。

1990 年

2 月，与周磊、王模堂、温玉明在《激光杂志》上发表论文《CO_2 激光对残余癌前病变影响的动物实验研究》。

与周磊、王模堂、温玉明在《现代口腔医学杂志》上发表论文《金地鼠颊囊癌前病变的细胞动力学研究》。

与周磊、王模堂、温玉明在《湛江医学院学报》上发表论文《金地鼠颊囊癌前病变的研究——致癌作用时间与癌变潜力的关系》。

5 月，与许彪、肖邦良在《华西口腔医学杂志》上发表论文《自体肋骨肋软骨移植颞颌关节成形术实验研究》。

与黄盛兴在《华西口腔医学杂志》上发表论文《猕猴下颌髁突高位切除后组织修复的实验研究》。

8 月，与闵维宪、王大章、李声伟等在《中华口腔医学杂志》上发表论文《致密多晶羟基磷灰石微粒的细胞相容性》。

与彭继跃在《中华创伤杂志》上发表论文《上颌骨、颧骨骨折早期处理的原则和方法》。

电子计算机诊断颞下颌关节病课题圆满完成，论文《颞颌关节紊乱综合征专家系统的设计与实现》《多模分级医学专家系统知识库设计与实现》

分别发表在《华西口腔医学杂志》和《大自然探索》，同时获得省、部级科技进步奖．是我国首例发表的电脑研究口腔医学课题的论文。

与王大章、胡林、白桦等在《华西口腔医学杂志》上发表论文《计算机化三维图像分析在牙颌面畸形外科矫治设计中的应用》。

与魏世成在《计算机应用》上发表论文《医学专家思维的计算机模拟——诊断类医学专家系统的设计与实现》。

考入中国函授大学成都翰林书画学院。

10月，与闵维宪、王大章、李声伟等在《第三届全国口腔颌面外科会议资料汇编》上发表论文《人工骨材料植入体内后示踪方法探讨》。

与史宗道在《第三届全国口腔颌面外科会议资料汇编》上发表论文《关于建立颞颌关节紊乱临床诊断指标的研究》。

赴西安参加第三届全国口腔颌面外科学术会议。

12月，荣获国家教委颁发的高校科技工作四十年成绩显著荣誉证书。

1991 年

1月1日，荣获国务院颁发的"对医疗卫生事业作出突出贡献者"荣誉证书，开始享受国务院政府特殊津贴。

2月，与魏世成联合开发的"多功能颞颌关节紊乱综合征专家系统"在蓉通过鉴定。

与闵维宪、王大章、李声伟等在《华西口腔医学杂志》上发表论文《致密多晶羟基磷灰石微粒人工骨的血液相容性》。

5月，与周磊、王模堂、温玉明在《癌症》上发表论文《金黄地鼠颊囊癌前病变的研究——致癌作用时间与癌变潜力关系的观察》。

与温季荣、彭继跃在《华西口腔医学杂志》上发表论文《用核素测定下颌升支后缘血供的实验研究》。

7月，与许彪在《华西口腔医学杂志》上发表论文《猪在颌面外科实验研究中应用初探》。

8月，入选《世界名人录》。

与魏世成在《国外医学·口腔医学分册》上发表论文《电子计算机在

颞颌关节病中的应用研究》。

10 月，与彭继跃在《华西口腔医学杂志》上发表论文《下颌体血供的血管造影研究》和《下颌体血供不均分布规律及其结构基础》。

与史宗道、王虎、雷荀灌等在《华西口腔医学杂志》上发表论文《标准 X 线投照法揭示颞下颌关节紊乱病变严重程度的探讨》。

与周磊、王模堂、温玉明在《现代口腔医学杂志》上发表论文《金地鼠颊囊癌前病变的透射及扫描电镜观察》。

12 月，与彭继跃在《实用口腔医学杂志》上发表《下颌升支血供的血管造影研究》。

1992 年

2 月，与闵维宪、王大章、李声伟等在《临床口腔医学杂志》上发表论文《致密多晶羟基磷灰石微粒人工骨引导新骨形成的示踪观察》。

4 月，与闵维宪、王大章、李声伟等在《口腔医学纵横》上发表论文《致密多晶羟基磷灰石微粒人工骨的组织相容性 I . 颅骨缺损修复实验》。

与林野、闵维宪、黄盛兴等在《华西口腔医学杂志》上发表论文《医学实验大动物抓取工具——麻醉吹管的研制与应用》。

5 月 5—10 日，在北京参加全国第五届口腔科学会议。

6 月，与史宗道等在《实用口腔医学杂志》上发表论文《颞颌关节紊乱疾病的临床诊断指标及其应用》。

8 月，与史宗道等在《口腔医学纵横》上发表论文《关于建立与测试颞颌关节紊乱病临床预示分类指标的研究》。

在《中国口腔医学年鉴》发表文章《医药信息学及其在口腔颌面外科的应用概况》和《口腔颌面畸形整复外科两年进展》。

"颞颌关节病专家系统"获四川省科技进步三等奖。

9 月，与焦怀远、王模堂、王大章等在《中国修复重建外科杂志》上发表论文《术前静脉造影对静脉管壁及其吻合效应的实验研究》。

获成都市优秀科技论文奖。

10 月，结束三年绘画班的学习，进入黄纯尧山水画研究班。

11 月 8 日，与盛尔荃赴美探望儿女。

12 月，与许彪在《昆明医学院学报》上发表论文《自体肋骨—肋软骨移植颞颌关节成形术临床应用与实验研究》。

1993 年

3 月 10 日，获成都市科学技术进步奖。

4 月，与许彪在《实用口腔医学杂志》上发表论文《自体肋骨肋软骨移植后的骨愈合及再生修复实验研究》，该项目获得云南省科技进步三等奖。

6 月，与樊瑞彤在《中华创伤杂志》上发表论文《面中份骨折伴发复视的治疗（附 8 例报告）》。

7 月，与周磊、王模堂、温玉明在《湛江医学院学报》上发表论文《CO_2 激光治疗口腔粘膜癌前病变的实验研究》。

8 月，与樊瑞彤、王大章在《遵义医学院学报》上发表论文《自体肋骨—肋软骨移植颞下颌关节成形术后下颌骨的生长发育》。

9 月 7 日，探亲完毕，在北京暂留。

9 月 22 日，返回成都。

11 月 1—6 日，在无锡参加中华口腔医学杂志 40 周年纪念大会并在大会上发言。

1994 年

2 月，与毛驰在 *Chinese Medical Sciences Journal* 上发表论文《Blood Flow Changes after Oblique Ramus Osteotomy of the Mandible》。

5 月，与毛驰在《华西口腔医学杂志》上发表论文《正常猕猴下颌升支的血供分布》。

与黄兴盛在《华西口腔医学杂志》上发表论文《放射性生物微球技术测定狗下颌骨区域血流量》。

6 月，与毛驰在 *Chinese Medical Sciences Journal* 上发表论文《MEASUREMENT OF REGIONAL BONE BLOOD FLOW IN THE

CANINE MANDIBULAR RAMUS USING RADIOLABELLED TOAD RED BLOOD CELLS》。

7月，与周磊、王模堂、温玉明在《中华口腔医学杂志》上发表论文《颊粘膜癌变过程中血管生成与细胞增殖的关系》。

8月，与毛驰在《中国医学科学院学报》上发表论文《狗下颌升支血流分布的年龄差异》。

与王慧明、王模堂在《口腔材料器械杂志》上发表论文《两种抗肿瘤药物影响生物陶瓷人工骨与骨结合的研究》。

9月，与王慧明、王模堂、李芃在《华西口腔医学杂志》上发表论文《人胚成骨细胞体外分离及连续传代培养的初步研究》《生物陶瓷对人胚成骨细胞体外生长及代谢影响的研究》。

10月4—9日，参加《中国口腔医学年鉴》定稿会。

10月17日，赴武汉参加第四届口腔颌面外科学会。

11月，王翰章的作品在首届皇家杯书画大赛中荣获优秀奖并在北京展出。任中国卫生书画协会华西医科大学分会会长。

1995 年

5月10日—6月7日，为华西口腔七年制学生讲授口腔颌面外科绪论、皮肤组织移植共计10学时；五年制学生讲授口腔颌面外科学绪论2学时。

5月，与郑谦在《临床口腔医学杂志》上发表论文《丹参对下颌骨骨折后供血的影响》。

与郑谦在《实用口腔医学杂志》上发表论文《下颌升支斜行骨切开术最低血流量的初步探讨》。

6月，与郑谦在《华西口腔医学杂志》上发表论文《下颌升支斜行骨切开术后血供代偿的定量研究》和《下颌升支斜行骨切开术后血供代偿的定量研究》。

与王慧明、王模堂在《口腔颌面外科杂志》上发表论文《丹参对生物陶瓷种植体界面新骨生成及结合影响的实验研究》。

与樊瑞彤、王大章在《上海实验动物科学》上发表论文《猪自体肋骨—肋软骨移植颞颌关节成形术模型的建立》。

7 月，主编《中国口腔医学年鉴》（第六卷）。

11 月 28 日，与周学东商定由华西口腔医学院负责出版《中国口腔医学年鉴》。

12 月，与刘松筠、王昌美、傅风华等在《华西口腔医学杂志》上发表论文《硅橡胶衬垫在颞颌关节成形术中的应用》。

12 月 11 日，为口腔 92 级（五年制）、94 级大专班讲授口腔颌面外科总论。

1996 年

1 月 16 日，获华西医科大学第三届优秀教学成果奖。

3 月，与王慧明、王模堂在《中国口腔种植学杂志》上发表论文《矿骨基质明胶复合块状生物活性陶瓷人工骨修复下颌骨缺损的实验研究》。

4 月，与闵维宪、王大章、李声伟等在《华西口腔医学杂志》上发表论文《致密多晶羟基磷灰石微粒人工骨的血液相容性》。

5 月，在《中华口腔医学杂志》上发表论文《下颌升支斜行骨切开术后骨愈合的定量组织学观察》。

被四川省人民政府授予促进科技进步重大贡献奖。

"颌骨血供形式、变化规律的定量研究"获四川省科技进步二等奖。

任中华口腔医学会顾问。

11 月，与郑谦、魏世成、赵宗林等，联合成都军区总医院口腔科、中国科学院成都分院化学所高分子材料室在《华西口腔医学杂志》上发表论文《可吸收 DL 聚乳酸夹板行颌面部骨折内固定的实验研究》。

1997 年

2 月，与郑谦、石冰、胡静在《临床口腔医学杂志》上发表论文《下颌骨陈旧性骨折的内固定治疗》。

5 月，与石冰、邓典智、王大章、郑谦等在《华西口腔医学杂志》上发表论文《腭裂及其修复术后上颌骨生长变化规律及机制的实验研究》

《腭裂及其修复术后上颌骨生长变化规律及机制的实验研究》。

7 月，与樊瑞彤、王大章在《中华口腔医学杂志》上发表论文《自体肋骨－肋软骨移植颞下颌关节重建术后的近期组织学变化》。

主编《中国口腔医学年鉴》（第七卷）。

1998 年

5 月，获聘《中华口腔科学》主编。

与石冰、邓典智、王大章在《中华口腔医学杂志》上发表论文《腭裂植骨对上颌骨生长发育的影响（动物实验研究）》。

9 月，与许彪、徐立平在《昆明医学院学报》上发表论文《实验动物猪的静脉复合全身麻醉》

12 月 21 日，荣获登士柏"伯乐"奖。

成为成都市美术家协会会员。

1999 年

2 月，与魏世成、郑谦、赵宗林等在《华西口腔医学杂志》上发表论文《超高分子量 DL 乳酸小夹板螺钉行颧弓骨折内固定的动物实验研究》《超高分子量 DL 乳酸小夹板螺钉的组织反应与降解动物实验研究》。

与巴秀、田卫东、刘磊等在《华西口腔医学杂志》上发表论文《413 例下颌骨骨折分析研究》。

8 月，被卫生部授予促进医药卫生科技进步重大贡献奖。

9 月，荣获"四川省跨世纪杰出老人"称号。

10 月 10 日，荣获华西医科大学 1999 年度"老有所为奖"。

2000 年

2 月，与魏世成在《华西口腔医学杂志》上发表文章《口腔医学信息学》。

6 月，与魏世成在《华西口腔医学杂志》上发表文章《国外口腔医学信息学发展概况》。

10 月 6 日，参加庆祝华西医科大学建校 90 周年大会。

10 月 7 日，华西医科大学合并入四川大学。

12 月，与魏世成在《华西口腔医学杂志》上发表文章《口腔医学信息学新进展与展望》。

荣获"四川省跨世纪杰出老人"荣誉。

2001 年

在《中国口腔医学年鉴》（2001）发表文章《口腔颌面畸形整复外科学 50 年回顾》。

5 月，发表文章《中西唇腭裂防治五十年回顾》。

完成《中华口腔科学》的编撰工作。

6 月，与巴秀、李声伟、唐子圣在《口腔颌面外科杂志》上发表论文《下颌第三磨牙与下颌角区骨折关系的研究》。

6 月 8 日，赴美国探亲，在美国纽约州埃尔迈拉镇儿子蔚岷家小住。

7 月，到达宾夕法尼亚州赫尔希镇女儿蔚薇家。

10 月 22 日，从美国回到北京。翌日，由侄女蔚青陪同回到离别 70 余载的出生地（顺义区胡各庄）。26 日，回到成都。

11 月，为《中华口腔科学》撰写绪论，由人民卫生出版社出版。

2002 年

3 月，为刘祥、魏世成主编的英文版《口腔科学概要》撰写前言。

4 月，与付步银、石冰、田卫东等在《暨南大学学报》上发表论文《可降解 Hr-BMP 复合胶原膜修复腭部骨缺损的实验研究》。

6 月，与刘磊、郑谦、魏世成等在《华西口腔医学杂志》上发表论文《超高分子量聚 DL- 乳酸生物相容性和降解性的实验研究》。

7 月，与魏世成、郑谦、刘磊等在《中华口腔医学杂志》上发表论文《超高分子量聚 DL 乳酸植入物的生物相容性研究》。

10 月 1 日，获聘《中国颅颌面外科》第一届编委会顾问。

11 月，参加由云南昆明中华口腔医学会口腔颌面外科专业委员会主办的第三届中国国际暨第六届全国口腔颌面外科学术会议，与刘磊、郑谦、魏世成等发表论文《超高分子量聚乳酸骨折内固定系统固定犬下颌骨骨折的生物力学分析》。

主编出版华西口腔医学丛书之《口腔基础医学》。

2003 年

1 月，与魏世成、郑谦、刘磊等在《中华口腔医学杂志》上发表论文《超高分子聚 DL 乳酸对成骨细胞活性及新骨生成的影响》。

6 月，在《中国口腔医学年鉴》上发表文章《口腔颌面畸形整复外科学两年回顾》。

9 月，在成都参加由中华口腔医学会口腔颌面外科专业委员会创伤学组主办的第三届全国口腔颌面部创伤暨修复重建学术研讨会论，发表文章《我国口腔颌面部创伤及修复外科学的回顾与展望》。

12 月，获得四川大学关心下一代工作先进个人荣誉。

2004 年

1 月，在《中华口腔医学杂志》上发表文章《我国口腔颌面部创伤及修复外科学的发展》。

9 月 10 日，获得五十年教龄荣誉证书。

10 月，与罗恩、余兰、郑谦等在《上海口腔医学》上发表论文《n-HA/PA66 人工骨板引导修复腭部软组织缺损的动物实验研究》。

2005 年

1 月，被教育部授予促进科技进步重大贡献奖励。

9 月，《口腔医学辞典》出版。

10 月 16 日，获得中华口腔医学会华陀奖。

2006 年

4 月，获聘第五届《国际口腔医学杂志》第四届编辑委员会名誉主编。

5 月，获中国口腔颌面外科建设与发展杰出贡献奖。

7月，负责编撰《中华口腔科学》第二版工作，请周学东协助开展工作。

在《中国口腔医学年鉴》上发表文章《中国现代口腔医学之父林则博士》。

获"四川省科协先进工作者"称号。

11月，耗时三年编撰的《华西口腔百年史话》定稿。

主编《中华口腔科学》第2版"颅颌面演化"分篇。

12月，获四川省第十一届"天府健康老人"称号。

2007 年

主编出版《墨彩华西坝》。

4月，获聘《中华口腔医学杂志（电子版）》第一届特邀编委。

8月，《华西口腔百年史话》由人民卫生出版社出版。

8月31日，在锦江大礼堂举行庆祝华西口腔医院建院百年大会，荣获华西口腔杰出贡献奖。

11月，荣获中国杰出口腔医师奖。

11月16日，获第四届中国医师奖。

2008 年

2月，在《口腔颌面外科学杂志》上发表文章《发展我国特色的唇腭裂治疗方法》。

5月11日，在第一届重生行动（即"全国贫困家庭唇腭裂儿童手术康复计划"）唇腭裂学术会议上做专题发言。

2009 年

1月，荣获第七届全国健康老人荣誉称号。

与周学东合作完成《中华口腔科学》第二版的编撰和出版工作。

2月，获聘第五届《口腔颌面外科杂志》顾问委员。

3月，《三翰章画集》出版。

春，侄女薇君将王翰章写生稿汇集成册，题为《黑白绘》。

4 月，主编的《王翰章口腔颌面外科手术学》出版。

4 月 17 日，四川大学华西口腔医学院借《中华口腔医学年鉴》第 12 届编委会午宴庆祝王翰章 90 岁生日和从医执教 60 年。

7 月，最后一名研究生刘磊毕业。

与人民卫生出版社签订编撰《中华口腔医学辞典》的合同，设想编撰一部比较全面的口腔医学辞典，献给口腔医学工作者们一部较高水平的工具书。

11 月，与吴婷、文平、付天星在《国际口腔医学杂志》上发表文章《林则博士口腔医学学科思想解析》。

12 月，获得 2009 年度四川大学华西口腔医学院学科建设突出贡献奖。

2010 年

为华西口腔医学院本科生开设口腔素描学课程并编写《口腔素描学》讲义。

7 月，主编出版口腔医学精品课程丛书之《口腔颌面外科学》。

10 月 6 日，参加四川大学华西医院百年暨合校十年庆祝会。

2011 年

1 月，为全国高等学校研究生规划教材《口腔颌面创伤外科学》作序。

2 月，为《徐樱华实用牙合学》作序。

4 月 28 日，被授予国际牙医学院（中国区）杰出院士。

在《中国口腔医学年鉴》上发表文章《中国口腔医学发展历程之我所知》。

2012 年

2 月，被授予四川大学华西口腔医学院林则医学教育奖。

7 月，耗时两年完成的 100 余万字《中华口腔医学词典》由人民卫生出版社出版发行。

9月1日，川大老干总支、川大教育电视台、四川大学离退休工作处为王翰章录制纪录片《川大记忆，德艺双馨传奇人生——王翰章讲述》。

2013 年

3月，文章《中国口腔颌面外科发展的历程》发表在《牙科博览》。

6月，历时8年撰写的回忆录《翰墨荃馨——一个医生的历程》正式出版。

7月，为魏世成主编的 Essentials of Stomatology 作序。

9月，向四川大学校史馆捐赠《口腔颌面外科学绪论》等教学手稿。

10月13日，荣获第八届全国健康老人称号。

2014 年

1月10日，参加第八届全国健康老人和四川省第十二届天府健康老人颁奖会并在会上发言。

12月8—12日，参加成都市老年体协第十六届书画篆刻展。

附录二　王翰章主要论著目录

论文

[1] 王翰章. A Study of Vincent's Infection in Children [D]. 成都：华西协合大学牙学院，1949

[2] 王翰章. 颈部封闭疗法在面颌外科临床应用的初步报告 [J]. 中华口腔医学杂志，1955（4）：254-259.

[3] 姚恒瑞，王翰章，徐慧芬，等. 上颌前突畸形外科正畸术的设计与效果观察 [J]. 华西口腔医学杂志，1984（1）：12-23.

[4] 桑锡钧，宋宪民，王翰章，等. 茎突舌骨综合征 [J]. 国外医学·口腔医学分册，1985（5）：278-282.

[5] 闵维宪，王翰章. 即刻任意皮瓣存活长度与蒂宽的关系的实验研究 [J]. 华西口腔医学杂志，1987（2）：82-84.

[6] 姚恒瑞，王翰章，林野，等. 下颌阻生第三磨牙拔除术中阻力分析及其临床应用 [J]. 华西口腔医学杂志，1988（1）：56-58.

[7] 彭继跃，王翰章. 用核素测定下颌升支血供的实验研究 [J]. 华西医科大学学报，1988（2）：115.

[8] 闵维宪，王翰章. 磷酸钙骨代用材料的骨生成作用及其与骨界面的关

系［J］. 国外医学·口腔医学分册，1988（6）：338-341.

［9］闵维宪，王大章，王翰章，等. 致密多晶羟基磷灰石微粒人工骨材料填塞颌骨囊肿骨腔的初步观察［J］. 华西口腔医学杂志，1988（3）：145-147.

［10］闵维宪，王大章，王翰章，等. 致密多晶羟基磷灰石微粒人工骨的细胞相容性——Ⅱ. 对人体淋巴细胞的影响［J］. 临床口腔医学杂志，1988（3）：133-135.

［11］黄盛兴，王翰章. 髁突高位切除术［J］. 国外医学·口腔医学分册，1989（2）：73-77.

［12］王翰章，林野，闵维宪，等. 颌面外科实验动物猕猴研究方法的探讨［J］. 华西口腔医学杂志，1989（3）：184-186.

［13］闵维宪，王翰章. 即刻任意皮瓣血流动力学变化及活力预测的实验研究［J］. 中华口腔医学杂志，1989 年（3）：141-144.

［14］王翰章，彭继跃. 上颌骨、颧骨骨折早期处理的原则和方法［J］. 中华创伤杂志，1990（3）：152-153.

［15］许彪，王翰章，肖邦良. 自体肋骨肋软骨移植颞颌关节成形术实验研究［J］. 华西口腔医学杂志，1990（2）：123-125.

［16］闵维宪，王大章，王翰章，等. 致密多晶羟基磷灰石微粒人工骨的细胞相容性［J］. 中华口腔医学杂志，1990（5）：133-135.

［17］黄盛兴，王翰章. 猕猴下颌髁突高位切除后组织修复的实验研究［J］. 华西口腔医学杂志，1990（2）：126-129.

［18］魏世成，王翰章，张一立，等. 多模分级医学专家系统知识库设计与实现［J］. 大自然探索，1990（3）：71-76.

［19］魏世成，王翰章. 颞颌关节紊乱综合征专家系统的设计与实现［J］. 华西口腔医学杂志，1990（3）：216-220.

［20］魏世成，王翰章. 医学专家思维的计算机模拟——诊断类医学专家系统的设计与实现［J］. 计算机应用，1990（4）：1-5.

［21］王大章，胡林，白桦，等. 计算机化三维图像分析在牙颌面畸形外科矫治设计中的应用［J］. 华西口腔医学杂志，1990（3）：212-216.

[22] 魏世成，王翰章. 电子计算机在颞颌关节病中的应用研究［J］. 国外医学·口腔医学分册，1991（4）：210-212.

[23] 彭继跃，王翰章. 下颌体血供不均分布规律及其结构基础［J］. 华西口腔医学杂志，1991（3）：229-231.

[24] 彭继跃，王翰章. 下颌升支血供的血管造影研究［J］. 实用口腔医学杂志，1991（4）：201-203.

[25] 彭继跃，王翰章. 下颌体血供的血管造影研究［J］. 华西口腔医学杂志，1991（3）：232-234.

[26] 史宗道，王虎，雷荀灌，等. 标准 X 线投照法揭示颞下颌关节紊乱病变严重程度的探讨［J］. 华西口腔医学杂志，1991（3）：221-224.

[27] 史宗道，王翰章，Dianne O'Conncell，等. 颞颌关节紊乱疾病的临床诊断指标及其应用［J］. 实用口腔医学杂志，1992（2）：102-104.

[28] 史宗道，王翰章，Dianne O'Conncell，等. 关于建立与测试颞颌关节紊乱病临床预示分类指标的研究［J］. 口腔医学纵横，1992（2）：83-86.

[29] 林野，闵维宪，黄盛兴，等. 医学实验大动物抓取工具——麻醉吹管的研制与应用［J］. 华西口腔医学杂志，1992（2）：146-147.

[30] 彭继跃，王翰章. 猪即刻任意皮瓣的形态学变化及蒂宽与存活量间关系的实验研究［J］. 华西口腔医学杂志，1992（2）：74-77.

[31] 焦怀远，王翰章，王模堂，等. 术前静脉造影对静脉管壁及其吻合效应的实验研究［J］. 中国修复重建外科杂志，1992（3）：171-173.

[32] 许彪，王翰章. 自体肋骨肋软骨移植颞颌关节成形术临床应用与实验研究［J］. 昆明医学院学报，1992（4）：54-56.

[33] 许彪，王翰章. 自体肋骨肋软骨移植后的骨愈合及再生修复实验研究［J］. 实用口腔医学杂志，1993（1）：32-34.

[34] 樊瑞彤，王翰章，王大章. 自体肋骨—肋软骨移植颞下颌关节成形术后下颌骨的生长发育［J］. 遵义医学院学报，1993（4）：14-18.

[35] 王翰章，樊瑞彤. 面中份骨折伴发复视的治疗（附 8 例报告）［J］. 中华创伤杂志，1993（3）：164-165.

[36] 毛驰，王翰章. 放射性生物微球技术测定狗下颌骨区域血流量 [J]. 华西口腔医学杂志，1994（2）：146-149.

[37] 毛驰，王翰章. 狗下颌升支血流分布的年龄差异 [J]. 中国医学科学院学报，1994（4）：275-280.

[38] 毛驰，王翰章. 正常猕猴下颌升支的血供分布 [J]. 华西口腔医学杂志，1994（2）：142-145.

[39] 王慧明，王模堂，王翰章，等. 生物陶瓷对人胚成骨细胞体外生长及代谢影响的研究 [J]. 华西口腔医学杂志，1994（3）：220-223.

[40] 王慧明，王模堂，王翰章. 两种抗肿瘤药物影响生物陶瓷人工骨与骨结合的研究 [J]. 口腔材料器械杂志，1994（2）：65-67.

[41] 王慧明，王模堂，王翰章. 人胚成骨细胞体外分离及连续传代培养的初步研究 [J]. 华西口腔医学杂志，1994（8）：216-219.

[42] 郑谦，王翰章. 丹参对下颌骨骨折后血供的影响 [J]. 临床口腔医学杂志，1995（2）：78-79.

[43] 樊瑞彤，王翰章，王大章. 猪自体肋骨—肋软骨移植颞颌关节成形术模型的建立 [J]. 上海实验动物科学，1995（2）：75-78.

[44] 刘松筠，王翰章，王昌美，等. 硅橡胶衬垫在颞颌关节成形术中的应用 [J]. 华西口腔医学杂志，1995（4）：255-257.

[45] 王慧明，王模堂，王翰章. 丹参对生物陶瓷种植体界面新骨生成及结合影响的实验研究 [J]. 口腔颌面外科杂志，1995（3）：147-150.

[46] 郑谦，王翰章. 下颌升支斜行骨切开术后血供代偿的定量研究 [J]. 华西口腔医学杂志，1995（2）：99-101.

[47] 郑谦，王翰章. 下颌升支斜行骨切开术最低血流量的初步探讨 [J]. 实用口腔医学杂志，1995（2）：104-107.

[48] 郑谦，魏世成，赵宗林，等. 可吸收 DL－聚乳酸夹板行颌面部骨折内固定的实验研究 [J]. 华西口腔医学杂志，1996（4）：254-258.

[49] 王慧明，王模堂，王翰章. 脱矿骨基质明胶复合块状生物活性陶瓷人工骨修复下颌骨缺损的实验研究 [J]. 中国口腔种植学杂志，1996（1）：18-21.

［50］石冰，邓典智，王翰章，等．腭裂及其修复术后上颌骨生长变化规律及机制的实验研究［J］．华西口腔医学杂志，1997（2）：151-155.

［51］石冰，邓典智，王翰章，等．腭裂及其修复术对牙及牙弓生长变化影响及机制的实验研究［J］．华西口腔医学杂志，1997（2）：156-158.

［52］郑谦，石冰，胡静，等．下颌骨陈旧性骨折的内固定治疗［J］．临床口腔医学杂志，1997（1）：48-49.

［53］石冰，邓典智，王翰章，等．腭裂植骨对上颌骨生长发育的影响（动物实验研究）［J］．中华口腔医学杂志，1998（3）：175-177.

［54］许彪，徐立平，王翰章．实验动物猪的静脉复合全身麻醉［J］．昆明医学院学报，1998（3）：33-34.

［55］魏世成，郑谦，赵宗林，等．超高分子量聚 D,L 乳酸小夹板螺钉行颧弓骨折内固定的动物实验研究［J］．华西口腔医学杂志，1999（1）：63-65.

［56］巴秀，王翰章，田卫东，等．413 例下颌骨骨折分析研究［J］．华西口腔医学杂志，1999（1）：46-48.

［57］魏世成，王翰章．口腔医学信息学［J］．华西口腔医学杂志，2000（1）：61-62.

［58］魏世成，王翰章．国外口腔医学信息学发展概况［J］．华西口腔医学杂志，2000（3）：197-198.

［59］魏世成，王翰章．口腔医学信息学新进展与展望［J］．华西口腔医学杂志，2000（6）：422-422.

［60］付步银，石冰，田卫东，等．可降解 Hr-BMP 复合胶原膜修复腭部骨缺损的实验研究［J］．暨南大学学报（自然科学与医学版），2002（2）：59-64.

［61］刘磊，郑谦，魏世成，等．超高分子量聚 DL- 乳酸生物相容性和降解性的实验研究［J］．华西口腔医学杂志，2002（3）：216-218.

［62］魏世成，郑谦，刘磊，等．超高分子量聚 DL 乳酸对成骨细胞活性及新骨生成的影响［J］．中华口腔医学杂志，2003（1）：67-69.

［63］罗恩，余兰，郑谦，等．n-HA/PA66人工骨板引导修复腭部软组织
缺损的动物实验研究［J］．上海口腔医学，2004（5）：389-392．

［64］王翰章．我国口腔颌面部创伤及修复外科学的发展史［J］．中华口腔
医学杂志，2004（1）：15-18．

［65］王翰章．创建中国现代口腔医学的四十年——我所知道的林则博士
［J］．中国口腔医学信息，2007，16（5）：89-94．

［66］王翰章．发展我国特色的唇腭裂治疗方法［J］．口腔颌面外科杂志，
2008（1）：1-5．

［67］吴婷，文平，付天星，等．林则博士口腔医学学科思想解析［J］．国
际口腔医学杂志，2009（6）：23-25．

专著

［1］王翰章．《口腔颌面外科学》统编教材［M］．北京：人民卫生出版
社，1959，1980，1987．

［2］王翰章．《口腔颌面外科学》口腔医学丛书［M］．成都：四川人民出
版社，1974．

［3］王翰章．《口腔颌面外科手术学》［M］．北京：人民卫生出版社，
1980．

［4］王翰章．《中国医学百科全书·口腔医学》［M］．北京：人民卫生出
版社，1986．

［5］王翰章．《中国口腔医学年鉴》［M］．北京：人民卫生出版社，
1984—2001．

［6］王翰章．《中华口腔科学》（第一版）［M］．北京：人民卫生出版社，
2001．

［7］王翰章．《口腔基础医学》华西口腔医学丛书［M］．成都：四川大学
出版社，2002．

［8］王翰章．《口腔医学词典》［M］．上海：上海科学技术出版社，2005．

［9］王翰章．《华西口腔百年史话》（第一版）［M］．北京：人民卫生出版

社，2007.

[10] 王翰章.《墨彩华西坝》[M].香港：中国文化出版社，2007.

[11] 王翰章.《王翰章口腔颌面外科手术学》[M].北京：科学技术文献出版社，2009.

[12] 王翰章.《王翰章画集》[M].香港：中国文化出版社，2009.

[13] 王翰章，周学东.《中华口腔科学》（第二版）[M].北京：人民卫生出版社，2009.

[14] 王翰章，郑谦.《口腔颌面外科学》（口腔医学精品课程丛书）[M].北京：科学技术文献出版社，2010.

[15] 周学东，王翰章.《中华口腔医学词典》[M].北京：人民卫生出版社，2012.

[16] 王翰章.《翰墨荃馨——一个医生的历程》[M].北京：人民卫生出版社，2013.

参考文献

［1］王翰章.《翰墨荃馨——一个医生的历程》［M］. 北京：人民卫生出版社，2013.

［2］《四川大学史稿》编审委员会.《四川大学史稿》（第四卷）［M］. 成都：四川大学出版社，2006.

［3］《四川大学史稿》编审委员会.《四川大学史稿》（第五卷）［M］. 成都：四川大学出版社，2006.

［4］周学东，唐洁.《华西口腔百年史话》（第3版）［M］. 北京：人民卫生出版社，2013.

［5］周学东，唐洁.《口腔医学史》［M］. 北京：人民卫生出版社，2013.

［6］周学东.《中国现代高等口腔医学教育发展史》［M］. 北京：高等教育出版社，2011.

［7］周大成.《中国口腔医学史考》［M］. 北京：人民卫生出版社，1991.

［8］蔡景峰，李庆华，张冰浣.《中国医学通史·现代卷》［M］. 北京：人民卫生出版社，2000.

［9］郑麟藩.《中国口腔医学发展史》［M］. 北京：北京医科大学、中国协和医科大学联合出版社，1998.

［10］吕重九，张林.《华西琐谈》［M］. 成都：四川大学出版社，2010.

［11］金开泰.《百年耀千秋》［M］. 北京：中国文化出版社，2010.

［12］柯绥赫.《口腔颌面外科学》［M］. 北京：人民卫生出版社，1958.

［13］夏良才.《口腔颌面外科学》［M］. 北京：人民卫生出版社，1959.

［14］《中国口腔医学年鉴》编辑委员会.《中国口腔医学年鉴（1984）》［M］. 北京：人民卫生出版社，1986.

［15］金春明.《文化大革命史稿》［M］. 成都：四川人民出版社，1995.

［16］中国人民政治协商会议北京市委员会文史资料委员会.《文史资料选编（第十六辑）》［M］. 北京：北京出版社，1983.

后 记

　　2014年5月19日，采集小组一行专程来到王翰章先生位于四川大学江安花园的家中。这一天的蓉城阳光明媚，王老窗前的三角梅开得格外艳丽。这一天是老人95周岁的生日，我们向他表达祝福，也向他表示感谢。

　　在我们完成采集工作的过程中，在我们撰写研究传记的过程中，王翰章先生是我们想表达谢意的第一人。我们感谢95岁高龄的他10余次专注地接受我们的采访，有时采访时间过长，甚至影响了他与夫人盛尔荃的午餐；我们感谢他积极配合实物采集的需要，宽和地接纳我们一次又一次的"翻箱倒柜"，并且两度驱车十几公里专程带我们返回他在市中心的"南园"旧居，帮助我们收集所需的实物资料；我们更要感谢他聚8年心血成一书的回忆录《翰墨荃馨——一个医生的历程》，这本脉络清晰、资料翔实的"自传"无疑是我们撰写研究传记最重要的参考文献和"秘密武器"。我们尤其要感谢王翰章先生在采访和撰写的过程中让我们领悟了许多宝贵的经验和做人做事的道理。一如他的众多弟子所言，王翰章老师言传身教的人格魅力不仅给予了我们撰写研究传记的信心，也给予了我们培植人文精神的养分。

　　王翰章先生与夫人盛尔荃伉俪情深，不分琴瑟，我们对王老的感谢之中，自然也包含着对盛尔荃先生的谢意。何况她也亲自接受我们的采访，配合我们的摄影、摄像工作，并且为还我们提供了她的学术专著。

我们同时要感谢以邱蔚六院士为首的众多接受我们采访的王翰章先生的学生、同事、同行。例如邱蔚六院士，预约采访的那天早晨，上海忽然下了一场大雨，当我们冒雨按时赶到他的办公室时，门还关着，敲门也没有动静。我们想年逾八旬的邱院士可能会因为这场大雨晚到。大约等了半小时，邱院士的办公室还没动静。我们怀疑是否上次敲门声音太小，以致老人家没有听到，于是再次敲门。这一次，邱院士出现在了我们面前。原来果真是我们的敲门声太小，而他早就如约提前到达了办公室。又如北京大学的魏世成教授，身兼数职、事务繁忙的他不仅提前到达采访地点，而且为我们准备了许多相关的书籍资料，在长达两个小时的采访结束后，又执意请我们用餐，带我们参观"鸟巢"，热情备至。我们深知，这实在是魏世成教授对王翰章老师感激爱戴之情的余泽。例不尽述。总之，他们以极大的热情和认真的准备，不仅使我们顺利完成了课题所要求的音频、视频资料的采集，更从不同角度给我们提供了关于王翰章先生的图文资料细节。没有他们的支持与帮助，我们是很难顺利达到课题要求的。

我们还要感谢四川大学党委副书记、华西口腔医学院第八任院长周学东教授对本课题的关心支持，没有她的亲自指导，就没有课题的顺利开展与实施。同时也要感谢华西口腔医学院的温玉明、邓典智、毛祖彝、刘松筠、李秉琦、赵美英、陈治清、王晖等老教授，他们分别以对话和书面的方式接受我们的采访，为丰富完善课题研究提供了重要帮助。

最后，我们要感谢中国科协和四川省科协的信任与指导，使我们能够有机会展开这样一次非常有价值的老科学家研究之旅，并且尽量以科学史的标尺来衡量与改进研究传记的撰写工作，虽然我们的能力与深刻完善地表达王翰章学术成长经历与经验之间有着不小的距离。

思无邪，言无尽。愿以此传祝王翰章先生松寿鹤龄，再写华章。

老科学家学术成长资料采集工程丛书

已出版（76 种）

《卷舒开合任天真：何泽慧传》 　　《此生情怀寄树草：张宏达传》

《从红壤到黄土：朱显谟传》 　　《梦里麦田是金黄：庄巧生传》

《山水人生：陈梦熊传》 　　《大音希声：应崇福传》

《做一辈子研究生：林为干传》 　　《寻找地层深处的光：田在艺传》

《剑指苍穹：陈士橹传》 　　《举重若重：徐光宪传》

《情系山河：张光斗传》 　　《魂牵心系原子梦：钱三强传》

《金霉素·牛棚·生物固氮：沈善炯传》 　　《往事皆烟：朱尊权传》

《胸怀大气：陶诗言传》 　　《智者乐水：林秉南传》

《本然化成：谢毓元传》 　　《远望情怀：许学彦传》

《一个共产党员的数学人生：谷超豪传》 　　《没有盲区的天空：王越传》

《含章可贞：秦含章传》 　　《行有则　知无涯：罗沛霖传》

《精业济群：彭司勋传》 　　《为了孩子的明天：张金哲传》

《肝胆相照：吴孟超传》 　　《梦想成真：张树政传》

《新青胜蓝惟所盼：陆婉珍传》 　　《情系梁菽：卢良恕传》

《核动力道路上的垦荒牛：彭士禄传》 　　《笺草释木六十年：王文采传》

《探赜索隐　止于至善：蔡启瑞传》 　　《妙手生花：张涤生传》

《碧空丹心：李敏华传》 　　《硅芯筑梦：王守武传》

《仁术宏愿：盛志勇传》 　　《云卷云舒：黄士松传》

《踏遍青山矿业新：裴荣富传》 　　《让核技术接地气：陈子元传》

《求索军事医学之路：程天民传》 　　《论文写在大地上：徐锦堂传》

《一心向学：陈清如传》 　　《铃记：张兴铃传》

《许身为国最难忘：陈能宽》 　　《寻找沃土：赵其国传》

《钢锁苍龙　霸贯九州：方秦汉传》 　　《虚怀若谷：黄维垣传》

《一丝一世界：郁铭芳传》 　　《乐在图书山水间：常印佛传》

《宏才大略：严东生传》 　　《碧水丹心：刘建康传》

《我的气象生涯：陈学溶百岁自述》　　　　《我的教育人生：申泮文百岁自述》
《赤子丹心 中华之光：王大珩传》　　　　《阡陌舞者：曾德超传》
《根深方叶茂：唐有祺传》　　　　　　　《妙手握奇珠：张丽珠传》
《大爱化作田间行：余松烈传》　　　　　《追求卓越：郭慕孙传》
《格致桃李半公卿：沈克琦传》　　　　　《走向奥维耶多：谢学锦传》
《躬行出真知：王守觉传》　　　　　　　《绚丽多彩的光谱人生：黄本立传》
《草原之子：李博传》

《宏才大略 科学人生：严东生传》　　　　《探究河口 巡研海岸：陈吉余传》
《航空报国 杏坛追梦：范绪箕传》　　　　《胰岛素探秘者：张友尚传》
《聚变情怀终不改：李正武传》　　　　　《一个人与一个系科：于同隐传》
《真善合美：蒋锡夔传》　　　　　　　　《究脑穷源探细胞：陈宜张传》
《治水殆与禹同功：文伏波传》　　　　　《星剑光芒射斗牛：赵伊君传》
《用生命谱写蓝色梦想：张炳炎传》　　　《蓝天事业的垦荒人：屠基达传》
《远古生命的守望者：李星学传》